JN012273

CORPORATE
MANAGEMENT
STRATEGY

経営戦略の方程式

改訂版

松崎和久 著

税務経理協会

はじめに

　今回，執筆した戦略論の基本テキストは，過去から現在に至るまで主流となった戦略研究や優れた研究者のユニークな考え方を平易に詳しく取りまとめた。そうすることで，学習者の理解がより深まり，知識の定着を向上できると考えたからである。近年の重要な研究テーマについては，紙面を多く割いて説明するように心がけた。たとえば，M&A やイノベーションに関する項目は，時代を問わず，常に戦略論の中核的な研究領域のため，その他の研究テーマより詳しく説明している。ビジネスモデルの開発は，（競争）戦略に取って代る優れたアプローチである可能性が高いため，従来の戦略だけでなくビジネスモデルについても取り上げることにした。

　また，戦略論に関する理解度を高めるため，いくつかのパートで企業の「事例」研究を盛り込んだ。ここで特に意識したのは，最新の大企業のケースを取り上げるだけでなく，古典的事例や小規模ながらユニークな中小企業の事例も網羅した。というのも，過去の事例の中には，時代を大きく変えた出来事や感動的なエピソードが眠っているものが少なくない。また，中小企業が発達している日本には，発想の転換や斬新な独自性を武器に規模の小ささや経営資源の脆弱性を克服し，優れた企業経営を展開する企業や経営者が存在する。こうした埋もれた中小企業の卓越した弱者戦略について，大企業にも負けない優れたベスト・プラクティスを学んでもらいたいと考えた。さらに，複数のパートで話題を集めた知見や出来事を「解説」として書き加えた。各章の内容と併せて理解を深めて頂ければ幸いである。

　その一方で，今回，新しい試みとしてビジネスや経営学以外の分野にも着目し，そこで得られた示唆に富む知見について断片的だが取り上げることにした。異なる領域や分野で得られた貴重な知識がビジネスや経営学にも応用できる可能性について，少しでも感じてもらいたい。

　それでは，本書における各章の内容について触れてみよう。第 1 章の「戦略論の出発点」では，ビジネスや経営学における戦略の出発点が軍事学から派生したと言われていることから，ここでは，孫武，クラウゼヴィッツ，リデル＝ハートという 3 人の軍事思想家を取り上げ，それぞれの軍事戦略論について説明する。

　第 2 章の「戦略を構築すること」では，ミッション，目標，分析，選択，実行，評価という 6 段階から構成された「戦略マネジメント・プロセス」を取り上げ，個々の内容と要点を明らかにする。

　第 3 章の「戦略研究の系譜」では，過去から現在までの戦略研究の系譜を明らかにしながら，それぞれのアプローチと代表的な戦略論について詳しく解説する。加えて，2000 年以降，新たに登場した「ブルーオーシャン」「価値共創」そして

「収益化」についても考察する。

第4章の「企業成長の戦略論」では，多角化，戦略的事業撤退，内部開発，戦略提携，M&A，イノベーション，イミテーション，標準化，知財の各内容について検討する。とりわけ，企業成長の手段として活発化しているM&Aやイノベーションについては，紙面を割いて考察を行う。

第5章の「企業分析の戦略論」では，企業を取り巻く全般環境，業界環境そして内部環境の分析フレームワークについて触れる。また，規模の経済性のダイナミズムを表す経験曲線分析，新製品の市場導入から撤退までの動向について考察するPLC分析，事業特性の把握と効率的な資源配分の手法であるPPM分析についても詳しく検討する。

第6章の「競争優位の戦略論」では，競争戦略のみならず，マーケティング分野でも扱われる競争地位戦略，バリュー・プロポジションについても議論する。併せて，企業間競争や業界競争そして最近，よく耳にするようになった異業種格闘技の台頭についても説明する。

第7章の「資源ベースの戦略論」では，経営資源の体系と資源ベースの戦略観に関する考察を行う。特に，資源ベースでは，コア・コンピタンスやコア・リジディティそして知識の蓄積とその課題等についても議論する。

第8章の「ゲーム理論の戦略論」では，ゲーム理論の歴史と囚人のジレンマ等について議論しながら，ゲーム理論から生まれたコーペティションについて，これを明らかにする。

第9章の「ブルーオーシャンの戦略論」では，既知の空間と未知の空間の違い，レッドオーシャンとブルーオーシャンの比較を通じて，その実態について説明する。併せて，その類似概念であるスタック・イン・ザ・ミドルと生産性のフロンティアについても考察を行う。

第10章の「価値共創の戦略論」では，企業と顧客のパワーシフトについて触れながら，顧客価値の構造について説明する。そして，企業と顧客のコラボレーションを意味する価値共創の実態を取り上げ，これを明らかにする。さらに，価値共創と類似する概念として，ビジネス・エコシステムを取り上げ，その内容と重要性を議論する。

第11章の「収益化の戦略論」では，戦略からビジネスモデルへの移行を踏まえ，これらを比較し検証する。また，様々なビジネスモデルの事例を取り上げ，ビジネスモデルの多様性とそのユニークネスを検討する。

第12章の「経営戦略のゆくえ」では，経営戦略の発信源，戦略論からビジネスモデルへ，AIの進化と経営戦略やビジネスモデルとの関係等について，これまで

の堅苦しい考察や指摘から離れ，筆者の自由な見解を紙面が許すかぎり述べてみたい。

　本書は，2018 年に出版した内容について，新たな知見を加筆・修正した改訂版である。今回の改訂版の作成と出版に当たり，株式会社税務経理協会　編集部部長の小林規明氏と編集部の大川晋一郎氏そして中村謙一氏には，大変お世話になりました。いつも丁寧なご指導と私の我儘を聞いて下さり，心から感謝申し上げます。

　なお，本書で取り上げた著者や論者の経歴や肩書は，出版物や論文が発表された当時のものであり，最新のものではないことを念のため記しておきます。

目次
CONTENTS

第5章 企業分析の戦略論 ··· 107

第1章 | 戦略論の出発点

1-1　孫武

　「戦略」という言葉の由来は，紀元前5世紀の古代ギリシャ時代まで遡ることができる。英語では，Strategy（ストラテジー）と表現されるが，そもそもの語源は，ギリシャ語で「将軍」「用兵学」「策略」を意味する strategos（ストラテゴス）まで遡ると言われている。では，軍事学や戦争論の世界で「戦略」は，どのように扱われてきたのだろうか。ここでは，軍事学と戦略論を代表する歴史上の人物を取り上げ，「戦略」の本質について探ってみよう。

　最初に紹介する人物は，中国が生んだ軍事戦略家の孫武である。孫武（紀元前541～482）は，中国春秋時代に活躍した兵法家であり，"孫子の兵法"（Sun-Tzu's Art of War）の執筆者として世に広く知られている[1]。全13篇から構成された孫子の兵法の功績とは，勝敗のカギは運次第で決まるという当時の支配的な世界観に対し，そこには必ず原因と理由が存在するため，戦いにおける理論と分析が重要だという論理的な価値観を明確にした点である。それでは，孫子の玉条の言葉（現代語訳）をいくつか取り出してみよう。

　孫子は，戦略の本質について次のように論じている。「戦争は国家の重大事である。国民の生死が決まり，国家の存亡の分かれ道である。よって，軽々しく始めるべきではない。」また，「百戦百勝が最善ではない。戦わずに敵を屈服させることこそ最善である。」このように孫子の世界観において戦略とは，必ずしも好戦的を指すものではない。むしろ，無意味な戦いを極力避け，なるべく戦わずして勝利する非好戦的が理想であると主張している。

　次に，戦争における情報の重要性について孫子はこう述べている。「相手を知って自分もわかっていれば，百度戦っても危ないことはない。もし相手のことがよくわからず自分のことがわかっていれば，勝ったり負けたりとなる。しかし，相手もよく知らない，自分のこともわからないのであれば，いくら戦っても決まって危険な目に陥ってしまう。」つまり，実践では，自分と相手に関する正確な情報（データ）収集とその有効活用が重要であり，これは，現代のインテリジェンス（諜報）の重要性にもつながる指摘である。

---

[1] 徐（2005）

1

　最後に，実際の戦いで部隊や兵の動かし方の基本について，孫子は次のように語っている。「大隊を統率するのに，小隊を統率しているかのようにできるのは，部隊の編成や規律がしっかりしているからである。大隊を戦わせるのに，小隊を戦わせるのと同じようにできるのは，戦闘標識や指揮命令が整っているからである。」すなわち，大部隊をあたかも小部隊の如く自由に操れるのは，組織の編成が確立し，規律が整い，コミュニケーションが円滑だからである。したがって，戦略とは，部隊を自由に動かすために必要な指揮命令や規律，活発な交流を推進する「将のリーダーシップ」を指すものである。

　このように孫子の兵法とは，「非好戦的」「現実主義」「情報の重要性」「軍の体制や運用の大切さ」等について書かれた優れた指南書であり，これまで数多くの歴史上の人物や研究の発展に強い影響を及ぼしてきた。たとえば，ビジネスや経営学の世界では，ハーバード大学ビジネス・スクールのマイケル・ポーター（Michael Porter）が提唱した競争戦略の核心部分である「参入障壁」の概念に影響を与えたとも言われている。その名前から受けるイメージとは異なり，競争戦略とは，正面から相手に競争を挑みそれに打ち勝つことだけではない。ライバルの攻撃や侵入に対して様々な障壁を構築して競争そのものを無効にしたり，競争を回避する行動も競争戦略の 1 つであると論じている。

1-2　クラウゼヴィッツ

　続いて紹介するのは，プロイセン（現在のドイツ）の陸軍将校・軍事理論家であるカール・フォン・クラウゼヴィッツ（Carl von Clausewitz）である。クラウゼヴィッツ（1780~1831）は，1832 年，古典的名著として知られる戦争論（Vom Kriege）を執筆し，一躍有名となった人物である。クラウゼヴィッツの戦略思想は，直接アプローチ戦略（Direct Approach Strategy）と呼ばれている。つまり，戦略の本質とは，戦闘を通じて敵を完全に撃滅し，抵抗できないように打ちのめす躊躇ない行為としている。それでは，具体的に直接アプローチ戦略の本質とは何かについて触れてみよう。第 1 は「兵力集中」である。戦争では数の優位が決定的な鍵を握るため，兵力の集中が求められる。第 2 は「絶対戦争」である。戦争とは暴力の行使であり，容赦のない行為である。このため，国民を総動員しても対処すべきである。第 3 は「反人道主義」である。戦争では，口先ばかりの人道主義者は最悪である。血を流すことを恐れずに戦うことが大切である[2]。

　クラウゼヴィッツの戦略思想は，今日のビジネスや経営学の領域へそのまま応用

---

[2] 菊澤（2008）

できるものではない。なぜなら，国家間の戦争では，自国が他国を自軍が敵軍を徹底的に撃滅することはあり得るが，企業間競争の世界では，通常，そこまで極端な行為や結果は生じ得ないからである。ところが，最近の企業間競争では，直接アプローチ戦略の概念をそのまま適用した戦略的手段が活発化している。それは，敵対的買収を通じた企業成長や特許取得により権益を独占する知財戦略であり，こうした背景から，近年，クラウゼヴィッツの戦略思想に注目が集まっているのが現状のようだ。

1-3　リデル＝ハート

　最後に紹介するのは，イギリスの軍事評論家，軍事史研究者であるベイジル・リデル＝ハート（Sir Basil Liddell Hart）である。リデル＝ハート（1895～1970）は，1941 年，暴力によって敵を撃滅し力によって相手を服従させるクラウゼヴィッツの直接アプローチ戦略とは正反対な概念である間接アプローチ戦略（Indirect Approach Strategy）を提唱した人物として有名である。

　リデル＝ハートの考え方は，「力」「暴力」「戦闘」を意味する直接アプローチの戦略だけでは激しい戦争を終えることはできない。なぜなら，復讐の連鎖を生み出すからである。このため，敵が自分の意思で投降し易いよう「心理的」「外交的」「経済的」な戦略を駆使し，相手を無力化させることだと主張する。

　間接アプローチ戦略の発想の原点は，第 1 次世界大戦まで遡ることができる。この大戦では，敵を撃滅する直接アプローチ戦略によって大量の殺戮がなされ，悲惨な結果が生まれた。そこで，コストの大きい直接アプローチ戦略を避け，コストを最小化できる間接アプローチ戦略へ焦点が当てられたのである[3]。

　このような間接アプローチ戦略もまた，現代のビジネスや経営学の領域に応用可能である。たとえば，ライバルと手を組む戦略提携やオープン・イノベーションという考え方は，間接アプローチの概念そのものである。

1-4　軍事からビジネス・経営学への応用

　軍事で生まれた「戦略」という概念をビジネスや経営学の分野に初めて応用した人物は，チャンドラーだと言われている。歴史学者として著名なジョンズ・ホプキンス大学のアルフレット・チャンドラー（Alfred Chandler）は，1962 年，著書『Strategy and Structure』のなかで，戦略とは，「企業の基本的な長期目的を決定し，これらの諸目的を遂行するために必要な行動方式を採択し，諸資源を割り当て

---

[3] 竹内（2005）

ること」と定義している。つまり，戦略とは，①基本的な長期目的を決める，②そのために必要な行動方式を決める，③限られた資源を配分することである。このようにビジネスや経営学に戦略の概念が導入されたのは，僅か40年前のことであり，その意味では，経営戦略とは比較的若い学問だと言えるだろう。

1-5　戦略についての意味の違い

ここで，軍事の世界でいう「戦略」とビジネスや経営学で使用される「戦略」の一般的な違いについて考察してみたい。図表1-1は，それぞれの大まかな相違点を明らかにしたものである。

まず，戦略の対象については，軍事が敵国（国家）や敵軍となるのに対し，経営では，同業種他社に加え異業種他社，事業（製品）や顧客が戦略の対象になる。

戦略の特徴では，軍事が基本的に武器や兵器を駆使するため，人の生死が伴うのに対し，経営では，組織の盛衰は起こるものの人の生死は生じ得ない。

最後に，戦略の成果では，軍事が敵国や敵軍が所有する領土の獲得や賠償金の請求そして国家の発展によって評価されるのに対し，経営では，顧客を囲い込む市場占有率，売上や利益のような業績の向上，企業規模の拡大そして組織や事業の効率化向上等によって評価される違いがあげられる。

図表1-1：戦略についての意味の違い

	軍事	経営
対象	敵国（国家），敵軍	企業，事業（製品），顧客
特徴	生死が伴う	生死は伴わない
成果	領土獲得，賠償金，発展	市場占有率，業績，拡大，効率

さて，今日のビジネスや経営学の世界において軍事の戦略論は，どのように扱われているだろうか。結論から言うと，大企業や中小企業を問わず，いまだ数多くの経営者の羅針盤として強い影響を与えていると言えそうだ。たとえば，孫子の兵法などは，低成長時代を迎え，厳しい環境下で困難な経営に直面した企業家らの経営を助ける一助として機能している。また，章末の解説で詳しく触れる日本を代表する戦史研究者によって取りまとめられた『失敗の本質』は，第二次世界大戦当時，旧日本帝国陸海軍が策定し実行された戦略の失敗について克明に分析・解明がなされており，時代を超えて企業経営者や起業家らに広く支持されている。

解説　名著『失敗の本質』から学ぶ

〈ロングセラー〉

　1984年に出版された『失敗の本質』は，現在まで40年の長きにわたり多くの読者から支持され，累計で80万部を超えるロングセラーとなっている。その大きな魅力とは，第二次世界大戦における日本軍の失敗を戦略と組織の両面から解き明かし，そこに描き出された日本（人）の行動パターンや特性を浮き彫りにした点である。そして，こうした当時の状況は，戦後から数え約80年が過ぎた現代の日本（人）社会や企業組織が持つ文化や習性，しばしば勃発する不祥事やスキャンダルの真因を突き止める有益な資料としても高い評価を得ている。ここでは，本書の中で触れられた日本軍と米軍の戦略・組織特性の分析にフォーカスし，どのような分析と解釈がなされたのか，おおよその内容について掻い摘んで説明しよう。

〈日本軍における失敗の分析〉

　本書は，日本軍の失敗を通して日本（人）の行動特性を解明している。具体的には，第二次世界大戦における主要な戦史を振り返り，そこで採用された戦略と組織の特性を明らかにしながら，そこから得られる失敗の教訓について説明している。図表1-2は，日本軍と米軍の戦略・組織特性について比較したものである。

図表1-2：日本軍と米軍の戦略・組織特性比較

分類	項　　目	日本軍	米　軍
戦略	目　　的	不明確	明　確
	戦略志向	短期決戦	長期決戦
	戦略策定	帰納的 （インクリメンタル）	演繹的 （グランド・デザイン）
	戦略オプション	狭　い ―統合戦略の欠如―	広　い
	技術体系	一点豪華主義	標準化
組織	構　　造	集団主義 （人的ネットワーク・プロセス）	構造主義 （システム）
	統　　合	属人的統合 （人間関係）	システムによる統合 （タスクフォース）
	学　　習	シングル・ループ	ダブル・ループ
	評　　価	動機・プロセス	結　果

出所）戸部・寺本・鎌田・杉之尾・村井・野中（1984）

〈戦略項目の比較〉

　まず，戦略の目的において，日本軍は「不明確」であった。作戦目的の多義性とあいまいさから，戦力の分散化が生じ，軍全体のバラバラな行動や考え方を助長してしまった。これに対し，米軍はきわめて「明確」であった。作戦目的の単一化と戦力集中という作戦の基本に則り，あいまいさや多義性を排除し，その結果，戦力の分散化が避けられ，集中化を実現できた。

　戦略志向について，日本軍は「短期決戦」，米軍は「長期決戦」の性格が強かった。日本軍は，短期決戦志向なため，攻撃重視の姿勢が強かった。たとえば，ゼロ戦の設計思想は「攻撃は最大の防御」であり，運動，スピード，航続距離など攻撃能力の高度化が最優先され，その分，敵の攻撃からパイロットの身を守るという防衛思想は，疎かにされてしまった。日本の戦闘機には，パラシュートのような脱出装置が搭載されず，もし被弾した場合，パイロットは逃げる術もなかった。また，短期決戦志向は，補給や兵站という「ロジスティクス」や諜報や情報といった「インテリジェンス」の軽視にもつながった。一方，米軍は，長期決戦志向から防御重視の姿勢が強かった。戦闘機の設計思想は，攻撃能力の前に，希少なパイロットの生命を守ることが優先された。このため，米軍の戦闘機には，必ずパラシュートが装備され，また，パイロットの身を守るためにボディーの鉄板も厚く，ダメージ・コントロールが徹底された。

　戦略策定において，日本軍は「帰納的」であったのに対し，米軍は「演繹的」であった。日本軍は，原理や論理そしてグランド・デザインに基づくよりも，情緒や空気そして神話が支配した場当たり的な対応によって問題解決を図るやり方を得意とした。そのため，戦略策定が主観的となり科学的方法論を欠いたものとなってしまった。一方，米軍は，一般的・普遍的な法則に基づき，問題解決を図る方法が重視された。米軍は，論理実証主義を重視し，科学的合理性を追求する戦略策定を得意とした。

　戦略オプションについては，日本軍が「狭い」のに比べ，米軍は「広い」という違いがあった。日本軍の戦い方は，いくつもの選択肢の中から最適なやり方を選ぶというよりも，先手必勝の奇襲戦法を好む傾向が強かった。たとえば，日本海軍による真珠湾への先制攻撃はその好例である。また，日本陸軍の戦い方も決まっていた。それは，闇夜をついて奇襲をかける夜襲攻撃や極端な精神主義に基づく歩兵突撃が繰り返し実行される等，戦い方のオプションが著しく乏しかった。これに対し，米軍は，戦いを通じて着実に戦略を進化させていった。そして，幾多の戦いを通じて多様な戦略を生み出すと共に，戦略に関する技術，組織，管理，システム等を統合し，環境の変化に適応する能力を身に付けていった。

最後に，戦略の技術体系について，日本軍は「一点豪華主義」であったのに対し，米軍は「標準化」に優れていた。日本軍の技術水準は，ある面で非常に優れていたが，他の面では絶望的に劣っていた。こうしたアンバランスさが総合的な技術体系を大きく歪める原因のひとつとなった。一方，米軍は，製品や生産システムについて徹底的に標準化を図った。これにより互換性が高まり，補修部品の交換等がスムーズなる一方で，標準品を分解して持ち運ぶ利便性，さらに大量生産の確立もまた可能になった。

〈組織項目の比較〉

組織の構造において，日本軍は「集団主義」，米軍は「構造主義」という違いがあった。日本軍は，軍事組織特有の官僚的な組織構造を取りながら，インフォーマルな人的ネットワークが混在する特異性を有していた。たとえば，本来，指示命令が上から下へ瞬時に流れる構造的特徴を有していたばすなのに，根回しやすり合わせそして忖度が蔓延り，これを阻害した。また，意思決定の過程において，組織メンバーの間柄がこれに強く影響する「間人主義」が作用した。個人の資質や能力よりも，人間関係や組織間関係が重視され，これにより失敗を招くケースが多々あった。一方，米軍は，すべてをシステムによって運営したため，作戦速度が早かった。また，形式や肩書より有能な人材に仕事を与えて組織の活性化を促した。さらに，特定の人材にポストを与えるのではなく，その都度交替させ，組織に緊張感を与えることに成功した。

組織の統合について，日本軍は「属人的統合」，米軍は「システムによる統合」であった。日本軍は，戦略思想，機構の分立，思考や行動様式等について，陸海軍が一体化されず，それぞれバラバラであった。これに対し，米軍は，統合参謀本部において陸海軍の作戦が議論され，多少の調整が加えながら統合作戦が実施された。これにより，陸海軍の戦略統合と全体戦略の一貫性が保たれた。

組織の学習について，日本軍は「シングル・ループ」，米軍は「ダブル・ループ」であった。組織学習（Organizational Learning）論において，シングル・ループ（Single Loop）とは，「結果」のための「行動」について考えることを指し，具体的には「改善」を繰り返すことを意味する。ダブル・ループ（Double Loop）は，「結果」のための「行動」について考えるだけでなく，「仮説・前提」について抜本的に問い直すことであり，具体的には「なぜ」を繰り返すことである。日本軍の戦い方は，戦果をあげるためには，どのような戦術が必要であるかを問う「シングル・ループ」学習が重視され，そこでは，問題や課題の基本構造を意味する仮説・前提は一定とみなされた。日本軍は，目の前にある事実を直視するよりも，頭の中で描

いた構想を前提とし，情報の重要性もまた軽視した。これに対し，米軍の戦い方は，戦果をあげるためには，どのような戦術が必要であるかを問うに止まらず，問題や課題の基本構造を意味する仮説・前提そのものを疑い，再定義する「ダブル・ループ」学習を重要した。米軍は，事実を直視し，情報も重視し，常に変化する環境へ柔軟に適応すべく組織体を修正した。

　組織の評価について，日本軍は「動機・プロセス」，米軍は「結果」を重んじた。日本軍は，「結果」よりも「プロセス」を重視した。もし戦いに敗れても，先頭を指揮した将校の作戦意図ややる気などのプロセスが高く評価され，負けた責任は回避された。その結果，責任の所在や評価があいまい化され，論理よりも声の大きな人物の意見が採用される事態がたびたび発生した。一方，米軍は，「動機・プロセス」よりも「結果」を重視した。昇進や責任において感情が入り込むことが排除され，認められた人物は，自信と誇りを持ち，認められなかった人物は，再び努力することで再起の道が残される公平で誠意のある評価がなされた。

2-1 戦略マネジメント・プロセス

　戦略とは，目的や目標を達成するために採用される手段または方策である。本章では，戦略の作り方，すなわち，戦略の構築（Building Strategy）について触れてみよう。

　オハイオ州立大学のジェイ・バーニー（Jay Barney）とユタ大学のウイリアム・ヘスタリー（William Hesterly）は，2005年，共著『Strategic Management And Competitive Advantage：Concepts』のなかで，戦略マネジメント・プロセス（Strategic Management Process：SMP）という戦略構築の枠組みを提示している（図表2-1）。SMP は，「ミッション」「目標」「分析」「選択」「実行」「成果」という6つの段階から構成され，一連のプロセスの最適化を通じて，企業は「良い戦略」を策定できるのみならず，競争優位の構築が可能になる。

図表 2-1：戦略マネジメント・プロセス

資料）Barney and Hesterly（2006）をもとに作成

2-1-1 ミッションの設定

　SMP の第1段階は「ミッション」である。ミッション（Mission）とは，「任務」「伝道」「使命」の意味であり，具体的には，経営者の思想や哲学，世界観を網羅したもの，経営や組織の基本原点を表現したもの，企業の根本的・長期的な「目的」を指す言葉である。ミッションは，企業や会社ごとに異なる名称で呼ばれることがほとんどである。たとえば，ある企業では，バリュー（価値）やビジョン（将来展望）と命名したり，また，ある会社では理念（根本の考え）やフィロソフィー（哲学）と表現する場合もある。

　「ミッション」は「目的」と言い換えられ，その最大の特徴は，抽象的であいま

いな表現方法だという点である。たとえば，元気のいい企業の経営者がよく自社の
ミッションとして「世界一の企業になる」を掲げるケースがその典型である。「世
界一の企業になる」という響きは，とても前向きで心躍る標語だが，しかし，それ
を達成する方法が具体的に示されていない。このため，実際の運用では，「ミッ
ション」ないし「目的」という定性的な表現を具体的かつ定量的な表現へ変換しな
ければならない。これが第 2 段階の「目標」を設定することが必要な理由である。
　最後に，なぜ「ミッション」は重要なのか。それは戦略構築の出発点であり，同
時にまた，戦略の最終ゴールだからである。つまり，戦略の真のゴールとは，単に
企業の成長や利益の実現ではなく，企業が掲げたミッションの達成が最も重要なこ
とであり，優れた企業ほど，戦略を通じてミッションの実現に注力していると言わ
れている[4]。

2-1-2　目標の設定

　SMP の第 2 段階は，抽象的な性格を帯びる「ミッション」または「目的」を具
体的な「目標（Objectives）」へ変換する過程である。「目的」と「目標」の大きな
違いは，前者が定性的なものであるのに対し，後者は定量的なものである。たとえ
ば，「世界シェアを 10 ％から 20 ％へ拡大する」などのように「目標」は，測定可
能なターゲットを指す。ここで，皆さんがよくご存知の日本企業を事例に取り上げ
てみよう。ファッション・アパレル大手のファースト・リテイリングは，「服を換え，
常識を変え，世界を変えていく」という「ミッション」ないし「目的」を掲げる一
方，それを達成するのに測定可能なターゲットとして「売上高 5 兆円，営業利益 1
兆円を達成し，世界 No.1 ブランドになる」という「目標」を設定している。一方，
化粧品大手の資生堂では，現在，「世界で勝てる日本発のグローバルビューティー
カンパニー」というミッションを目指し，「売上 1 兆円超，営業利益 1000 億円超」
という数値目標を掲げている。

2-1-3　外部分析・内部分析

　「目的」と「目標」が設定されたら，次の段階は分析（Analysis）である。第 3 段
階の分析は，主に 2 つの対象に区別される。ひとつは，企業の外部分析（External
Analysis）であり，もうひとつは，企業の内部分析（Internal Analysis）である。そ
して，外部分析の対象は，政治，経済，社会，技術などの動向を意味する「全般的

---

[4] 伊那食品工業は，「社員の幸福を通じての社会貢献」を会社の目的に掲げている。同社では
　会社の業績や規模の拡大よりも，社員や社会の永続や幸せを優先する「年輪経営」を実践し，
　世の中から高い評価と支持を得ている。

環境」とその企業が所属する「業界環境」に分けられるのに対し，内部分析の対象
は，企業内の諸活動や経営資源またはケイパビリティなどの状況を指す「内部環
境」があげられる。

2-1-4　戦略の選択

　SMP の第 4 段階は，戦略の選択 (Strategic Choice) である。これは，具体的に
戦略を選ぶ段階であり，その選択基準は，戦略の効果や有効性を十分吟味したうえ
で決定される。また，この段階で重要なのは，選択された戦略がミッション（目的）
や目標を十分に達成し得るものか，そして，戦略を実行する具体的な行動である戦
術 (Tactics) を策定し，全体としてどう取りまとめるのか，よく検討すべきである。
「戦略」と「戦術」の違いとは，戦略が大局的，総合的であるのに対し，戦術は部
分的，局所的という違いがあげられる。

　ところで，実際の企業では，組織階層ごとに異なる種類の戦略が選択されること
に注意が必要である。図表 2-2 は，組織の階層レベルと異なる戦略を表した図で
ある。企業は，組織階層別に分けると，上から順に「企業間ネットワークレベル
（トップレベル）」「企業内ネットワークレベル（トップレベル)」「事業レベル（ミドル
レベル)」「機能レベル（ロワーレベル)」の 4 つに区別できる。

　「企業間ネットワークレベル」は，自社と他社など企業間を対象としたレベルで
あり，このレベルの戦略は「経営戦略」と呼ばれている。コーポレート（企業）を
意味する「企業内ネットワークレベル」は，単一企業内における複数の事業ユニッ
トレベルを指し，「マルチビジネスレベル」という言葉でも置き換えられる。また，
同レベルの戦略は「経営戦略」または「全社戦略」とも呼ばれている[5]。「事業レベ
ル」は，企業内の単一事業（ビジネスユニット）の諸活動を対象とするレベルであり，
同レベルの戦略は，「事業戦略」「競争戦略」とも呼ばれている。最後に「機能レベ
ル」は，単一事業内における諸機能を対象とするレベルであり，同レベルの戦略は，
通常「機能戦略」と呼ばれている。

　それでは，図表 2-2 に沿って組織階層別の対応戦略について説明しよう。まず，
ネットワーク Q を構成する自社（会社 X）と他社（会社 Y, Z）を対象とする「経営
戦略」では，企業買収や戦略提携が代表的な戦略として取り上げられる。次に，会
社 X が構成する 4 つのビジネスユニット（A, B, C, D）すべてを対象とした「経
営戦略」では，多角化や事業撤退等があげられる。そして，会社 X が構成する事
業のうち，ビジネスユニット B が内包する諸活動（R&D, 製造，販売マーケティング，

---

[5] したがって，経営戦略の対象は，企業間と企業内の両方を指すものである。

図表 2-2：組織階層と対応戦略

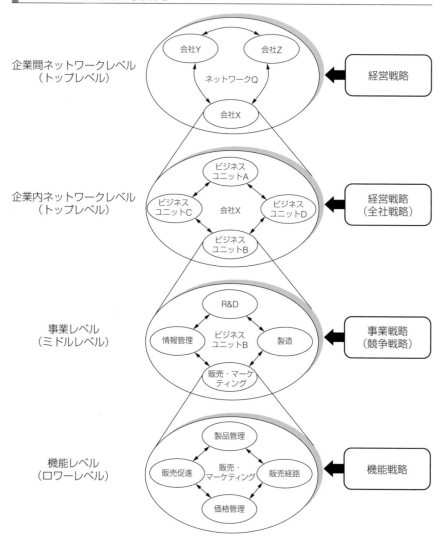

情報管理）全体を対象とした戦略は，「事業戦略」または「競争戦略」と呼ばれ，具体的には，コスト・リーダーシップや差別化が該当する。最後に，ビジネスユニットＢを構成する販売マーケティング活動を対象とする「機能戦略」には，製品管理，販売経路，価格管理，販売促進など，いわゆる「4P」と呼ばれるマーケティング戦略が該当する。

2-1-5　戦略の実行

　第5段階は，組織の各階層で展開される戦略の実行（Strategic Implementation）である。この段階は，選択された戦略を単に実行するステージという意味よりも，戦略効果の最大化に向けて最適な組織やシステムを作りあげる点が重要である。つまり，成功する戦略には，戦略と連動した組織やしくみが整っているが，失敗する戦略には，効果的な組織やしくみが不在である場合が多い。それでは，戦略の効果を最大化し得る最適な組織またはシステムとは，いったいどんなものだろうか。第1は，資源配分，権限と責任，雇用と報酬等，公式組織と呼ばれるしくみの開発である。第2は，自己研鑽，飲みニケーション，15％ルール等，非公式組織のしくみを作り上げることである。第3は，ワイガヤ，フリーアドレス，イベント等，社内の他部門との協働を意味するコラボレーション活動の展開である。第4は，オープン・イノベーション等，社外との共創を意味するコラボレーション活動を適切にマネジメントすることである。

2-1-6　戦略の成果

　SMPの第6段階は，成果（Achievement）である。これは，最終的な戦略の成果を指すものであり，主に3つの測定のしかたに分けられる。ひとつは，事前の期待値と事後の実際値の差を通じて成果を判定するものである。これによると，もし期待値と実際値がイコールであれば，予定した成果がそのまま得られたと判断されたことになり，「標準的成果」が得られたとなる。次に，期待値より実際値が小さいような場合，「標準を下回る成果」のように表現できる。逆に，期待値より実際値の方が大きい場合は，「標準を上回る成果」と表現できる。そして，このような標準を上回る成果（期待値＜実際値）を経済学では「経済的レント」と呼んでいる。「経済的レント」は，さらに長期にわたる成果を意味する「リカーディアン・レント」と一瞬の成果を指す「シュンペータリアン・レント」に分類される。リカーディアン・レント（Richardian Rent）は「希少性利潤」と訳され，長期的に持続可能な成果と規定される。たとえば，希少な地理的立地，複雑な組織ルーチン，模倣困難な資源等を通じて，持続的な競争優位性を実現できることである。一方，シュンペータリアン・レント（Schumpeterian Rent）は，「企業家的利潤」と訳され，短期的な成果を指すものである。具体的に言うと，単純な組織ルーチン，模倣可能な資源等，一時的な競争優位性の構築を目指すものである。

　2つ目は，会計情報を使用して成果を測定するアプローチである。たとえば，収益性という成果を測定する方法には，総資本利益率（ROA），株主資本利益率（ROE），粗利率（売上高−売上原価），1株あたり利益（EPS），株価収益率（PER），1

株あたりキャッシュフロー等があげられる。また，流動性という成果を測定する方法には，流動比率，当座比率等が代表的な指標である。

　3つ目は，会計情報では分からない成果，つまり，通常目には見えず，数値化しにくい成果を測定するアプローチである。たとえば，無形の経営資源 (Intangible Assets)，無形のケイパビリティ (Intangible Capabilities)，コーポレートブランド (Corporate Brand) 等がこれに該当する。

　最後に，このような SMP において重要なガキを握るステージは，「目的」と「戦略実行」の段階だと考えられる。戦略とは，いわば，当該企業が掲げたミッション（目的）を実現する行為であるため，これから軸が外れた戦略であってはならないからである。また，たとえ良い戦略が策定されたとしても，それを生かす組織の仕組みが不在ならば，企業が成長し成功するのは難しいからである。

2-2　ビジネス・ドメイン

　ここで，SMP（戦略構築の枠組み）と共に，ビジネス・ドメイン (Business Domain) についても触れておこう。というのも，企業のあるべき姿，進むべき方向が明確でないと戦略の策定は，不十分となるからである。ビジネス・ドメインとは，「事業領域」と訳され，具体的には，企業が成長する方向を示す概念である[6]。たとえば，ずいぶん古い話になるが，1977 年，新しい技術動向として，コンピュータと通信の技術融合の重要性に着目して C&C (Computers and Communications) を掲げた NEC，IT と制御・運用技術を活用しながら，高度な社会インフラシステムを提供する「社会イノベーション事業」を掲げ，グループをあげて取り組む日立製作所の今日的ケースは，事業ドメインの代表的な事例である。

　企業がビジネス・ドメインを明確化する意義には，2 つの点があげられる。ひとつは，やるべきことがはっきりする。ビジネス・ドメインを定めると，自社の競争する範囲をハッキリさせることできる。併せて，経営資源の最適配分が可能となる。もうひとつは，逆にやるべきではないことが明らかになる。ビジネス・ドメインを設定すると，自社が競争すべきではない範囲を明確にできる。併せて，不要な経営資源の配分もまた可視化できる。

　ハーバード大学ビジネス・スクールのデレク・エーベル (Derek Abell) は，1980 年，著書『Defining the Business』のなかで，「顧客層」「顧客機能」「技術」という 3 次元からなる事業領域のフレームワークを提示している（図表 2-3）。これは，顧客層（誰に），顧客機能（何を），技術（どのように）という 3 つの軸から「自

---

[6] ドメイン (Domain) とは，「領地」「領域」「勢力範囲」を指す言葉である。

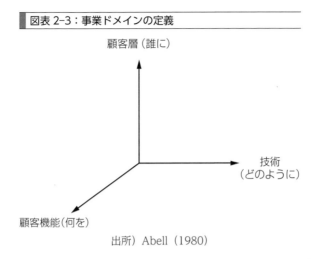

図表 2-3：事業ドメインの定義

出所）Abell（1980）

社の事業ドメイン」を明確化する枠組みである。

　一橋大学の榊原清則は，1992 年，著書『企業ドメインの戦略論』のなかで，ドメインの構成次元として，「空間の広がり」「時間の広がり」「意味の広がり」を取り上げている。まず，「空間の広がり」は，狭い領域で活動するか，広い領域で活動するかを指す。「時間の広がり」は，活動内容の変化，方向，道筋について洞察を含まない静的（Statics）なものか，それとも洞察を含んだ動的（Dynamic）なものかを意味する。最後に，「意味の広がり」とは，経営者の固有なものか，それとも，組織メンバーや社会の共感を得ることができるかどうかである。そして，これら 3 つのうち，もっとも重要な次元とは「意味の広がり」だといわれている。なぜなら，組織メンバーや社会に共感を得られないドメインの場合，実行力がなく機能し得ないからである。よって，組織メンバーや社会に共感を得られるドメインを規定することが非常に大切であり，これは「ドメイン・コンセンサス（Domain Consensus）」とも呼ばれている。

　最後に，事業ドメインを定義する重要性については，アメリカの鉄道会社の没落した事例がよく引き合いに出される。ハーバード大学ビジネス・スクールのセオドア・レビット（Theodore Levitt）は，1960 年，「Marketing Myopia」と題する論文のなかで，アメリカの鉄道会社が衰退したのは，旅客や貨物輸送の需要が大幅に減少したからでも，自動車や飛行機のような鉄道以外の代替手段に顧客を奪われてしまったからでもない。鉄道会社が自身の事業を「鉄道事業」のように近視眼（目先のことだけに捕らわれる様）的に捉え，「輸送事業」であると認識しなかった理由によるものだと分析している。つまり，鉄道会社のマネジャーは，自社の事業を「鉄

15

道」という製品事業のように狭くとらえてしまった結果，顧客を他に追いやってしまったのである。もしもマネジャーが顧客の立場から，鉄道とは移動するための「輸送」手段であると考えることができていれば，このような衰退は免れたはずだと分析している。

　ハーバード大学ビジネススクールのクレイトン・クリステンセン (Clayton Christensen) 他もまた，2016年に出版した『Competing Against Luck』のなかで，朝の通勤途中，ファーストフード店に立ち寄り，来店客がミルクシェイクを購入するのは，ミルクシェイクという商品（プロダクト）を買っているのではなく，仕事先までの退屈な運転時間に気を紛らわせるものが欲しいという目的（ジョブ）を解決するため，濃厚なミルクシェイクを購入（雇用）しているのだと分析し，これを「ミルクシェイクのジレンマ」と命名している。つまり，我々が商品を買うのは，何かしらのジョブ（用事，仕事）を片付けるため，何かを雇用しているのであり，プロダクトそのものが欲しいわけではない。こうしたものの見方を変えることがイノベーションにも重要だと指摘している。

3-1 戦略論の多様な系譜

　ここでは，膨大に存在する戦略研究に関する知見を系譜にして表してみよう。伝統的な戦略研究の整理のしかたは，経営レベル＝全社戦略，事業レベル＝競争戦略，機能レベル＝機能戦略のように組織階層別に戦略論を明らかにするやり方，○○学派（School），○○戦略観（View）のように戦略の性質やその内容別に分類するやり方が一般的であった[7]。しかし，本書では，学習者がその内容を理解しやすいよう，膨大な戦略研究を 10 年ごとに区切り，各時代に大勢を占めた主張や流れごとに分

■ 図表 3-1：戦略研究の系譜

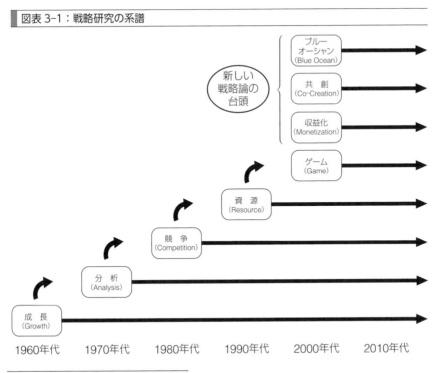

---

[7] たとえば，Mintzberg, H., J. Lampel and B. Ahlstrand（1998）は戦略論を 10 のスクール（School）に分ける一方，青島・加藤（2003）は 4 つの学派（View），沼上（2009）は 5 つの学派にそれぞれ分類するなど，研究者によって分類はバラバラである。

類した。これが図表 3-1 のような戦略研究の系譜である。おそらく，これまで語られてきた戦略論のほとんどは，これから述べる 5 つの主流（Main Stream）のどこかに位置付けられるにちがいない。

　もともと軍事用語であった「戦略」（Strategy）なる言葉や概念がビジネスの分野へ本格的に導入されたのは，1960 年代のチャンドラーまで遡ることができる。すると，戦略研究は，約 60 年の蓄積と歴史があるわけだが，この間，特にアメリカから様々な概念や理論が生み出され，今日に至っている。

3-2　成長

　まず，60 年代の戦略研究は「成長」がキーワードであった。というのも，特に，アメリカでは，多くの大企業が企業成長のため，企業買収という戦略的手段を用いて本業とは異なる事業分野へ多角化を活発化させたからである。この背景には，当時のアメリカの独占禁止法では，同じ業種の企業同士については，厳しい制限が課せられていたことがあげられる。その結果，必然的に異業種企業の買収が進み，複合事業体を意味する「コングロマリット」が増加したり，あるいは当時のデュポンや GM が事業部制組織を採用するようになった。

　60 年代に支配的テーマとなった「成長」を巡る戦略研究は，今日に至るまで数多くの指摘や主張がなされている。たとえば，事業の多角化を通じた成長もあれば，逆に不採算事業等からの撤退による成長もあげられる。また，ライバルや取引相手との企業間協力を意味する戦略提携による成長もあれば，相手側企業の株式支配による合併買収（M&A）を通じた成長もあげられる。さらに，自社が生み出した希少な知識・ノウハウを独占し，1 人勝ちを目指す知財戦略によって成長を実現するパターンもあれば，貴重な知識・ノウハウを積極的に公開してライバルらを仲間に取り込み，ネットワークの外部性を発揮して成長を可能にする標準化戦略もあげられる。

　一方，企業成長を目的とした戦略研究でどうしても見逃せない点として，イノベーション（Innovation）があげられる。イノベーションは，通常，「革新」と訳され，企業成長に不可欠な取り組みだといわれている。このようなイノベーションを扱った研究として，たとえば，製品や工程の革新を通じた成長が指摘されている。また，社内の研究所等，内部資源や能力を梃子に革新を創造するパターンと社外に散在する資源や能力にアクセスし，これを有効に活用して革新を生起する成長パターンもあげられる。さらに，成長を実現するうえで革新を引き起こす源泉として，メーカーが生み出す革新のパターンとユーザーが生起する革新のパターンもまたあげられる。

　さらに，古くて新しい戦略論としてイミテーション（Imitation）を通じた企業成長もあげられる。「模倣」を意味するイミテーションは，物まねやデッドコピー（模造品）等，どちらかと言えば，悪いイメージで理解されてきたが，最近では模倣戦略と位置づけられ，競争力強化のための有益な手法として再認識されてきている。

3-3　分析

　次に，70年代において主流なテーマとして浮上したのは，「分析手法」を巡る戦略研究であった。この背景になったのは，60年代，特にアメリカで普及・拡大した多角化戦略により肥大化した巨大企業の業績が軒並み悪化し，その複雑な組織運営が限界を迎えたことから，どの事業から撤退すべきか，逆にどの事業を強化すべきか，そのための資源配分の仕方をどう確立するかなど，これらの分析手法の確立に焦点が当てられた。そして，欧米の巨大企業の経営者がこれらの開発を解決するため，その羅針盤としたのが大手コンサルティング・ファームのノウハウであった。彼らは，クライアント先の企業経営者の依頼に対して，「選択と集中」や「資源配分」などの分析手法やソリューションを開発し提供した。たとえば，GE（ゼネラル・エレクトリック）は，経営資源の最適配分を可能にするため，大手コンサルティングのマッキンゼーと一緒にビジネス・スクリーンを開発したケース等がこれに該当する。

　さて，近年になって分析を巡る戦略研究は，ビッグデータや人工知能（AI）を駆使して最適解を導き出す「アナリティクス」戦略の方向に進化を遂げている。この背景には，コンピュータやキーデバイスのようなデジタル技術の飛躍的な進歩から，従来，不完全であった分析の精度が向上し，経営や戦略の分野へ応用できるようになったからである。

3-4　競争

　80年代の戦略研究では「競争優位」が支配的テーマとなった。この背景には，繊維，造船，鉄鋼など伝統的な産業が衰退するなか，古くなった不採算事業を売却し，新たに有望な事業を企業買収して事業構成を組み替える「リストラクチャリング」や「選択と集中」が本格化したからである。たとえば，GEでは，世界シェアがナンバーワンかナンバーツーの事業に該当しない事業群からは，撤退，売却，清算するというポリシーを掲げ，1981年から1988年までの間に350もの事業から撤退し，そこで得た売却益でもって新たに250もの事業を買収する事業構造の大改革を断行した。

　このような時代に主流を占めたのは，競争戦略（Competitive Strategy）であった。

これは，ライバルとの戦いに打ち勝ち，自社が競争優位を構築するための戦略論であり，特に，企業を取り巻く外部環境に焦点をあて競争要因の解明に主眼が置かれた。一方，マーケティングの世界でも，同一市場内におけるライバル企業間競争に注目が集まった。たとえば，リーダー，チャレンジャー，フォロワー，ニッチャーなど，市場競争のプレイヤーを細分化し，それぞれの競争対応が明らかにされた。そして，近年の競争戦略では，伝統的な同一業界，同一市場内における競争のみならず，異業種間を巡る競争に焦点がシフトしてきているのが実態のようだ。

3-5　資源

　90年代に入ると，戦略研究の焦点は「資源・能力」に移った。この背景には，前時代に断行されたリストラクチャリングの効果が期待よりも薄く，むしろ，大胆なダウンサイジングは，長年，育てた優秀な人材の放出にもつながり，結果として，企業競争力の低下を招いてしまったからである。そこで，再度，原点に立ち返り，自社を取り巻く外部環境にフォーカスする前に，自社の資源や能力という内部環境へ焦点をあて，他社にない独自の競争力を発見・開発し，ライバルと競争するアプローチに注目が集まった。つまり，企業の外部環境を重視することも確かに大切だが，企業の内部環境にフォーカスすることの方がより重要であると視点が変わったのである。

3-6　ゲーム

　2000年代に突入すると，新たに「ゲーム理論」に注目が集まった。この背景には，もともと数学の世界で生まれた「ゲーム理論」の考え方がその後，経済学や社会学へ転用され，2000年前後になると，今度は経営学の分野へ応用されるようになった。その理由は，ビジネスとは，まさにゲームそのものだからである。たとえば，日本でも盛んなサッカーや野球というゲームを考えたとき，自分が勝利するには，相手が失敗し必ず負けなければならない。ところが，実際のビジネスの世界は，自分が勝利するため，必ずしも相手が負ける必要はない。なぜなら，勝者は1人ではなく，多くの勝者が生まれてもかまわないからである。よって，優れたマネジャーであれば，独り勝ちだけを追求するのではなく，他社と協力して勝利を分かち合うこともまた考えるのである。経済や市場が上り坂にあった従来のビジネス環境では，競争を通じた独り勝ちを追求するアプローチが盛んであった。ところが，経済や市場の成熟化が進むビジネス環境では，独り勝ちすることは極めて困難となりつつあるのが現状である。こうした理由から，相手と協力して勝利するための支配力学であるゲームセオリーに注目が寄せられるようになったのである。

3-7　新しい戦略論の台頭

　2000年代に入ると，伝統的な戦略論の流れとは異なる新たな戦略論が提唱されるようになった。それは，「脱競争」「顧客フォーカス」そして「戦略を超えて」というアプローチである。これまでの戦略論では，市場占有率を支配する戦いや競争に打ち勝った企業の業績が上がり，持続的な成長を遂げることがその前提条件にあった。ところが，1990年代の半ばあたりから「競争病」ともいえる長年続いた信仰に陰りが見え始めた。そのきっかけは，従来の戦略論に従い市場シェアの独占やライバルに対して競争優位を獲得できたとしても，企業の業績や成長を達成することは難しくなったからである。たとえば，市場シェアの改善は，低価格政策を通じて実現できるし，固定費の削減や圧縮によって業績の向上は可能である。ところが，これが本当に戦略と言えるのかという疑念が芽生え始めた。競争戦略を提唱したハーバード大学ビジネス・スクールのマイケル・ポーターは，1996年に発表した「What is Strategy?（戦略とは何か）」と題する論文の中で，ひたすらコストダウンに励む日本企業の対応は，決して戦略ではないと批判している。

　こうして2000年代になると，戦略論において「競争」や「競争優位」に対する意識や関心が次第に薄れ始める一方で，「顧客志向」の実現や「顧客価値」の最大化に大きな注目が集まるようになった。その背景には，まず，なんといっても日本を含む世界の先進国が成熟期や飽和状態へ突入し，伝統的な成長期の時代における戦略論の有効性が急速に失われたことであった。すなわち，過去の戦略論は，ライバルとの競争に勝利できさえすれば，競争優位を獲得できる前提条件に基づくものであった。ところが，激しい企業間競争に勝利しても，企業の業績が必ず上がるとは限らないことが分かってしまった。そこで，企業が成長し業績をアップさせる決め手は，競争優位の構築ではなく，顧客価値の実現や価値提案（Value Proposition：VP）力であるという認識に改まったのである。

　もうひとつは，当時，IBMやGEそしてP&Gのようなグローバル企業が新たなやり方で息を吹き返し，ハイパフォーマーな企業へと変質した影響である。特にIBMやGEのようなBtoBメーカーでは，高機能で高品質な製品を世に出すよりも，サービス事業の収益化によって大きな成功を収めた。一方，BtoCメーカーであるP&Gでは，「消費者はボス（Consumer is Boss.）」「すべての中心に消費者を置く」「顧客中心のイノベーション」等のスローガンを掲げ，顧客中心の戦略や組織デザインを通じてグローバルなブランド企業としての地位を高めた（市橋，2008）。

　このように2000年代以降は，ライバルと競争する時代から価値を創造する時代へ，ライバルに着目する時代から顧客にフォーカスする時代へ，モノ消費からコト

消費の時代に大きく舵を切った時代であり，このような時代の変化が新しい戦略論の呼び水として強く作用した。

3-8　ブルーオーシャン

　フランス INSEAD のチャン・キム（Chan Kim）とレネ・モボルニュ（Renée Mauborgne）は，2005 年，共著『Blue Ocean Strategy』を発表し，世界に大きな衝撃を与えた。ブルーオーシャン戦略は，コストと顧客価値（差別化）のトレードオフ（Trade-off）を否定する概念であり，バリュー・イノベーション（Value Innovation）とも名付けられている。つまり，ブルーオーシャン戦略は，低コストを優先すると差別化が犠牲になり，差別化を優先すると低コストが犠牲になるため二者択一を説く伝統的な競争戦略の考え方に対し，その両立は可能であることを謳った新しい戦略アプローチである。

3-9　価値共創

　顧客と企業の関係は，過去，顧客に比べ企業の方がより多くの知識や有益な情報そしてパワーを持っていた。ところが，インターネットや SNS 等の普及に伴い，顧客側の情報収集と処理能力が飛躍的に向上した結果，双方の力関係は大きく逆転し，顧客の方が企業よりパワーを持つようになった。すなわち，これまでは企業が製品・サービスを提供し，顧客がその対価を支払う関係のなかで，経済価値の獲得を巡る競争が繰り返されてきた。しかし，これからは一方で経済価値の獲得を巡り激しく競争し合いながら，他方では，企業と顧客が手を携え，一緒に価値共創を実現する新しい次元の戦略論が求められるようになってきた。

3-10　収益化

　伝統的な戦略は，たとえば，市場占有率の獲得や競争優位の構築など，ライバルとの競争に打ち勝つことがメインテーマであった。しかしながら，市場シェアを独占でき，競争優位を獲得できたとしても，確実に成長を遂げ，ハイパフォーマーな企業になり得るとは限らない。なぜなら，競争に勝つことと利益成長することは，必ずしも一致しないからである。たとえば，業界のリーダー企業でも，価格競争を繰り広げればローパフォーマーな企業に陥ってしまう。また，株主価値を重視するため，際限なく固定費の削減（リストラクチャリング）を断行すれば，短期的には高い利益と成長を達成でき，その場は凌げるかもしれないが，中長期的には，希少な人材の大量流出を招き，持続的な利益成長は見込めなくなる。このように（競争）戦略を突き詰めたところで，利益成長を達成できる保証はどこにもない。そこで，

登場した新しいアプローチが収益化であり，具体的にはビジネスモデルの創造である。これからのビジネスでは，ユニークな仕組みづくりの開発が高い収益性を生み出し，企業の利益成長を可能する原動力になるのである。

4-1 多角化戦略

4-1-1 多角化する理由と内容

　1960年代に登場した企業成長（Growth）の戦略論は，いわば，企業が健全に巨大化（成長）するための方法論を提示するものであり，これまで開発された数々のアプローチの有効性は，現在でも一向に色あせないと言えるだろう。それでは，最初に企業成長の戦略論の代表格ともいえる「多角化」について触れてみよう。

　企業は，なぜ多角化するのだろうか。経済学者のエディス・ペンローズ（Edith Penrose）は，1959年，その著書『The Theory of the Growth of the Firm』の中で，企業を多角化へ向かわせる誘引（動機）として2つの理由をあげている。ひとつは，内的成長誘引（Internal Inducement）であり，これは，自社の余剰資源をフル活用したい場合である。もうひとつは，外的成長誘引（External Inducement）であり，魅力的な市場の存在や既存市場における需要低下が企業を多角化へ向かわせることである。

　次に，多角化とは，いったいどんな内容の戦略なのだろうか。ロシア生まれの物理学者で「戦略論の父」として有名なイゴール・アンゾフ（Igor Ansoff）は，1965年，著書『Corporate Strategy』のなかで，製品軸と市場軸から構成された2×2マトリクスを用いてこれを説明している。

　図表4-1は，アンゾフが描いた成長ベクトルと呼ばれる枠組みである。それに

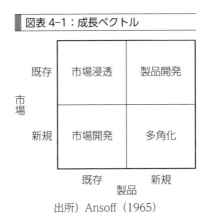

図表4-1：成長ベクトル

出所）Ansoff（1965）

よると，「多角化」とは，右下のボックスに該当する企業成長のしかたを指すが，その前に，「多角化」以外のボックスの内容について説明しよう。左上のボックスは，既存市場に既存製品で対応するやり方であり，市場浸透（Market Penetration）と呼ばれる戦略次元である。この市場浸透戦略には，主に2つのテクニックがあげられる。ひとつは「市場占有率の拡大」である。たとえば，グリコのポッキーやカルビーのかっぱえびせんのように，既存製品に関する斬新なプロモーション（パッケージ，アドバタイジングなど）を展開して既存客を離さない「広告宣伝の強化」，日本マクドナルドのハンバーガーのように，同業他社の製品に比べ低価格でもって既存客の値ごろ感を高める「値下げ」というやり方がこれに該当する。もうひとつは「製品使用頻度の拡大」であり，具体的には，CMに歯医者を登場させ，1日3回の歯磨きの習慣を根付かせることで歯ブラシや歯磨き粉の消耗を早める事例，ポイントやマイレージカードを活用して，既存客が既存製品の使用頻度を増やすよう促すこと，そして，日本の伝統的な手ぬぐいの新たな用途先として観賞用に使用する事例など，既存製品に関する新用途（使い方）を開発・提供し，既存客のさらなる購買を狙うやり方があげられる。

　左下のボックスは，新市場に既存製品で対応するやり方であり，市場開発（Market Development）と呼ばれる戦略次元である。この市場開発には「地域的な拡張」と「新市場セグメントへの拡張」という2つのやり方が存在する。まず，エリアの拡大を意味する「地域的な拡張」は，主に3つの事例があげられる。第1は「国内市場から外国市場への拡張」であり，たとえば，成熟化した国内アパレル市場から今後とも有望な外国アパレル市場へビジネスを拡張したファースト・リテイリングのケースがあげられる。第2は「地方市場から全国市場への拡張」であり，たとえば，インターネット通販やTV通販を利用した地方の特産品の全国展開があげられる。第3は「地方市場からその他の地方市場への拡張」であり，これも同じく，インターネット通販やTV通販をテコに地方から地方への展開がこれに該当する。

　一方，従来とは異なる市場（顧客）層へ進出する「新市場セグメントへの拡張」もまた，次のような3つの代表的なケースをあげることができる。第1は「子供用から大人用への進出」であり，たとえば，少子高齢化現象を背景に，これまでのキッズ顧客中心から，シニア顧客層市場への拡張を狙ったディズニーリゾートの事例があげられる。第2は「女性用から男性用への進出」であり，たとえば，女性向け化粧品メーカーによる男性向け化粧品分野への参入や逆に大手紳士服チェーンが婦人服スーツへ進出した事例があげられる。第3は「富裕層狙いから大衆層狙いへの進出」であり，たとえば，夜なら数万円もする銀座の高級寿司店がランチの

み限定で千円程度のリーズナブルなメニューを準備するケースがあげられる。

　右上のボックスは，既存市場に新製品で対応するやり方であり，一般には製品開発（Product Development）と呼ばれる戦略次元である。この製品開発は「製品特性の追加」「製品ラインの拡張」「新世代製品の開発」という３つのやり方に区別できる。第１の「製品特性の追加」は，たとえば，クルマでいうとフルモデルチェンジに対するマイナーチェンジ，コンピュータの場合ならソフトウェア，ハードウェアに新しい機能の追加や仕様の変更を施すバージョンアップがこれに該当する。第２は「製品ラインの拡張」であり，たとえば，自動車メーカーによる車種のラインアップを広げる行動やもっと身近な事例で言うと，幕の内弁当が松・竹・梅のグレードに分けられているケースがあげられるだろう。第３は「新世代製品の開発」であり，自動運転，クリーンエネルギー，スマート家電そしてスマートホームなど次世代技術の開発等があげられる。

　さて，右下のボックスは，新市場に新製品で対応するやり方であり，多角化（Diversification）と呼ばれる戦略次元である。多角化は，一般的に「関連多角化」と「非関連多角化」に大別される[8]。「関連多角化」は，A＝Bのように２つの事業が共通性を持っている多角化のタイプであり，その主な動機とはシナジー効果（Synergy Effect）の創造である。つまり，共通性の高い事業へ「関連多角化」することで，ヒト，モノ，カネ，技術，顧客，チャネル，ブランドなどを相互活用でき，単位コストの削減や資源や能力の有効活用を生み出すことができる。身近なケースをあげると，よく大学が新学部の増設に当たり，看板学部の周辺に位置する領域へ進出を目指す事例がその典型である。たとえば，商学部の経営学科を本体から切り離し経営学部を新たに編成し，商学部で培った知識・ノウハウ，人材，ブランドなどを新設した経営学部へ惜しみなく注ぎ込むことで，大幅な費用の削減が可能になる。

　また，「関連多角化」を通じて，資源や能力の横断的な有効活用も実現できる。たとえば，富士フイルム・ホールディングスによる化粧品事業への進出は，伝統的なイメージングソリューション事業で培ったフィルムのノウハウを共有資源として活用した代表的な事例である[9]。

---

[8] Barney（2001）は，多角化のタイプとして，限定的多角化（Limited Diversification），関連多角化（Related Diversification），非関連多角化（Unrelated Diversification）という３つに区別している。

[9] 自動車メーカーのトヨタ自動車がトヨタホームを通じて住宅事業を運営するのは，クルマと家のモノづくり技術の多重利用とクルマと家のセット販売というシナジーを狙った取り組みと言われている。

　一方，「非関連多角化」は，A≠Bのように2つの事業が共通性を持っていないタイプの多角化であり，その主な動機として「リスク分散」と「高い投資利益が期待される事業への参入」があげられる。

　「リスク分散」は，これまでの事業とは異なるものの，将来性が期待できる新規事業へ多角化することで，仮に同質的な複数の既存事業が困難に直面した場合でも，その落ち込みの受け皿として機能することが期待できる。たとえば，新聞社，食品，IT，百貨店を展開する日本企業が全く畑の違うプロ野球事業へ進出するケースは，いわば，不安定な本業に対するリスクヘッジ（回避）行動とも理解できる。

　また，「高い投資利益が期待される事業への参入」は，その名の通り，将来性のある新規事業を求めて進出するため，成功すれば高いリターンを期待できることである。たとえば，GEが航空機ジェットエンジン，医療機器，エネルギー・制御事業，水処理，運輸関連事業，石油・ガス産業向けソリューションなど，コングロマリット（複合事業体）を形成するのは，同社が常にハイリターンを期待できる事業分野へ進出を果たしてきた証左である。

　「関連多角化」と「非関連多角化」では，いったいどちらの方が成功する確率が高いのだろうか。一般的には，「非関連多角化」より「関連多角化」の方が成功する確率が高いといわれている。ところが，実際のビジネスでは「非関連多角化」がすべて失敗しているというわけではない。なかには，本業から遠く離れた異業種へ展開することで，飛躍的な成長や再生を遂げた日本企業が存在することもまた確かである。たとえば，もともと船を作ってきた日立造船は，今日，ゴミ焼却発電施設事業で世界トップシェアの企業として君臨している。セーラー万年筆は，その名の通り，万年筆のトップメーカーとして有名だが，最近では，ロボット機器メーカーとして多分野で活躍している方が有名になりつつある。「俊足」ブランドで有名なシューズメーカーのアキレスは，売上全体に占める約7割がプラスチック製品や産業資材製品で稼いでいる。最後に，焼鳥居酒屋としてスタートしたトリドールホールディングスは，今では，讃岐釜揚げうどんの「丸亀製麺」などを運営するグローバル・フード・カンパニーの地位を築き上げている。

4-1-2　関連多角化する方向

　ところで，関連多角化する方向には「前方統合」と「後方統合」の2つのパターンがある。「前方統合（Forward Integration）」とは，消費者（下流）の方向へ関連多角化するパターンを指し，具体的には，原材料を供給する企業が製造や小売りの分野に乗り出すことである。一方，「後方統合（Backward Integration）」は，原材料という上流方向へ関連多角化するケースをいう。つまり，流通や小売り企業が生

産や原材料の事業へ進出に乗り出すことである。

　「前方統合」型の関連多角化のケースとして，世界最大のダイヤモンド採鉱会社であるデビアス（De Beers）があげられる。同社は，世界最大の生産企業として100年以上，世界のダイヤモンド市場の供給と在庫を独占し価格を支配してきた。ところが，2001年，ダイヤモンドの流通や販売を扱う小売業（De Beers Diamond Jewellers）へ進出を図った（但し，現在は戦略を転換しリテール事業からは撤退している）。

　これに対し，「後方統合」型の関連多角化の典型的な事例として，ファースト・リテイリング（ユニクロ）があげられる。同社は，山口県宇部市の地でもともとメンズショップとして創業した。その後，製造から小売りまで一貫して扱うSPA（Speciality Store Retailer of Private Label Apparel）と呼ばれるビジネスモデルを通じて「製造小売業」へ変身した。現在，同社では，従来のSPAに企画，生産，物流の情報をIT（情報技術）やデジタル技術で一元管理する「情報製造小売業」への脱皮を新たに進めている。

4-1-3　多角化のタイプと経営成果

　多角化のタイプと成果については，すでに国内外で優れた研究成果が発表されている。ここでは，その中の2つの先駆的業績を取り上げ，その知見を紹介しよう。カリフォルニア大学のリチャード・ルメルト（Richard Rumelt）は，1974年，著書『Strategy, Structure, and Economic Performance』のなかで，1949年から1969年までの米国企業の多角化行動について調査し，その実態を明らかにしている。

　そのフレームワークは，次のとおりである。まず，多角化戦略を類型化するため，2つの尺度を設けた。ひとつは，売上高をベースとする「定量的尺度」であり，もうひとつは，資源展開のパターンを意味する「定性的尺度」である。「定量的尺度」には，3つの比率があげられる。特化率（Specialization Ratio：SR）は，企業全体の中で最大の売上規模を誇る最大の単一事業の売上高が全売上高に占める割合である。垂直比率（Vertical Ratio：VR）は，企業内に垂直的な関連を持つ単位事業グループの売上高が全売上高に占める割合である。最後に，関連比率（Related Ratio：RR）は，企業内に技術や市場で関連している最大の関連事業グループの売上高が全売上高に占める割合である。これに対し，「定性的尺度」は，2つの資源開発のパターンに分けられる。集約型（Constrained）は，経営資源の結びつき方が集約的な場合である。これは，コア事業を中心に関連する事業が取り巻く形態となる。一方，拡散型（Linked）は，経営資源の結びつき方が拡散的な場合である。これは，蓄積した経営資源をテコに新分野へ進出し，再び資源の蓄積を繰り返す形

態である。

　そして，これら 2 つの尺度（定量的尺度，定性的尺度）から，7 つの多角化タイプを明らかにした。まず，「専業型 (Single：S)」は，特化率が 95 ％以上の企業を指す。「垂直型 (Vertical：V)」は，垂直比率が 70 ％以上の企業である。「本業集約型 (Dominant-Constrained：DC)」は，垂直比率 70 ％未満で特化率 70 ％以上のタイプに該当し，しかも経営資源の結びつき方が集約的な企業である。「本業拡散型 (Dominant-Linked：DL)」は，垂直比率 70 ％未満で特化率 70 ％以上のタイプに該当し，経営資源の結びつき方が拡散的な企業である。「関連集約型 (Related-Constrained：RC)」は，関連比率が 70 ％以上のタイプであり，経営資源の結びつき方が集約的な企業である。「関連拡散型 (Related-Linked：RL)」は，関連比率が 70 ％以上のタイプであり，経営資源の結びつき方が拡散的な企業である。「非関連型 (Unrelated：U)」は，関連比率が 70 ％未満の企業である（図表 4-2）。

　ここでルメルトが発見した知見とは，下記の通りである（図表 4-3 の上図）。第 1 に，分析期間中，米国企業の多角化の推進は高かった。第 2 に，「専業型」と「本業・集約型」という多角化のタイプが大きく減少した。第 3 に，逆に「関連・拡散型」「非関連型」という多角化のタイプが大きく増加した。第 4 に，多角化戦略によって製品別事業部制の採用が増えた。そして，この結果は，「組織は戦略に従う」命題を唱えたチャンドラー仮説の正しさを裏付けるものとなった。

　一方，1980 年代になると，ルメルトのフレームワークを援用して日本企業の多角化戦略について実証研究が行われた。神戸大学の吉原英樹・加護野忠男，一橋大学の佐久間昭光・伊丹敬之は，1981 年，共著『日本企業の多角化戦略』において，1958-1973 年における日本企業の多角化行動を調査した結果，次のような知見を明らかにしている。第 1 に，全体の中で「専業型」が大きく減少している。第 2 に，逆に「関連・拡散型」が大きく増加している。第 3 に，アメリカ企業に比べると，日本企業の多角化の推進は弱い。おおよそ 15 年程度の時間差があるものと指摘している。

　さて，このような国内外の先駆的業績に準拠しながら，さらに最新の多角化タイプの動向が明らかにされている。大阪市立大学の上野恭裕は，2011 年，著書『戦略本社のマネジメント』において，吉原他が実施した 1958 年～1973 年以降の多角化のタイプの動向について，これを明らかにしている（図表 4-3 の下図）。それによると，1990 年代までの多角化のタイプは，第 1 に，「専業型」に該当するタイプは，持続的に減少を続けている。第 2 に，「関連型」は，逆に持続的に増加している。第 3 に，「非関連型」は，1980 年代後半まで少なかったが，1990 年代に入ると，急拡大している。

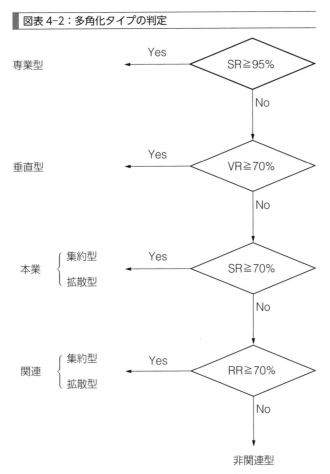

図表 4-2：多角化タイプの判定

専業型 ← Yes ── SR≧95%
　　　　　　　　　　│ No
　　　　　　　　　　↓
垂直型 ← Yes ── VR≧70%
　　　　　　　　　　│ No
　　　　　　　　　　↓
本業 { 集約型 / 拡散型 } ← Yes ── SR≧70%
　　　　　　　　　　│ No
　　　　　　　　　　↓
関連 { 集約型 / 拡散型 } ← Yes ── RR≧70%
　　　　　　　　　　│ No
　　　　　　　　　　↓
　　　　　　　　　　非関連型

出所）Rumelt（1974）及び吉原他（1981）

　次に，多角化のタイプと経営成果の関係はどうだろうか。吉原他（1981）は，日米企業の多角化タイプと経営成果について，次のように説明している。第1に，投下資本収益率については，日米企業とも高い類似性を示している。多角化のタイプごとに見ても，ほぼ共通した傾向が読み取れた。第2に，売上成長率を見ると，逆に日米企業において類似性が見られなかった。第3に，成長率の偏差において米国企業にマイナスの多角化タイプが散見されるのは，非関連型（つまり，コングロマリット）の割合が高い影響が考えられる。

　図表4-4は，日本企業における多角化タイプと経営成果の関係を表した図である。まず，収益性は，多角化の程度が中度の時が最大となり最も望ましく，これは日米

図表 4-3：米国企業と日本企業の多角化のタイプ

〈米国企業〉

多角化のタイプ	1949年	1959年	1969年
専業型	34.5	16.2	6.2
垂直型	15.7	14.8	15.6
本業・集約型	18.0	16.0	7.1
本業・拡散型	1.8	6.4	6.5
関連・集約型	18.8	29.1	21.6
関連・拡散型	7.9	10.9	23.6
非関連型	3.4	6.5	19.4
	100.0	100.0	100.0

出所）Rumelt（1974）

〈日本企業〉

多角化のタイプ	1958年	1963年	1968年	1973年	1978年	1983年	1988年	1993年	1998年
専業型	26.3	24.6	19.5	16.9	16.2	14.5	14.5	6.0	7.0
垂直型	13.2	15.3	18.6	18.6	17.1	17.9	16.2	12.1	10.5
本業・集約型	14.9	11.0	10.2	11.0	11.1	10.3	12.0	9.5	9.6
本業・拡散型	6.1	5.9	8.5	6.8	7.7	6.8	4.3	6.9	7.9
関連・集約型	14.9	19.5	14.4	14.4	16.2	18.8	17.9	19.8	19.3
関連・拡散型	15.8	16.1	22.0	25.4	25.6	27.4	27.4	28.4	25.4
非関連型	8.8	7.6	6.8	6.8	6.0	4.3	7.7	17.2	20.2
	100.0	100.0	100.0	100.0	100.0	100.0	100.0	100.0	100.0

出所）上野（2011）
注記）1958 年～1973 年までのデータは，吉原他（1981）

企業ともに類似していた。一方，成長性については，多角化が進展するに連れ，成長性もまた増大する傾向が明らかとなり，これは，米国企業と逆の特性になることが分かった。

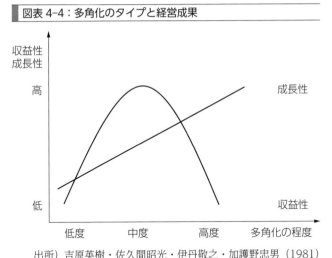

図表 4-4：多角化のタイプと経営成果

出所）吉原英樹・佐久間昭光・伊丹敬之・加護野忠男（1981）

解説　コングロマリット・ディスカウントとは何か

　コングロマリット（Conglomerate）の語源は，堆積岩の一種である「礫岩（れきがん）」がひとつの塊のように見えても，無数の石や砂の混在から構成されている点に由来する。よって，コングロマリット企業とは，事業ごとに単一市場が存在する「水平統合モデル」であると説明できる。今日，日本を代表するコングロマリット企業とは，ソニー，日立製作所，セブン＆アイホールディングスそして JR 東日本などがあげられる。

　コングロマリット企業が陥りやすい課題（欠点）として，コングロマリット・ディスカウント（Conglomerate Discount）がある。これは，「全体」が「部分」の総和以下となる現象である。企業価値（株式時価総額）が個別の「事業価値」の総和を下回る現象であり，「事業価値の総和＞企業価値」のように表せる。つまり，業績格差の異なる事業ドメインが数多く存在すると，本体そのものの株価が伸び悩んでしまうことである。図表 4-5 は，コングロマリット・ディスカウントのケースを図で示したものである。個々の事業部門の事業価値の合計は 170（A の事業価値＝70＋B の事業価値＝40＋C の事業価値＝60）となる一方で，事業 A，事業 B，事業 C を有する企業の全体の企業価値（株式時価総額）は 150 となり，よって企業価値が事業価値の総和を下回る。

　「コングロマリット・ディスカウント」が発生する主な理由とは何か。ひとつは，スキル・バイアス（Skill Bias）である。これは，トップ・マネジメントが企業内に

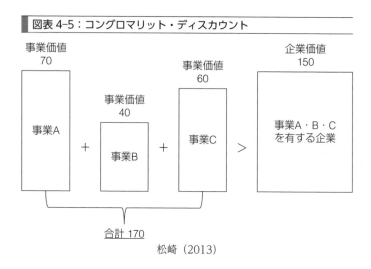

図表 4-5：コングロマリット・ディスカウント

事業価値　70
事業A

＋

事業価値　40
事業B

＋

事業価値　60
事業C

＞

企業価値　150
事業A・B・C を有する企業

合計 170

松崎（2013）

シナジーの源泉となる知識・ノウハウが埋まっていると思い込み，無理な組み合わせや統合を実行した結果，マイナスシナジーまたはアナジー（Anergy）を生み出してしまうことである。もうひとつは，マネジメントの複雑性である。これは，広範囲な複数の事業を展開するため，トップ・マネジメントには，複雑なマネジメント能力が要求され，失敗することである。つまり，あまりにもマネジメントが複雑になるため，マネジメントに失敗する（Too Complex to Manage）である。

　ところで，「コングロマリット・ディスカウント」と反対の概念も存在する。これは「コングロマリット・プレミアム（Conglomerate Premium）」と呼ばれ，コングロマリット企業の優れた優位性（利点）は，「全体」が「部分」の総和以上となる現象を意味するものである。すなわち，企業価値（株式時価総額）が個別の「事業価値」の総和を上回る現象を指し，「事業価値の総和＜企業価値」のように表せる。たとえば，各事業の業績や競争力が仮に低い場合でも，コーポレート・ブランド戦略が功を奏し，企業価値が高くなるケースがこれに該当する。

4-2　戦略的事業撤退

　企業成長の戦略の2つ目は，「戦略的事業撤退」である。多角化によって事業ラインを拡大した企業が次に検討せねばならないのは，景気の変動や市場の変化によって引き起こされる事業収益のバラツキに対する是正である。つまり，肥大化した事業ラインを抱えたまま企業経営を続行すると，やがて競争力を保った事業とそうでない事業，高収益な事業と低収益な事業が現れる。もし，これを放置すると，

優良な事業が生み出すプラスの利益が赤字事業の損失によって打ち消され，最終利益はプラスマイナスゼロになってしまう危険性がある。そこで，企業はある段階で多角化によって肥大化した事業ラインを見直し，事業構成を再度整える必要がある。

一方，多角化企業は，事業ドメインの見直しに伴い，既存事業からの撤退もまた決断しなければならない。というのも，新たに定めた自社の事業領域に対し，それから外れてしまった事業は，たとえ黒字事業であっても撤退が求められるからである。たとえば，日立グループがB to Bの事業を指す「社会イノベーション事業」分野をグループのドメインと掲げたことで，それから外れたB to C事業から撤退する行動をとっている。このように企業が不採算事業やドメインから外れた事業を本体や企業グループから切り離す戦略を「戦略的事業撤退」という。

戦略的事業撤退は「清算」と「売却」そして「縮小」に区別される（図表4-6）。「清算」は，事業という財産の処分や整理を指すものである。「売却」は，事業という財産を第三者へ転売・譲渡することである。この際，「売却」は，株式を売買して経営権を移転させる「株式譲渡」と企業が有する営業財産を他社へ売却する「営業譲渡」に分けられる。最後に，「縮小」とは，ある製品，ある顧客，ある地域から撤退して事業規模をシュリンク（縮小）するやり方だが，これは抜本的な対応策ではないため，一般的には，「清算」または「売却」が選択されることが多い。たとえば，ソニーが「VAIO」ブランドで展開したPC事業を売却し，今では，EMSを本業とするVAIO株式会社へ引き継がれているケースがこれに当たる。

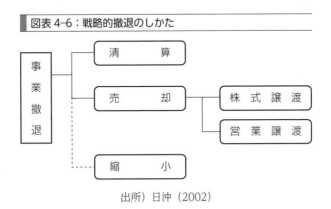

図表 4-6：戦略的撤退のしかた

出所）日沖（2002）

最後に，先述した多角化と事業撤退は，新規事業をひとつ起こせば，停滞した事業からひとつ抜け出すという，いわば対の関係にある。というのも，社内の経営資源や組織能力は無限ではなく限られているため，企業規模の適正範囲を超えた事業の拡大や縮小は，やがて破綻することが目に見えているからである。したがって，

事業の多角化に長けた企業とは，逆に言うと，事業撤退にも優れた企業と言えるのである。

事例　10年にも及ぶ「日立」の選択と集中

　社内の不採算事業を縮小・売却し，将来有望な事業へ拡大するやり方は，「選択と集中」と呼ばれている。選択と集中（Selection and Concentration）は，1980年代初め，米国のGE（General Electric）が肥大化した企業組織を改善するため，世界市場で第１位か第２位の事業にフォーカスし，それ以外の事業は，再建か，売却か，それとも閉鎖する「ナンバーワン・ナンバーツー・ポリシー（Number 1 or Number 2 Policy）」を打ち出し，果敢に実行した結果，世界最高企業まで上り詰めた成功事例がその起源とされている。

　近年，10年以上の長きにわたり選択と集中に取り組み，念願だった企業グループの再編を果たした日本を代表するコングロマリット企業として日立製作所（日立グループ）があげられる。2002年度当時，日立の連結子会社は，1,112社も存在し，しかもそのなかには，連結対象でありながら，株式上場を果たす「連結上場子会社（上場連結子会社）」も含まれていた。ところが，親子上場によるグループ連結経営は，2008年９月，世界的な金融危機であるリーマンショックが起こり，デジタル家電や自動車部品の販売不振，半導体子会社の業績悪化を招き，2009年３月の最終損益は，△7,873億円という製造業で過去最大の赤字を計上した。この一大事をキッカケに長期にわたる企業グループの再編に取り組み，その結果，2023年６月の連結子会社は，2002年度の約半数に相当する688社まで減少し，2023年３月の最終損益は，過去最高の6,491億円まで復活する離れ業を成し遂げた（図表4-7）。

図表4-7：日立製作所の連結最終損益の推移

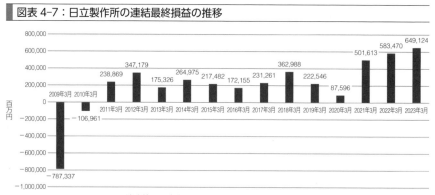

資料）日立製作所の決算短信を基に作成

　それでは，日立グループによる事業とグループ企業の選択と集中の歩みについて遡ってみよう。

　2009 年，その当時，子会社の日立マクセルの会長を務めていた川村隆氏が日立製作所の会長兼社長となり，グループ企業の再編が託された。川村氏がまず着手したのは，日立の強みとは，「情報技術（Information Technology）」と「制御・運用技術（Operational Technology）」であるため，こうした「社会イノベーション事業」へリソースや経営を集中する体制を構築するものであった。具体的には，社会イノベーション事業を基準として，近づける仕事と遠ざける仕事を決める（つまり，選択と集中）を推し進めた結果，社会イノベーション事業の中核となる5つの上場子会社（日立マクセル，日立プラントテクノロジー，日立情報システムズ，日立ソリューションズ，日立ソフトウェアエンジニアリング，日立システムアンドサービス）を完全子会社化する一方で，赤字が続いたプラズマパネル事業からの撤退を断行した。

　2010 年，社長に就任した中西宏明氏は，社会イノベーション事業の経営や事業のグローバル化を強く推し進めた。特に，テレビ用液晶パネル事業やハードディスクドライブ（HDD）事業を売却する一方で，テレビ生産を終了し，三菱重工業と火力発電事業を統合した。

　2014 年，社長に就任した東原敏昭氏は，グループ再編の総仕上げに着手した。日立物流と日立キャピタルの株式譲渡，日立工機と日立国際電気の売却，クラリオンと日立化成の売却，日立建機の一部の株式売却等を実施する一方で，スイスのABB 送配電事業やアメリカのグローバルロジックを買収した。その結果，2009年時点で 22 社あった連結上場子会社は，2023 年には，14 社が日立グループの一員から外れ，8 社は完全子会社化または合併されることでゼロとなり，これにより親子上場によるグループ経営は解消され，3 代続いた選択と集中は，ようやくゴールを見ることとなった[10]。

事例　強力なリーダーシップで組織構造の転換に成功した「GE」
〈世界最高の企業とカリスマ経営者〉
　世界の発明王として有名なトーマス・エジソン（Thomas Edison）が設立したア

---

[10] 日立グループから外れた企業は，予定を含み，日立工機，TCM，日立化成，日立キャピタル，日立機材，日立ツール，日立国際電気，新神戸電機，日立金属，クラリオン，日立マクセル，日立メディコ，日立物流，日立建機があげられる一方で，完成子会社化・合併された企業は，日立情報システムズ，日立電線，日立システムアンドサービス，日立ビジネスソリューション，日立ハイテク，日立ソフトウエアエンジニアリング，日立プラントテクノロジー，日立プラント建設サービスがあげられる。

メリカの GE（General Electronics）は，長い間，世界最高の企業として称賛を浴び続けてきた。たとえば，1878 年に創設された GE は，ダウ平均株価の構成銘柄のうち 1896 年の算出開始以来，唯一残存している企業である。また，民間のビジネス雑誌社が毎年実施している世界で最も称賛される企業（World's Most Admired Companies）ランキングでも，GE は常にトップまたは上位にランクされてきた。さらに「石油・ガス事業」「エネルギー制御・保守事業」「電力・水処理事業」「航空機ジェットエンジン事業」「医療機器」「運輸事業」「照明ソリューション」など，複数の異業種から形成された世界有数のコングロマリット（複合事業体）としても高い評価を得ている。

　このような 140 年の歴史を刻んだ GE の「中興の祖」であり，「20 世紀最高の経営者」とも評価される偉大な人物として，第 8 代 CEO のジャック・ウェルチ（Jack Welch）があげられる。ウェルチは，1980 年〜2000 年までの 21 年の長きにわたり GE を率いたが，この間，売上高を 5.2 倍，純利益を 8.5 倍まで成長させることに成功したカリスマ経営者である（図表 4-8）。

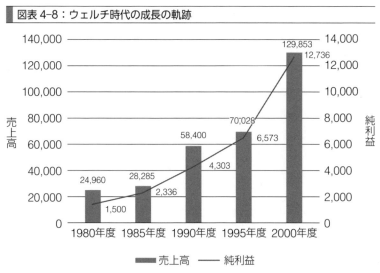

■ 図表 4-8：ウェルチ時代の成長の軌跡

注記）単位は100万ドル
資料）GEコーポレート・エグゼクティブ・オフィスをもとに作成

　加えて，1980 年初頭，家電などモノづくりで儲ける巨艦 GE の企業体質を選択と集中（Selection and Concentration）を通じて，1990 年後半には，サービス事業で儲ける企業体へ変質させてしまった手腕もまた見逃せない。

〈ナンバーワン，ナンバーツー戦略〉

　1980年代初頭，ウェルチは，GEが世界で最も競争力のある企業になるため，自社が手掛ける事業のうち，世界で3位以下の事業からは戦略的撤退すると宣言した。そして，世界で市場シェアが1位または2位でなければ，再建（Fix）か，売却（Sell）か，閉鎖（Close）するという「ナンバーワン，ナンバーツー戦略」を実行に移した。その結果，CEOに就任後，わずか2年足らずの間に118もの事業を売却し，1981年から1985年までの事業売却額は56億ドルにも及んだ。また，1981年の段階で約40万人いた従業員は，1986年には27万人まで大幅に削減され，削減率は約30％にも及んだ。

　ウェルチはまた，このような大規模なダウンサイジングを実施するにあたり，「3サークル・コンセプト」と呼ばれる概念を導き出した（図表4-9）。これは，GEが手掛ける事業を3つの円に当てはめ，事業を仕訳するシンプルなフレームワークである。

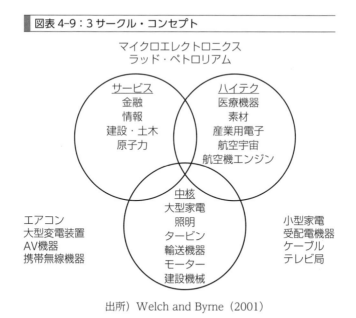

図表4-9：3サークル・コンセプト

マイクロエレクトロニクス
ラッド・ペトロリアム

サービス
金融
情報
建設・土木
原子力

ハイテク
医療機器
素材
産業用電子
航空宇宙
航空機エンジン

中核
大型家電
照明
タービン
輸送機器
モーター
建設機械

エアコン
大型変電装置
AV機器
携帯無線機器

小型家電
受配電機器
ケーブル
テレビ局

出所）Welch and Byrne（2001）

　それによると，まず，GEの中核である事業群（大型家電，照明，タービン，輸送機器，モーター，建設機械），ハイテク事業群（医療機器，素材，産業用電子，航空宇宙，航空機エンジン），サービス事業群（金融，情報，建設・土木，原子力）が描き出された。そして，どの円にも当てはまらない事業は，「再建するか」「売却するか」「閉鎖す

るか」のどれか決断された。こうして GE では，1981 年から 1993 年の間，採鉱，半導体，テレビ等合計で 140 億ドルの事業売却がなされる一方で，そこで得た売却額を原資に投資銀行，保険，RCA 社（NBC ネットワーク，放送局，宇宙航空，通信）等，合計で 210 億ドルもの新事業を買収した。

〈ニュートロン・ジャック〉

　ウェルチは，ナンバーワンかナンバーツーか，さもなければ「再建か」「売却か」「閉鎖か」を打ち出し，それに基づきリストラを断行した結果，GE の企業体質は，劇的に変質したが，その一方で，リストラやレイオフされた従業員は，10 万人以上にも達した。そして，こうした強引なやり方を断行したウェルチに対し，世間の風当たりは強く，ニュートロン・ジャック（中性子爆弾）というあだ名をつけて罵った。

　こうした汚名にもかかわらず，ウェルチは大規模な人員整理の手を緩めなかった。それは，次のような考えからである。つまり，社員を競争力の弱い赤字事業で働かせてはならない。なぜなら，赤字部門の場合，経費が切り詰められ何でも自由にやれないし，何よりも将来に対して不安が付きまとい展望が描けない。逆に健全な市場で健全な企業の健全な事業で働くことは，従業員にとってよいことである。不採算な事業から撤退するのは，企業の義務であり，社会的な義務である（長谷川，2000）。

〈GE の戦略的撤退に学ぶ教訓〉

　厳しい企業環境の中で巨大な企業が生き残りをかけて変質するには，将来性のある事業とない事業，黒字と赤字の事業を合算させるような経営は許されない。なぜなら，利益やシナジーが低下したり，相殺されてしまうからである。このため，経営者は，強力なリーダーシップを発揮し，ポートフォリオやドメインから外れる事業からの戦略的撤退を決断しなければならない。しかしながら，このような撤退戦略は，必ず痛みとそれに対する強い批判が伴うものである（特に，レイオフされた従業員やマスコミ等）。

　リーダーは，企業が生き残り，将来飛躍するため戦略的撤退がどうしても必要だと判断するならば，勇気をもって断行しなければならないことを GE の事例は教えてくれる。

4-3　内部開発

　企業成長の戦略の 3 つ目は，内部開発（Internal Development）である。内部開

発とは，その名の通り，企業内部で事業化することであり，社内の経営資源をテコにするやり方である。内部開発が採用されるその背景には，NIH症候群に陥ったマネジャーの存在，クローズド・イノベーションや自前主義（In-house）への強いこだわり等があげられる。

　図表4-10は，「内部開発」「戦略提携」「M&A」を通じた各事業拡張のしかたに関する利点（Benefits）と欠点（Drawbacks）を比較したものである。これを見ると，内部開発のその主な特徴を確認することができる。

▌図表4-10：「内部開発」「戦略提携」「M&A」の比較

	利　点	欠　点
内部開発	・インクリメンタルに進む ・企業文化との互換性が良い ・社内起業家が奨励される	・スロースピードである ・新たな資源を構築する必要性 ・失敗した努力を補うのは困難
戦略提携	・スピードが早い ・相補的資産へのアクセス ・M&Aに比べ，費用が安くすむ	・コントロールの欠如 ・統合学習の難しさ ・提携期間が長期化するか疑問
M&A	・スピードが早い ・相補的資産へのアクセス ・経営資源の向上	・買収費用が高くつく ・組織的衝突が組織統合の妨げとなる ・大きな関わり合いが生じる

資料）Collis and Montgomery（2005）をもとに作成

　「内部開発」の利点は，①取り組みがゆっくり進むため，大きな過ちを避けることができる。②戦略提携やM&Aとは異なり，他社等が絡まないため，企業文化の摩擦等に関する心配は不要である。③内部投資のため，社内起業家（Intrapreneurship）が育成または奨励される。一方，「内部開発」の欠点には，①激しく経営環境が変化するなか，ゆっくりとした取り組みのため，時期やチャンスを仕損じる危険性がある。②「内部開発」は，内部の同質的な経営資源を利用する行為のため，新たな経営資源の獲得や接触する機会を得ることはできづらい。③不成功に終わった場合，そのコストや努力を補うことは難しい点があげられる。

　次に，「戦略提携」とは，内部開発とM&Aがそれぞれ抱える欠点を避けながら，各々が持つ利点を同時に達成できる特徴を併せ持つ。その利点としては，①目的を達成するスピードの早さである。②相補的資産へのアクセスが可能である。③M&Aと比較すると，低コストで実行できる。一方，戦略提携の欠点は，①企業間協力の統制が難しい。②提携ネットワークを通じた統合学習が難しい。③提携関係を長期間続けることの難しさがあげられる。

　最後に，「M&A」の利点は，①何よりもスピードが早い。②相補的資産へのアクセスが可能である。③買収を通じて経営資源の質と量を向上できる。逆に，その欠点は，①買収費用の高さである。②買収側と被買収側の衝突が統合の妨げとなる。③資本を通じた関係なので，大きな関わり合いが生じる等があげられる。

4-4　戦略提携

4-4-1　戦略提携の種類

　企業成長の戦略の４つ目は，戦略提携（Strategic Alliance）である。これは，企業間の協力や連携を通じて事業の拡張を図り，成長を実現するやり方である。

　図表4-11 は，戦略提携のタイプを示した図である。縦軸に組織間統合レベルの高低，横軸は協定のレベル（契約のタイプ）が競争的（Win-Lose な協定）か，それとも協力的（Win-Win な協定）かをそれぞれ取ると，戦略提携の各タイプは，次のように位置づけることができる。つまり，左下から右上の方向を示す直線上に「緩い協定」→「特許実施権」→「フランチャイジング」→「クロスライセシング」→「R&D コンソーシアム」→「共同生産」→「ジョイント・ベンチャー」のように示すことができる。

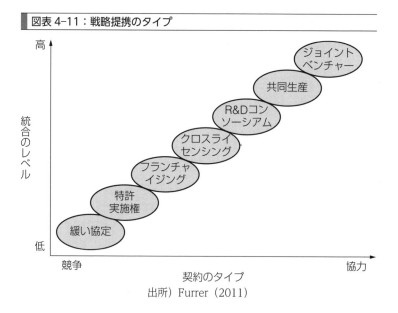

図表 4-11：戦略提携のタイプ

出所）Furrer（2011）

　そして，大まかに言うと，組織間統合のレベルが低く競争的な協定のように説明可能な左下のグループには，「緩い協定」「特許実施権」「フランチャイジング」が

該当する一方で，組織間統合のレベルが高く，協力的な協定に該当するグループには，「R&D コンソーシアム」「共同生産」「ジョイント・ベンチャー」に分けられる。ここでは，紙面の関係上，代表的な戦略提携のタイプである「フランチャイジング」「クロスライセシング」「R&D コンソーシアム」「ジョイント・ベンチャー」を取り上げ，その内容ついて説明しよう。

4-4-2　フランチャイジング

　戦略提携のひとつのタイプとして，フランチャイジング (Franchising) があげられる。フランチャイズ (Franchise) という言葉は，「(人・会社に) 特権を与える」意味であり，具体的には，製造主が販売業者に与える販売権のようなものと定義できる。

　フランチャイジングにおいて，特権つまり販売権を与える製造主側をフランチャイザー (Franchisor) と呼び，これは本部または企業を指している。これに対し，特権つまり販売権を受ける販売業者側をフランチャイジー (Franchisee) といい，これは，加盟店やチェーン店などが代表的である。たとえば，外食産業のKFC (ケンタッキーフライドチキン) は，チェーン店に対し，商標，ブランドネーム，営業する権利を与える本部を指すため，フランチャイザーに該当する。一方，チェーン店は，KFC 側に一定の対価を支払い，その指導や援助のもとに事業を行なう加盟店を指すため，フランチャイジーのように区別される。

　今日，フランチャイジングを導入する業種は多岐に及んでいる。代表的なのは，コンビニエンスストア，ハンバーガーショップ，牛丼などの外食チェーン等である。また，クリーニング店や学習塾もまたフランチャイズ・チェーンを形成する代表格である。

4-4-3　クロスライセンシング

　戦略提携のタイプのひとつであるライセンシング (Licensing) とは，「実施許諾 (実施許可)」と訳される。つまり，特許権者が権利を第三者へ実施許可を与え，対価を得る行為のように定義される。そして，特許使用権を与える側をライセンサー (Licenser) と呼び，特許使用権を受ける側をライセンシー (Licensee) と呼んでいる。

　ライセンシングは，大きく3つの種類に分けられる。第1は，自社の特許権を他社に実施許可し，対価を得るライセンシング・アウト (Licensing-Out) である。第2は，他社が持つ特許権について，対価を支払い自社が導入するライセンシング・イン (Licensing-In) である。最後は，自社と他社の特許権を相互に実施許可し合うクロスライセンシング (Cross-Licensing) である。通常のライセシングは，

A から B へ特許権を実施許可し B が A へその対価を支払う。一方，クロスライセンシングは，相互に実施許可し合うため，対価は発生しないという特徴を持つ。

4-4-4　R&D コンソーシアム

　研究開発コンソーシアム（R&D Consortium）は，研究開発を通じた企業連合を意味する。そして，これは民間企業同士の連合体の場合もあれば，産官学連携による企業連合の場合もある。研究開発コンソーシアムの形成は，巨額な資金，先端的なテクノロジー，希少な資源などの面で，単独企業では困難なプロジェクトのような時，組織化されるケースが多い。たとえば，次世代半導体技術や高度人工知能技術の開発等がこれに該当する。

4-4-5　ジョイント・ベンチャー

　ジョイント・ベンチャー（Joint Venture：JV）は，組織間統合のレベルが高く，最も協力的な契約形態のように定義される。これは，複数の異なる会社が共同でひとつの企業体を設立する形態を指し，「合弁会社」とも言われている。建設会社が○○共同企業体（ジョイント・ベンチャー）を設立するケースをよく目にするが，これは，複数の建設会社が一つの建設工事の受注と施工を目的して形成される企業連合といえる。

　「合弁会社」は，2 つのタイプに分けられる。ひとつは「対等合弁会社」であり，もうひとつは「非対等合弁会社」である。「対等合併会社」は，出資比率が 50 ％対 50 ％で設立された企業体である。1980 年代，トヨタと GM が折半出資により，ニュー・ユナイテッド・モーター・マニュファクチャリング（NUMMI）を設立した事例は世界的にも有名である。一方，「非対等合弁会社」は，たとえば，出資比率が 51 ％対 49 ％で作られた企業体である。そして，出資比率が対等出資とはならない理由とは，たとえ 1 ％でも多く出資したほうが「合弁会社」の経営権を握ることができるからである。

4-4-6　戦略提携による価値創造

　戦略提携の目標とは何か。それは，パートナーシップを通じて価値創造を実現することである。コンサルティング会社 CEO のゲイリー・ハメル（Gary Hamel）とINSEAD のイブ・ドーズ（Yves Doz）は，1998 年，共著『Alliance Advantage』のなかで，グローバル市場競争を目指す企業の戦略提携による価値創造には，3 つの目標があると指摘している。第 1 は，コオプション（Co-Option）である。企業間競争がグローバル化すると，競争のルールが変わり，新たなライバルや自社に

とって貴重なコンプリメンター（補完的生産者）が出現する。こうしたライバルやコンプリメンターとパートナーシップを組むことで、その競争力にただ乗りし、自社の能力を向上させることができる（つまり、強者と組むことで強者の陰で自分を守り、そのパワーを巧みに利用できる）。このようにライバルを戦略提携に取り込むことで、その脅威を中和できるだけでなく、協力して新たな価値創造を実現することが可能となる。

　第2は、コスペシャライゼーション（Co-Specialization）である。これは、パートナーと自社が有する資源や能力、競争地位やブランドを巧みに連結することで、新たな価値（新市場の開拓等）や相乗効果を生み出す一方で、新たに生まれた価値や能力をパートナーと自社で共有することである。

　第3は、学習と内部化（learning and Internalization）である。これは、パートナーが有する資源や能力を学習してパートナーと自社の間に存在するスキル・ギャップを縮小しながら、新たに生み出された価値やスキルを提携ネットワーク（Alliance Network）内で独占する（内部化）ことである。

4-4-7　学習提携を成功させる要点

　現在、世界中の企業は、グローバル規模で戦略提携を通じた学習競争（Race of Learn）を繰り広げている。ロンドン大学ビジネス・スクールのゲイリー・ハメル（Gary Hamel）は、1991年、論文「Competition for Competence and Inter-Partner Learning within International Strategic Alliances」のなかで、学習提携に関する重要な3つのポイントについて指摘している。第1は、学習する意志（Intent to Learn）の明確化である。これは、パートナーから学習するには、学習したいという強い意志が伴っていなければならないことである。学習する意味やその趣旨を明確にすることで学習のプロセスにより一層の拍車（Driven）をかけられるのである。第2は、学習の可能性を決定する透明性（Transparency）である。透明性とは、企業のオープンネスないし学習に対する組織障壁を意味するものであり、企業の透明性が高いほど戦略提携による学習は推進され、逆に透明性が低ければ（すなわち、組織障壁が高ければ）、戦略提携による学習はより困難となる。第3は、学習の受容力（Receptivity）を明らかにすることである。つまり、受容力とは、相手側のノウハウを吸収するために必要な受け手側の能力（Ability）と意欲（Willingness）の高さを示すものである。以上のような3つのポイントが学習提携を成功させる勘どころである。

解説　提携ネットワークの中に存在する航空機と自動車メーカー

〈提携ネットワークを形成する背景〉

　航空機メーカーは，もはや単独で事業を展開・維持することができなくなった。というのも，航空機には，ありとあらゆるハイテク技術が盛り込まれている。そのため，すべてのハイテク技術を自社でマスターしたり，自社が持つ技術だけで製品を開発することはできなくなったからである。また，膨大な開発コストの負担による影響もまた大きい。航空機の開発期間は，通常 10 年以上もかかるため，この間に支出する費用負担は巨額に及ぶ。たとえば，A380 は 1 兆 2,840 億円，B787 は8,000 億円もの総開発費が必要とも言われ，もはや単独では負担仕切れない。

　一方，自動車メーカーもまた，すべての自動車技術を自前で開発して保有することができなくなった。たとえば，人工知能（AI）や素材革新の技術等は，もともと持ち得る技術ではなく，知識の獲得には大きな労力が伴う。また，社内でゼロから開発すると，獲得までに莫大な費用と時間がかかり，これらの費用や時間を単独で負担することは不可能である。そこで，航空機や自動車メーカーでは，世界中の企業と協力する戦略的パートナーシップの活用が不可欠となってきたのである。

〈ボーイング社による戦略的パートナーシップの確立〉

　航空機メーカーは，中型・大型旅客機の製造を手掛けるアメリカの「ボーイング社」，欧州 4ヶ国による「エアバス社」が世界の 2 強として存在する。そして，これら「ボーイング社」「エアバス社」に共通する点は，約 300〜400 万点の部品が必要な中・大型民間航空機の開発・製造プロセスにおいて，日本を含む世界中の企業と無数の協力関係を構築していることである。たとえば，ボーイング社を取り上げると，日本企業との開発分担率は，767 型機で 16 ％，777 型機で 21 ％そして787 型では 35 ％と徐々に上がっている。そして，最新鋭機である 787 ドリームライナーの場合，三菱重工業が「主翼全体」の製造，富士重工業が「中央翼」の製造，川崎重工業が「前部胴体」や「主脚格納部」等の重要な部分の製造をそれぞれ担当する役割を演じている。

　ボーイング社は，1953 年以来，日本企業との間で 60 年以上の長い歴史を積み重ねてきた。というのも，航空機の開発・製造の分野では，ボーイング社が求める最先端の技術やノウハウを日本企業が蓄積していたからである。そこから，ボーイング社と日本企業との密な提携関係が始まった。ボーイング社は，日本企業との提携関係について「日本からやり方を学ぶ（Learn Japanese Way）」「日本企業と共に働こう（Working Togehter）」「日本と共に作ろう（Made with Japan）」等とも表現している。日本企業との関わりから，優れた品質力や高い信頼性を学び取る狙いが

隠されている。

〈トヨタ自動車が形成する複雑なネットワーク〉

　通常，自動車メーカーは複雑なエコシステムを形成し，モノづくりを行っている。というのも，ガソリン車は3万点，電気自動車（EV）は3,000点とも言われる部品点数を自前で準備すると，費用や時間そしてリスクが伴う。このため，無数のパートナー企業との間で複雑なエコシステムを作り，その中から必要な部品や原材料を調達している。

　自動車メーカーが形成する複雑なエコシステムは，垂直的と水平的な2つの形態から構成されている。まず，垂直的な協力関係は，完成車メーカーと部品や素材メーカーが垂直的かつ多段階に形成された生産分業システムを指す。また，水平的な協力関係とは，国内外の同じ完成車メーカーとの間で，資本や業務，研究開発，先端技術や自動車供給等を目的とした企業間関係の構築を意味する。

　図表4-12は，トヨタ自動車の資本・業務の複雑な提携関係を紐解くためのフレームワークである。縦軸に「協力範囲」，横軸に「対象業種」をそれぞれ取ると，戦略提携には①～④の4次元に分類することができる。

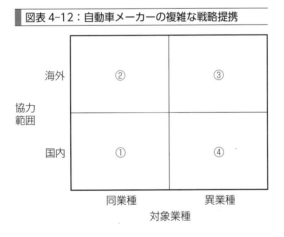

図表4-12：自動車メーカーの複雑な戦略提携

　①の次元は，国内企業との協力を対象に同じ自動車を製造するメーカーと戦略的な提携関係を構築するタイプだが，先にも話した通り，このタイプには，垂直的と水平的な形態に区別される。ひとつは，トヨタ自動車が形成する垂直的なサプライヤーシステムであり，「ケイレツ」とも呼ばれている。トヨタグループを形成するのは，デンソー，アイシン精機，豊田自動織機，ジェイテクト，トヨタ紡織，豊田合成，小糸製作所，東海理化等の1次サプライヤーであり，その傘下に多層的か

つ重層的な取引企業群が形成されている。もうひとつは，トヨタ自動車が展開する水平的な提携ネットワークである。たとえば，「ダイハツ工業（100％出資）」を完全子会社化，「日野自動車（50.19％出資）」を連結子会社化する一方で，「スバル（20.04％出資）」とは共同開発・技術協力，「ヤマハ発動機（3.6％出資）」とは業務提携，「いすゞ自動車（5.0％出資）」や「スズキ自動車（4.9％出資）」にはマイノリティ出資，「マツダ（5.1％出資）」とは完成車供給を実施している。

　②の次元は，海外企業との協力を対象に同業種メーカーとパートナーシップを結ぶタイプである。トヨタとドイツのダイムラートラックは，それぞれ傘下に置く日野自動車と三菱ふそうトラック・バスを統合し，電動化や自動運転など「CASE」技術の共同開発に取り組んでいる。

　③の次元は，海外企業との協力を対象に異業種メーカーとの間でパートナーシップを結ぶタイプである。たとえば，電気自動車やインターネットに接続したコネクテッドカーの開発，ライドシェア（相乗り）ビジネスの普及に対応するため，異業種企業である UberTechnologies 社，滴滴出行とパートナーシップ関係を結んでいる。

　④の次元は，国内企業との協力を対象に異業種メーカーとの間でパートナーシップを結ぶタイプである。たとえば，通信技術やコネクテッドカーの研究開発では，「KDDI」と業務資本提携している。

4-5　M&A 戦略

4-5-1　M&A の台頭と難しさ

　M&A とは，ターゲットの企業や事業に対する買収（Merger）や合併（Acquisition）を通じて，事業や企業を拡張させ成長を達成するやり方である。M&A は，これまで特に欧米企業の間で活発に展開されてきた。欧米のビジネスでは，事業や雇用を売り買いの対象と見なすのに対し，日本国内では，これを資産や財産として生み育てるメンタリティが強かったからである。このため，もしある企業や事業が買収のターゲットにされてしまったような場合，増資等を行い，メインバンク（主要銀行）や筆頭株主が外部の攻撃から守るケースが多かった。ところが，2000年代に入ると，この潮目が変わった。つまり，日本企業もまた，事業や雇用を売り買いの対象と見なすように変貌してしまったのである。

　21 世紀になって，海外企業の買収を含む M&A が空前のブームとして続いているその主な理由とは何か。第 1 は，コストやリスクの問題である。企業や事業を社内にて生み育てるには，膨大な初期投資費用と失敗した場合の膨大なリスクを負担しなければならない。しかし，不確実性や競争激化が強まる現在，巨額なコスト

負担や膨大な投資リスクを単一企業が背負うことは，限界を迎えている。

　第2は，デジタル技術が普及するなか，「時間」が新しい競争優位の条件に加わった。つまり，「スピード」という概念が今日の競争環境において重要な地位を占めるようになったことである。まず，グローバル競争の時代，時間をかけて企業や事業を丁寧に作り上げる猶予は，もはや今日的企業には存在しない。また，モノづくりでも，開発工程の短縮化や開発スピードの速さが問われる時代となった。移ろいやすい消費者マインドや購買行動に対し，必要な時に必要なだけの製品を迅速に提供できる組織能力が求められている。たとえば，キヤノンは，もともと企業や事業を社内で作り育てる内製を得意とする日本を代表する企業であった。ところが，近年，これまでの内製対応から外部の資源や事業を活用するM&Aへ戦略転換を図っている。キヤノンが実施した主な大型M&Aとしては，1,000億円の資金を投入した欧州最大のプリンターメーカーであるオセ（オランダ）の買収，3,000億円を拠出したネットワーク監視カメラの世界トップメーカーであるアクシス（スウェーデン）の買収，6,600億円もの買収資金でもって獲得した世界的CTメーカーの東芝メディカルシステムズの買収等があげられる。

　第3は，バブル崩壊以降，長期間に及ぶ為替の円高基調があげられる。つまり，為替相場の円高が長期にわたり続くと，円通貨が相対的に強くなるため，海外企業の買収が活発化することである。特に，2000年以降，日本企業による国境を超えた巨額な買収合併（Cross-border M&A）が展開された。たとえば，主な海外企業買収例をあげると，2018年，武田薬品工業がシャイアー（アイルランド）を6兆2,000億円で買収。2016年，ソフトバンクがARMホールディングス（イギリス）を3兆3,000億円で買収。2020年，セブン＆アイ・ホールディングスがスピードウェイ（アメリカ）を2兆3,232億円で買収。2006年，日本たばこ産業がギャラハー（イギリス）を2兆2,530億円で買収。2006年，ソフトバンクがボーダフォン日本法人（イギリス）を1兆9,172億円で買収。2012年，ソフトバンクがスプリント・ネクステル（アメリカ）を1兆8,121億円で買収。2014年，サントリーホールディングスがビーム（アメリカ）を1兆6,793億円で買収。2019年，アサヒグループホールディングスがカールトン＆ユナイテッドブリュワリーズ（CUB）（オーストラリア）を1兆2,096億円で買収。2011年，武田薬品工業がナイコメッド（スイス）を1兆1,086億円で買収。2021年，日立製作所がグローバルロジック（アメリカ）を1兆0,422億円で買収等があげられる。しかしながら，これらの海外企業の買収を通じて事前の想定を上回る企業価値を獲得できた企業は，ごくわずかであるのが現状のようだ。ある記事によると，日本企業による海外企業買収の約9割が失敗している（週刊ダイヤモンド，2017年4月22日）。

　近年の大型企業買収の失敗を明らかにするには，会計における減損損失の計上を確認するとよく分かる。減損とは，投資した企業の収益性が低下し，回収できなくなった場合，当該資産の帳簿価格を減額してその額を損益計算書に損失として計上する会計処理である。その金額をみれば，企業買収の成功と失敗がある程度読み取れる[11]。近年の巨額減損処理を実施した企業を取り上げると，東日本大震災等の影響から米国の子会社であるウエスチングハウス社の業績が著しく悪化した東芝では，7,166 億円もの巨額な減損金額を計上している。日本郵政もまた，2015 年に買収したオーストラリアの物流孫会社のトール・ホールディングスの業績不振から，約 4,000 億円の減損処理を計上している。その他，ソニー，セブン＆アイ・ホールディングスも巨額な減損を計上し，買収政策が思い通り運んでいない実態が明らかにされている。

　第 4 は，日本型経営の変化である。たとえば，成果主義の導入や株主価値経営が典型だが，この背景には，外国人投資家による持株比率の増大，株主に対する適切なリターン要求の拡大，四半期決算の採用により長期視点の経営が許されなくなった影響等があげられる。

　第 5 は，「間接金融」から「直接金融」への移行である。これは，メインバンク制の崩壊に伴い，金融機関との持株解消の動きが加速した結果，株主や株式市場からの資金調達をもはや無視できなくなったことである。

　第 6 は，M&A に関する諸ルールが整備されたことである。たとえば，純粋持株会社の解禁，商法の改正，国際的な連結会計の導入（会計ビックバン），連結納税や企業組織再編税制の適応，法務，会計，税務など M&A ルールの整備があげられる。

　第 7 は，日本企業の膨大な内部留保である。2022 年度末の段階で日本企業が保有する利益剰余金は 554 兆円となり，過去最高を更新した（財務省法人企業統計）。これは，日本企業が長年積極的な投資活動を控え，来るべき将来のため消極的な現金の貯蓄活動に励んできた結果である。しかし，いつまでも現金をため込むだけの行動に終始することはできない。このため，近年，手元に保有する多額のキャッシュを買収資金として戦略的に活用する企業が拡大している。

4-5-2　M&A の歴史

　M&A は，世界の中でも特に米国で活発化した。米国における M&A の歴史を振

---

[11] また，実際の買収価格と買収先企業の純資産との差額は「のれん」と呼ばれている。「のれん」は，買収先企業のブランド価値の大きさを示すものであり，買収元企業の無形固定資産に計上される。記事によると，2016 年末における上場企業が計上した「のれん」総額は，29 兆 2,000 億円にも及んでいるという（日本経済新聞，2017 年 3 月 18 日）。

り返ると，少なくとも，これまで6回のブームが存在したと言われている。まず，第1次ブームは，19世紀末～20世紀初頭で起こった。石油王ロックフェラーの「スタンダード石油」，鉄鋼王カーネギーの「USスチール」そして「GE」や「デュポン」といった米国を代表する企業がM&Aという手段を通じて巨大化に成功した。ところが，これら巨大企業の市場独占があまりにも進んだため，1890年，独占禁止法である「シャーマン反トラスト法」が施行された。また，1904年の株価暴落，1907年の金融恐慌が次々に起こり，M&Aブームは次第に終息した。

　1920年代になると，第2次ブームが勃発した。これにより，GMやGE，GS（ゴールドマンサックス）が大いに発展した。ところが，1929年に起こった「暗黒の木曜日」とも呼ばれる株価の大暴落によって，M&Aブームは一気に過ぎ去った。

　第3次ブームは，1960年代に起こった。これにより，ITT，リットン・インダストリー，LTVなど，異業種からなる複合事業体であるコングロマリット（Conglomerate）が登場した。ところが，これも1968年過ぎに起こった株価暴落によって，すぐに熱が冷えた。

　第4次ブームは，1980年代に起こった。ターゲット企業の資産や収益力，将来のキャッシュフローを担保に銀行から資金調達して少ない手持ち資金で大企業を買収するLBO（Leveraged Buy-out）と呼ばれる敵対的買収が活発化した。しかし，利回りが高い債券を指すジャンク（くず）債のデフォルト（債務不履行）等による影響から，ブームは下火となってしまった。ところで，1980年代は，LBO以外にもいくつかのM&Aの手法が登場した。たとえば，企業の従業員グループがその企業の経営権を取得して経営するMBO（Management Buy-out），企業の従業員グループが外部の企業に依頼して自社を買収してもらい経営をまかせるMBI（Management Buy-in）などがあげられる。

　第5次ブームは，1990年代に起こった。米国ではITブーム，欧州ではユーロブームが世の中を席巻し，さらに世界的な規制緩和と経済のグローバル化がこれを助長した結果，たとえば，ベンツとクライスラーの統合のような世界的な企業合併を生んだ。しかし，2001年，ITバブルの終焉によってM&Aブームは過ぎ去った。

　第6次ブームは，2004年以降に起こった。これは，世界的な景気回復を受けて米国のM&A規模は，1兆ドル（2004）から1.9兆ドル（2006）へ跳ね上がった。しかし，2008年頃に起こったリーマンショックに伴うアメリカ経済の不況，欧州経済の混乱そしてギリシャのデフォルト問題等から，再び，下火に変わってしまった。

　最後に，近年の米国では，再びM&Aブームが到来している。特に，成長分野（ヘルスケア，通信，技術）でM&Aが活発化している。

　このような米国の M&A ブームの歴史に対して，日本はどうだろうか。結論から言うと，日本における M&A の歴史は，極めて浅いと言わざるを得ない。おそらく，米国に比べ，約 100 年は遅れている。なぜ日本は世界から出遅れてしまったのか。第 1 は，伝統的な日本的経営の影響が考えられる。日本では，会社は従業員のものであり，株主のものではないとする「人本主義」と呼ばれる統治概念が長い間支配してきた。ヒトや企業を売り買いの対象とはせず，むしろ，大切にする考え方が過剰に意識されてきた影響が企業や事業を買収する M&A の足かせとなったのに対し，米国では，会社は株主のものであり，従業員のものではないとする「資本の論理」が貫かれ，これら真逆の企業統治に対する考え方が M&A の普及と否定に強く作用したものと考えられる。

　第 2 として，「株式の持ち合い」や「間接金融」の影響があげられる。日本企業は，メインバンクを中心に「株式の持ち合い」や「間接金融」を実施してきた。その理由は，グループ企業同士で少数の株式を互いに持ち合えば，外敵からの攻撃を防ぎ，安定した企業経営を実行できるからである。しかし，こうした行為を通じて，日本企業の M&A 政策は，不活発化してしまったことも忘れてはならない。

　第 3 に，M&A に関連する法規制の未整備である。これまで論じてきた通り，日本では，長年にわたり，敵対的買収や強引な M&A は行われてこなかった。このため，国際的にも法務，会計，税務に関連する諸制度が大幅に遅れてしまった。

　このように日本は世界に比べ，M&A の流れにやや遅れてスタートを切った訳だが，次に，日本における M&A ブームの歴史を振り返ってみよう。おそらく，日本の第 1 次 M&A ブームとは，1960 年代まで遡ることができる。というのも，この時代，大型企業同士の水平的統合が活発化したからである。たとえば，1960 年，当時の石川島重工と播磨重工が合併し，石川島播磨重工業（現在の IHI）が生まれた。1970 年，当時の八幡製鉄と富士製鉄の合併し，新日本製鉄が生まれた[12]。

　第 2 次 M&A ブームは，1980 年代後半に到来する。バブル景気や急激な円高を背景に日本企業によるクロスボーダー（国境を超えた）M&A が拡大した。当時の代表的な買収を取り上げると，1988 年，セゾングループは英インターコンチネンタルを 2,880 億円で買収した。1989 年，ソニーは米コロンビア・ピクチャーズ・エンターテイメントを 6,440 億円で買収した。同じく，三菱地所は米ロックフェラーセンターを 1,200 億円で買収した。1990 年，富士通は英 ICL を 1,890 億円で買収した。さらに，松下電器産業（現　パナソニック）は米 MCA を 7,800 億円でそれぞれ買収した。

---

[12] 2012 年，新日本製鉄と住友金属工業が合併し，新日鉄住金が生まれて今日に至っている。

第 3 次 M&A ブームは，2000 年代にやってきた。不動産と株価の暴落に伴い，日本ではバブルが崩壊して長期的な不況に突入した。こうしたなか，多額の不良債権を抱え，その処理に追われる金融機関では，メガバンクを中心に合併買収を繰り返し，三菱 UFJ フィナンシャル・グループやみずほフィナンシャル・グループのような巨大なフィナンシャル・グループを形成するようになった。しかし，2000 年代後半になると，2008 年に起こったリーマンショックの影響から世界的不況に陥り，日本企業の M&A は，質量ともに大幅に後退した。

そして，第 4 次 M&A ブームは，2010 年以降から今日まで続いている。安倍政権によるアベノミクスが功を奏したのか経済活動が活発化する一方で，時間を買う戦略である M&A を通じた事業多角化や企業成長を展開する日本企業が急速に増加し，拡大している。

4-5-3　M&A の現状

日本におけるこれまでの M&A 件数の推移は，総じて拡大の一途をたどっている。図表 4-13 は，1985 年以降のマーケット別 M&A 件数の推移を示したグラフだが，1990 年当時は，年間で 1,000 件も満たない数であった。ところが，M&A の件数は，2000 年代後半になると年間 2,500 件を超える規模まで急拡大し，その後，2,000 件を切るまで減少したが，2020 年代に入ると，年間 4,000 件を超える規模まで回復している（2022 年は，4,304 件に達し，過去最高を記録した。また，2023 年は 4,015 件となった。その内訳は，IN—IN が 3,071 件，IN—OUT が 661 件，OUT—IN が 283 件である）。

M&A の内訳では，どの時代も IN—IN（日本企業同士の M&A）の割合がもっとも大きいことが分かる。おおよそ 7 割～8 割が日本企業同士の M&A であることが分かる。また，1990 年前後から今日まで IN—OUT（日本企業による外国企業の M&A）の割合は，堅調に推移している様子が見て取れる。さらに，2000 年以降，それまで，ほとんど少なかった OUT—IN（海外企業による日本企業の M&A）が，ある一定の割合まで増加しながら推移している。

図表 4-14 は，1985 年以降のマーケット別 M&A 金額の推移を示したものである（2023 年は，17.9 兆円となった。その内訳は，IN—IN が 7.7 兆円，IN—OUT が 8.1 兆円，OUT—IN が 2.0 兆円である）。ここから読み取れる第 1 の特徴は，M&A 件数の推移に比べ，M&A 金額の推移は，かなりバラツキがみられることである。特に，件数ベースでは IN—IN の割合が多いのに対し，金額ベースでは IN—OUT の割合が多くなる点は，きわめて特徴的である。第 2 は，2000 年後半から今日まで IN—OUT が占める金額が巨額に達する点である。つまり，日本企業による国境を

図表 4-13：1985 年以降のマーケット別 M&A 件数の推移

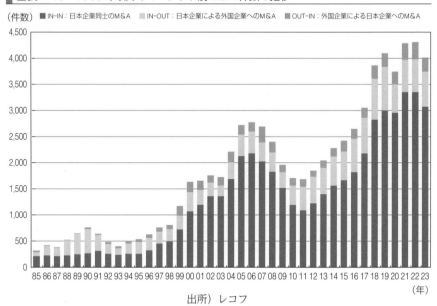

（件数）　■ IN-IN：日本企業同士のM&A　　■ IN-OUT：日本企業による外国企業へのM&A　　■ OUT-IN：外国企業による日本企業へのM&A

出所）レコフ

図表 4-14：1985 年以降のマーケット別 M&A 金額の推移

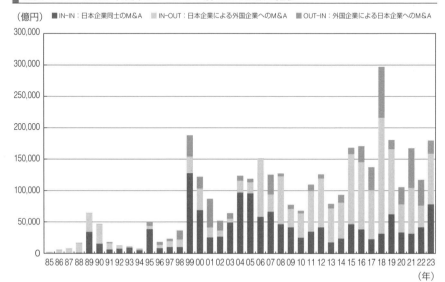

（億円）　■ IN-IN：日本企業同士のM&A　　■ IN-OUT：日本企業による外国企業へのM&A　　■ OUT-IN：外国企業による日本企業へのM&A

出所）レコフ

超えた巨額にのぼる大型 M&A が特に 2010 年代に発生した点である。第 3 は，ここ最近，OUT─IN 金額が大きな割合を示していることである。たとえば，2016 年，台湾の Foxconn（鴻海）が日本のシャープに対し，3,888 億円を出資して買収したケースは，驚きを持って世間に受け入れられた。

4-5-4　M&A の目的と効果

　次に，M&A の目的について「買収側」と「被買収側」という両面からアプローチしてみよう。まず，「買収側」のその主な目的には，①経営規模の拡大，②既存事業の強化，③新市場への参入があげられる。これに対し，「被買収側」の主な目的としては，①リストラクチャリング，②後継者問題の解消，③業績不振の解決があげられる。

　一方，M&A による効果とは何か。第 1 は，シナジー効果である。つまり，企業同士，事業同士が統合されることで生じる相乗効果である。但し，強引な統合や相性の悪い統合の場合，プラスでなくマイナスの相乗効果が生じ，崩壊を招く危険性もあり注意が必要である。

　第 2 は，スピード効果である。つまり，M&A とは，「時間を買う」戦略である。通常，ある企業が新しい企業や事業を起こしたいと考えた場合，それを実現するやり方には，2 つの選択肢がある。それは，社内でゼロから育てる内製対応というやり方，すでに存在する企業や事業を買収してしまうやり方である。前者は，自分の都合の良い企業や事業を形成できる一方で，1 からすべて自力で始めなければならず，完了するまで長時間を要する欠点がある。これに対し，後者は，すでに存在する企業や事業を買収するため，短時間で目的を達成できる一方で，それぞれ異なる文化や風土を有する 2 つの組織が合体するため，衝突や崩壊を招く危険性がある。これまでの競争環境は，比較的ゆとりがあったため，企業も内製を重視する政策を展開できた。ところが，市場の成熟期や激しいグローバル競争を迎えた現在，スピードや時間の節約が可能な M&A の有効性がより強まっている。

　第 3 は，コストやリスクの「低減」である。つまり，社内で育てる場合のコストやリスクの低減と買収によって手に入れる場合のコストやリスクの低減を天秤にかけた時，これまでは，社内で育てる方が優れていたが，今日では，買収する方がそれを上回るようになってきたと考えられる。

4-5-5　M&A の体系

　次に，M&A の体系は，図表 4-15 のとおりである。M&A は，まず 2 つに分けられる。ひとつは合併（Mergers），もうひとつは買収（Acquisitions）であり，併せて M&A となる。

図表 4-15：M&A の体系

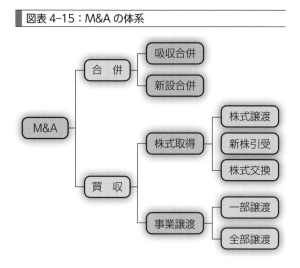

　「合併」とは，2 社以上の会社が統合してひとつの会社になることをいう。「合併」には，消滅会社が解散して存続会社に吸収される「吸収合併」と複数の会社がすべて解散して新たな会社を設立する「新設合併」に分けられる。「吸収合併」の長所は，強者が弱者を吸収するため責任や権限の混乱は回避できることや社内融和もまた図りやすい点があげられる。一方，短所としては，人事面で不公平な待遇の発生や吸収された会社の負の遺産を相続しなければならない課題があげられる。これに対し，「新設合併」の長所には，市場占有率を容易に拡大でき，競争力の強化もまた可能にすることができる。逆に短所には，会社としての一体感が欠如し，企業文化の融和に時間がかかる問題が指摘される。

　これに対し，「買収」は，対象企業の株式を獲得する「株式取得」と対象企業が有する事業を売買する「事業譲渡」に区別される。「株式取得」は，さらに買収先企業が株式を譲渡して会社の経営権や所有権を買収側企業へ譲り渡す「株式譲渡」，特定の第三者に新株を割り当てて発行し，株式譲渡と同じような効果を得る「第三者割当増資」とも呼ばれる「新株引受」，株式会社の株式をその他の会社に取得させる「株式交換」の 3 つのやり方に分けられる。一方，「事業譲渡」は，対象企業の事業の一部を売買する「一部譲渡」，事業の全部を売買する「全部譲渡」に分けられる。

4-5-6　M&A のタイプ

　M&A は，その戦略的意図を通じて「友好的買収」と「敵対的買収」に分けられる点も見逃せない。つまり，買収する側の企業（Acquiring Firm）と買収される側

の被買収企業（Acquired Firm）との合意了解から，2 種類の M&A が浮上する。

　最初に，友好的買収（Friendly Takeover）は，被買収企業の取締役会の合意を得て行なわれる買収であり，従来の日本の M&A は，ほとんどがこのパターンであった。友好的買収の目的は，被買収企業の業績悪化による救済や不採算事業からの撤退・売却を機に買収することであり，このため，買収後の統合は，比較的，スムーズに実施される場合が多い。友好的買収の代表的な成功事例では，ニデック（旧 日本電産）があげられる。同社は，精密小型から超大型までモーターの総合メーカーとして，創業僅か 40 年程度に過ぎないにもかかわらず，連結売上高は 2 兆円以上にも及ぶ，数多くのモーター製品で世界シェアを持つグローバル企業である。これまで同社が買収した企業は，国内外合わせて 70 社以上にも達し，そのほとんどは，友好的・救済的な買収である。そして，ニデックに買収された企業のほとんどは，その後，業績や競争力が V 字回復している。

　これに対し，敵対的買収（Hostile Takeover）は，被買収企業の取締役会の合意を得ず強引に買収を仕掛けるやり方であり，国境を超えた M&A が拡大するなか，これまで少なかった日本企業による敵対的買収もまた，増加の一途を辿っている。敵対的買収の代表的手法では，株式の公開買い付け（Take Over Bid：TOB）があげられる。これは，経営権の取得や支配権強化のため，取得したい企業の株式を市場価格より高い価格で買い付けることを広く公表し，買い取る戦略的手段である。過去，国内では，グリーンメーラー（乗っ取り屋）なる人物がトヨタグループ傘下の小糸製作所の筆頭株主になろうとしたブーン・ピケンズ事件，大手ベアリングメーカーのミネベアが三協精機製作所（現：ニデックインスツルメンツ）に対し仕掛けたケース，そして，ライブドアがニッポン放送（フジテレビジョン：現ブジ・メディア・ホールディングス）に対して行った攻撃，村上ファンドが同じくニッポン放送株でインサイダー取引をした事例が有名だが，いずれの事例もメインバンクの力が強く作用したり，裁判に持ち込まれ敗北するなど，国内ではほとんど成功しなかった。しかしながら，時代が移り変わり，近年では，敵対的買収の理解や戦略的価値が深まり，もはやポピュラーな戦略的手段として認知されるようになった。

4-5-7　M&A のプロセス

　M&A のプロセスは，図表 4-16 のとおり，「計画」と「実行」から構成された買収前（Pre-Acquisition）段階と「統合」と「価値創造」で構成される買収後（Post-Acquisition）段階にそれぞれ大別できる。そして，買収前と買収後を分けるちょうど真ん中の段階は，ディール（Deal）と呼ばれ，M&A 案件の成立を示している。

　それでは，次に，M&A のプロセスについて順を追って説明しよう。まず「計画」

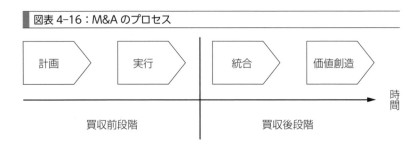

図表 4-16：M&A のプロセス

計画 ▷ 実行 ▷ 統合 ▷ 価値創造

時間

買収前段階　　　　　　　　　　買収後段階

は，M&A を実施する必要性，買収の動機・目的の整理など買収戦略を明確化する段階である。具体的には，企業理念やミッションの再考，多角化を図る方向を規定する事業ドメインの再定義など，自社のスタンスを明らかにする段階である。

「実行」とは，買収の準備や買収企業の調査およびその選抜が行われる段階である。たとえば，パートナーとのマッチングの評価，必須条件の取りまとめ，交渉や話し合いが検討される。また，ターゲット企業のスクリーニングでは，事業内容や企業規模，収益性や株主構成，企業経営と組織文化などを選定基準として，定性および定量分析によって絞り込むことが大切である。そして，投資対象の適格性を把握するための調査活動は，デューディリジェンス（Due Diligence）と呼ばれている。デューディリジェンスには，「ビジネス面」「法律面」「財務面」の３つある。ターゲット企業のマネジャーや社員の質，顧客や取引先，生産や販売・マーケティングの能力など，主に事業活動に対する課題の洗い出しは「ビジネス・デューディリジェンス」，ターゲット企業の株主，訴訟または係争問題の有無，労使間の紛争，特許など，主に法務活動に対する課題の洗い出しは「リーガル・デューディリジェンス」，ターゲット企業の不良債権，不良在庫，資産の含み益と含み損，退職給付債務やリース債務など，主に財務活動に対する課題の洗い出しは「ファイナンス・デューディリジェンス」とそれぞれ名前が付けられている。

このような各デューディリジェンス活動を通じて，選択されたターゲット企業とディールを取り交わした後は，いよいよ「統合」の段階に入る。買収後の「統合」段階（Post-Merger Integration：PMI）のポイントは，ブランド，企業風土，組織文化などの「無形資源」の統合があげられる。そして，経営統合をスムーズに実現する有効な方策としては，組織間統合を促進する部門の設置，その調整役を指すゲートキーパー（Gatekeeper）なる人物の配置，人事面や報酬面における適正かつ公平な処遇が成功のカギを握ると言われている。

こうして M&A プロセスは，最後の段階である「価値創造」を迎える。これは，M&A を通じて価値を創造できたか否かを問うステージであり，もし，価値創造が達成され

たならば，さらなるコラボレーション関係の構築を促進し，逆に未達成ならば，関係性の改善が検討され，さらにひどい場合には，関係性の解消が議論されることになる。

4-5-8 敵対的買収に対する防衛策と対抗策

敵対的買収には，「事前の防衛策」と「事後の対抗策」に分けられる。まず，「事前の防衛策」には，株主にあらかじめオプションを付与しておき，敵対的買収の際，買収コストが高くつくことで買収を困難にする策である「毒薬」と訳されるポイズン・ピル（Poison Pill），買収された企業の経営陣が解任された際，巨額の退職金が支給される雇用契約を結ぶ策であるゴールデン・パラシュート（Golden Parachute）が代表的な手法としてあげられる。

これに対し，「事後の対抗策」には，買収を仕掛けた企業に逆に買収を仕掛ける策であるパックマン・ディフェンス（Pac-Man Defense），買収を受けた企業にとってより好ましい友好的な別の会社に買収を依頼する策であり，「白馬の騎士」と訳されるホワイト・ナイト（White Knight），株式市場でターゲット企業の株式を買い集め，逆にターゲット企業へ買い取りを迫る策であるグリーン・メイル（Green Mail），買収企業に狙われている被買収企業の事業や子会社を第三者へ売却する策であり，「王冠の宝石」と訳されるクラウン・ジュエル（Crown Jewel）という手段があげられる。

事例 M&A を駆使して世界一の総合モーターメーカーに上り詰めた「ニデック」

〈競争優位の源泉〉

京都に拠点を置くニデック（旧 日本電産）は，1973 年，僅か 4 人の従業員の小さな工場からスタートした。創業から数えて 50 年後の現在，同社の連結従業員は 10 万人を突破し，グループ会社は約 300 社を数え，連結売上高は約 2 兆 2,428 億円を記録し，営業利益率もまた常に 10 ％を超える世界一の総合モーターメーカーの地位まで上り詰めた。今後の計画では，2025 年度に売上高 4 兆円，2030 年には売上高 10 兆円を目標に掲げている。同社の主力製品である精密小型モーターは，どれも世界一のマーケットシェアを誇る。たとえば，HDD 用モーター 80 ％，CD・DVD 用モーター 60 ％，家電・AV 用ファンモーター 45 ％，振動モーター 40 ％，電動パワーステアリング用モーター 30 ％と世界を独占している。しかし，世界一の事業はモーターだけではない。ATM 用カードリーダー 80 ％，液晶ガラス基板搬送用ロボット 70 ％などの関連事業も，世界一のマーケットシェアを記録している。

このように同社が数多くの分野で世界首位の事業を持ち，しかも高収益企業とな

り得た最大の理由は，創業者であり代表取締役会長を務める永守重信氏の優れた経営手腕と卓越した M&A 戦略の成功であることは，誰が見ても明らかである。それでは，次に，カリスマ経営者である永守重信氏のリーダーシップについて触れながら，ニデックの M&A 戦略について議論してみよう。

〈経営手腕とリーダーシップ〉

　ニデックの創業者で代表取締役会長である永守重信氏は，猛烈に働くカリスマ経営者として広く知られている。永守氏の著作や取材記事等によると，一日 16 時間，元旦の午前を除き 365 日働く「必殺仕事人」であり，年間 100 日もの出張をこなし，大量の稟議書に目を通して 1 円以上の支出から決裁するマイクロ・マネジメントを行うという。また，「一流」「一番」を目指すから人はついてくると豪語し，永守イズムを表現する数々の言葉を残している。たとえば，「情熱・熱意・執念」「知的ハードワーキング」「すぐやる，必ずやる，出来るまでやる」と呼ばれる同社の 3 大精神は，創業以来掲げられてきたガンバリズムを指す。また，「井戸掘り経営」「家計簿経営」「千切り経営」という 3 大経営手法は，「継続する努力」「収支管理の徹底」「難問でも細かく分ければ解決の糸口は見つかる」という経営哲学を意味する。

〈M&A の歴史〉

　1984 年の創業から 2023 年 11 月末までニデックは，計 73 社にも及ぶ企業買収を実行してきたが，驚愕すべきは，買収したほぼすべての事業や企業がその後 V 字回復を遂げ，企業グループの業績や成長に大きく貢献している点である。図表 4-17 は，1984 年以降の国内外の M&A の軌跡を示したものである。

■ 図表 4-17：ニデックの M&A の歴史

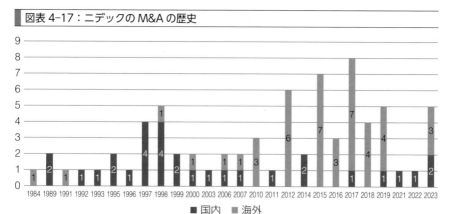

資料）ニデック株式会社の企業情報をもとに作成

これを見ると，2000 年以前は，国内企業の M&A が中心であり多かったが，2010 年以降は，海外企業を対象とする国境を超えた M&A の展開が増大している。これは，従来の買収ターゲットが主に PC 等の領域で必要な精密小型モーターの企業であったのに対し，最近の買収が IoT，サービスロボット，AGV システム，自動運転技術等の新分野の台頭に伴う，車載および家電・商業・産業用モーターの企業へシフトしていること，同社が「第 4 の柱」として工作機械の事業を掲げている通り，三菱重工工作機械，OKK，イタリアの PAMA 等，工作機械メーカーの買収を繰り広げていることからである。

〈永守流 M&A 戦略〉

永守流 M&A 戦略の極意は，次のように整理することができる。第 1 に，買収ターゲットは，基本的に倒産した企業ではなく，倒産しそうな企業である。

第 2 に，買収対象の基準として技術力は高いが経営が悪い企業に絞り込む。技術の潜在能力は高く，経営能力が低いため業績不振に陥った企業を狙うその理由とは，技術を身に着けるには何十年もかかるが，経営を良くするには，社員の意識を改革するだけなので，短期間で達成できるからである。

第 3 に，「回るもの」「動くもの」を扱う企業を買収対象とすることである。同社では，投資銀行等の外部から持ち込まれる買収案件よりも，本業のモーター事業やグループ企業との間で相乗効果が見込まれるかどうかを基準に買収先を決定しており，自分たちで買収ターゲットを査定し選定している。つまり，同社にとって M&A とは，既存の技術や資源とのシナジーを生み出すために有効な戦略手段なのである。

第 4 は，「M&A とはシナジーの生起である」と考える同社では，大型企業の買収を行う場合，それに関連する周辺事業もまたいっしょに買収してシナジー効果を高める政策をとっており，同社では，これを「詰め物」の買収と呼んでいる。永守氏は，「詰め物」を城の石垣に例えながら，こう説明している。「大きな石だけ積み上げても隙間ができて崩れやすい。その隙間に小さな石をはめ込むことで強固な石垣を作ることができる。」

第 5 は，敵対的買収を決して行わず，友好的かつ救済的な買収に専念する点である。業績不振の企業や経営がうまくいかなくなった企業に対し，何度も何度も足を運んで交渉し，買収に応じてくれるようお願いし納得してもらうように努めるという。

第 6 は，買収するタイミングが訪れるまで何年も待つ。たとえば，三協精機の買収には 5 年，日立製作所から買収した日本サーボにいたっては，なんと 16 年も

の歳月を要したと言われている。

　第 7 は，高値では買わないことである。高いものに飛びついても必ず減損に迫られるからである。このため，相手の業績が悪いときが買収機会の到来であり，決して高めづかみはしない。しっかり値踏みして適正な価格で買収することを心掛ける。そして，もし割高だと判断したら，どんなに買収したくても断念する。たとえば，3 年で利益率 10 ％，5 年で利益率 15 ％の収益を目指し，そのメドがつくところしか買わないという。

　第 8 に，買収した企業のリソース（人的資源）は基本的に人員整理せず，経営陣も辞めさせず，事業所や工場の閉鎖もまた最小限にとどめる。そして，徹底したムダの排除とコスト削減を図る。また，営業力の強化と市場環境の変化に対する対応力をつける。もっとも大切なのは，人材に対する変革であり，徹底した意識改革に取り組む。ヒトの能力はほとんど差がないが，やる気については 100 倍の差が出るからである。

〈永守流 PMI の要諦〉

　永守重信氏は「買収までは 2 合目，そこからが本番」「買収するまでに費やすエネルギーは 20 ％に対し，PMI に費やすエネルギーは 80 ％」と発言しているとおり，PMI こそ，M&A 成功の大きなカギを握ると指摘している。永守流 PMI（買収合併後の統合）の要諦は，次のように整理できる。

　第 1 に，買収先の人材は，外科手術（いわゆるリストラ）ではなく，漢方療法と心理療法（つまり，社員の意識改革と企業文化の変革）で治すことである。というのも，会社がおかしくなるのは，経営陣のマネジメントが弱く社員のモラルが低下したり，仕事に対するスピード感覚が不在で未達を許さない風土や DNA が欠落しているからである（川勝，2016）。そこで，買収先企業の人材を大幅に雇用削減するのではなく，徹底した意識改革と企業文化の変革を実行し，企業再生を達成する。永守氏は，「経営とはシンプルなものですべての原因は，ヒトにある。ヒトのやる気を変え，意識を高めることができれば，企業は必ず立ち直る」と断言している。

　第 2 に，経営再建にあたっては，永守氏自らが企業へ乗り込み，意識改革やマネジメントの任にあたる。たとえば，2003 年における三協精機製作所の買収では，一年以上，毎週二泊三日の日程で京都から信州の諏訪まで手弁当をもって通いつめた。そして，まず，「労働生産性の低さ」「総労働時間の短さ」「経費の高さ」等，赤字に陥った課題や問題点を短期間のあいだにあぶり出し，徹底したコスト削減とコスト意識の重要性そして危機感を植え付けた。一方，永守氏は，自腹で昼食の時間帯を使い，若手社員と懇談会，夕食の時間は課長以上の幹部と夕食会を開催し

た[13]。そこで，仕事に対する考え方を浸透させ，社員からの意見を吸い上げる努力を行った（日本経済新聞社編，2004）。

　第3に，3Q6S活動の導入である。これは，被買収企業の再建にあたり，必ず，導入される永守流の意識改革である。3Qとは，「良い会社（Quality Company）「良い社員（Quality Worker）」「良い製品（Quality Products）」を意味し，日本電産が目指すべき目標を指す。一方，これら3Qを達成するため，「整理（Seiri）」「整頓（Seiton）」「清掃（Seisou）」「清潔（Seiketsu）」「躾け（Shitsuke）」「作法（Sahou）」を意味する6Sが実行される。具体的に「清掃」や「清潔」を取り上げると，役員から従業員までトイレ掃除，雑巾がけ，窓拭き，掃除機掛けを習慣化し，ペンや紙など消耗品に対する経費管理を徹底する。永守氏によると，企業の良し悪しは，「製品の差」ではなく，「社員の品質の差」で決まる。汚い工場からは高品質な製品は生まれず，整理整頓ができないオフィスでは，効率的で迅速な事務処理はできないと指摘している。そして，こうした努力の成果は，すぐに表われた。経営の危機にあった三協精機作所は，2003年時点，約300億円もあった最終赤字が2005年には，151億円の最終黒字となり，僅か1年足らずでV字回復するという奇蹟を成し遂げたのである。

> **事例**　海外企業買収で卓越した成果を上げる「JT」

〈海外企業買収のお手本〉

　すでに触れたとおり，日本企業による海外企業の大型買収は，失敗するケースの方が多いなか，数少ない成功事例としてよくJTが取り上げられる。クロスボーダーM&Aのお手本とも言われるJTの歴史を紐解くと，1898年，日清戦争によって浪費した財政を立て直すため，政府が葉たばこの専売を制度化したことから始まる。1904年，今度は日露戦争の戦費を調達する目的から，政府がたばこの製造から販売までを独占した。1949年，大蔵省の外局である専売局が分離・独立して「日本専売公社」が設立された。1985年，「日本専売公社」が民営化され，新たに日本たばこ産業株式会社（Japan Tobacco Inc.：JT）が設立された。1994年，JTは株式の上場を果たすが，この時点における政府の株式保有比率は80.3％と高く，ほとんど国営企業の状態であった。その後，政府による株式保有比率は，数回にわたり引き下げられ，2023年11月現在は37.57％となっている。

　2022年度の売上収益（連結売上高）は，2兆6,578億円，営業利益は6,536億円であり，売上収益に占める9割以上は，「国内・海外たばこ事業」によって占め

---

[13] こうした行為を「餌付けーション」または「飲みニケーション」と呼んでいる。

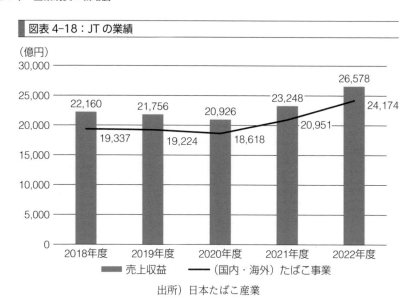

図表 4-18：JT の業績

（億円）

凡例：
■ 売上収益　　── （国内・海外）たばこ事業

出所）日本たばこ産業

られている。2022 年末の連結従業員数は 52,640 人。そのうち「海外たばこ事業」に従事するものは，46,000 人と過半数を占めている。今日，JT のたばこ事業は，フィリップ・モリス・インターナショナル（PMI），ブリティッシュ・アメリカン・タバコ（BAT）に次ぐ世界第 3 位のグローバルたばこメーカー（中国煙草総公司を除く）として，70 以上の国や地域で事業を展開している。

　JT は，「たばこ事業」以外にも，古くから「医薬事業」「加工食品事業」へ進出を果たしている。1987 年に進出した「医薬事業」は，鳥居薬品の買収等を通じて参入を図る一方，1990 年に発足した「加工食品事業」もまた，2007 年，冷凍食品大手の加ト吉（現テーブルマーク）を株式の公開買い付けによって獲得するなど，新たな稼ぎ頭事業とするためテコ入れを行った。こうした努力にもかかわらず，売上収益に占める「医薬事業」の割合は 3 ％，「加工食品事業」は 6 ％足らずに留まり，90 ％以上を占める「国内・海外たばこ事業」に代替する事業として十分育っていないのが現状であり，多角化事業については，課題は山積しているのが実態だ。

〈JT を支える「海外たばこ事業」〉

　このように JT の稼ぎ頭とは，今も昔も「たばこ事業」であることに変わりはない。ところが，国内たばこ市場を見ると，少子高齢化の進展，喫煙者率の減少，健康意識の高まり，禁煙社会の到来等に伴い，販売数量は 2000 年度以降，急速に減少している。図表 4-19 は，1990 年度から 5 年間隔でたばこの販売数量の変化を表し

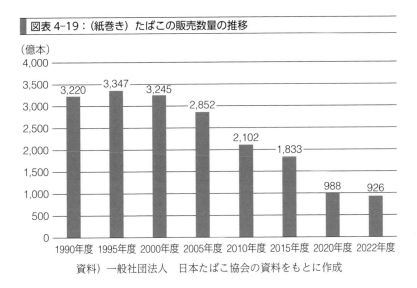

図表 4-19：（紙巻き）たばこの販売数量の推移

（億本）

資料）一般社団法人　日本たばこ協会の資料をもとに作成

たグラフである。それによると，1996 年度のピーク時点（3,483 億本）から比較すると，2022 年度は，なんと 27％の規模まで激減している。

　これに対し，世界のたばこ製品の総需要は，おおよそ年間 6 兆本にも達する巨大な市場を形成し，今後とも成長余力が残されている。とりわけ，先進国市場では，規制強化の波や 5 月 31 日の「世界禁煙デー」の制度化など，厳しさは募るばかりだが，新興国市場では，若年者の拡大や持続的な経済成長が見込まれ，追い風が吹いている。世界最大のたばこ市場である中国，ロシア連邦，インドネシア，インド，フィリピン，トルコそしてアフリカ諸国等の新興国市場は，今後とも高い成長が期待される魅力的な市場として見なされている。

〈JT のクロスボーダーM&A 戦略〉

　JT は，クロスボーダーM&A 戦略に成功した数少ない日本企業の一社として有名であり，海外企業の大型買収を通じて一気に世界有数のグローバル・シガレット・メーカーまで上り詰めた M&A 巧者である。

　JT は，その発足当時から，国内市場の成熟化，規制緩和や輸入自由化による外資との競争激化に見舞われた。そこで，自律的成長（Organic Growth）ではなく外部成長（External Growth），自前主義ではなく「時間を買う」クロスボーダーM&Aという手段を用いてグローバル競争で勝利することを目指してきた。

　JT のクロスボーダーM&A 戦略は，日本たばこ産業株式会社が設立された 1985年まで遡ることができる。当時 JT の海外たばこ販売数量は 100 億本に過ぎなかっ

た。その後，1992 年，初の海外買収案件として英国のマンチェスタータバコ
（Manchester Tabacco Company）を買収し，販売数量は倍の 200 億本まで拡大した。
この買収は，小規模ながら，EU 域内市場への足掛かりとなる重要な成果をもたら
した。

　その後，JT の海外たばこ事業の大いなる飛躍をもたらす 2 度の大型買収が展開
される。一度目は，1999 年，米国の RJR ナビスコの米国外たばこ事業である
RJRI（R. J. Reynolds Tobacco Company）を約 9,400 億円で買収したことである。
これにより，販売数量は，当初の 10 倍に当たる 2,000 億本へ一気に拡大した。ま
た，世界第 4 位と 5 位の有名ブランドである「ウィンストン」「キャメル」の獲得，
工場や営業所という事業拠点の獲得，優秀な人材の確保も達成できた。二度目の契
機は，2007 年，その当時日本企業による史上最高額の買収であった英国のギャラ
ハー（Gallaher）を約 2 兆 2,500 億円で買収したことである[14]。これにより販売数
量は，倍の約 4,000 億本まで膨れ上がり，名実ともにグローバル・シガレット・
メーカーの地位を確保できた。また，それ以外にも，欧州市場の強化や新技術や優
れた人材の獲得にも大きな成果をあげることができた。

　2022 年度における JT の主要市場におけるマーケットシェアは，以下の通りで
ある。ホームカントリーである日本国内が 42.4 ％を占める一方で，英国 45.1 ％，
台湾 48.9 ％，フィリピン 37.1 ％，ロシア 36.6 ％，トルコ 27.8 ％，スペイン
28.5 ％とイタリア 27.4 ％，ルーマニア 29.5 ％となっている。

〈グローバル戦略の司令塔である JTI〉

　JT の海外たばこ事業は，子会社である JTI（Japan Tobacco International）によっ
て運営がなされている。1999 年に発足した JTI の母体は，同年に JT が買収した
RJR ナビスコの米国外事業であり，中国を除くすべての国や地域でたばこ事業を統
括している。

　JTI では 46,000 人が働いている。スイスのジェネーブに設置された世界本社には，
119 ヵ国以上の国籍を持つ従業員が従事しており，役員は 23 人から構成され，日
本人は 6 人しかいない（JTI のホームページ）。JTI が日本人に依存しない体制を整え
ているその主な理由とは，多種多様なグローバル市場やグローバルビジネスを日本
人の手ですべて賄うことができないからである。JT は，日本専売公社時代から長
い間，国内市場を対象にほぼ独占的な事業運営を行ってきた。このため，スピード

---

[14] 現在，日本企業による最高額の買収案件は，2018 年武田薬品工業によるアイルランドの
　　製薬大手シャイアーの買収であり，その買収額は 6 兆 2,000 億円とも言われている。

や戦略が要求される海外展開を図るうえで，人材やノウハウの不足が大きな課題であった。こうした事態に JT は，日本人に過度に依存することなく，むしろ，海外企業の買収を通じて優れた人材を確保し，グローバルビジネスの担い手として積極的に活用する手段に出たのである。

　JT 本体と JTI の関係は，「適切なガバナンスを前提とした任せる経営」のように言い表せる。JT 本体は，経営方針やガバナンスという企業統治に専念し，実際の国内・海外たばこ事業のオペレーションは，子会社の JTI へ一任するというユニークな体制を敷いている。つまり，事業運営に口は挟まないが，監督は怠らないやり方を採用していると言える。とはいえ，JT 本体を構成する日本人と JTI を担う外国人の間で「阿吽の呼吸」や「空気を読む」等の日本流は通用しない。そこで，責任と権限を明確化し，適切なルールに基づいたグループ経営を行うため，JT と JTI の間には「オペレーティング・ガイドライン」と呼ぶ責任権限規程が定められている。このルールブックには，JT 本体の承認事項が明記されており，その範囲を超えて JT が口出しすることはできない。また，JTI 内部の責任権限が細かく規定されており，JTI はその範囲内で自由にオペレーションを展開することができる。

　JT による海外展開の成功は，日本人の手で日本流のやり方を JTI に押し付けず，多様性に富みグローバルなスキルを持つ M&A で買収した外国人人材へ事業運営を任せ，力を引き出すことができた成果の賜物である。自力と他力のバランスを図る JT のグローバル経営は，海外進出を推進する日本企業の良き模範的ケースとして学ぶべき点が多い。

4-6　イノベーション

4-6-1　創造的破壊

　イノベーション（Innovation）は，新しい技術や考え方を取り入れる，新しい価値を生み出す，大きな変化を起こすなど，「革新」や「刷新」[15] を指す言葉である。従来，イノベーションは，技術の領域に限定して使用されてきたが，現在では，ソーシャル・イノベーション，デザイン・イノベーション，アイデア・イノベーションのように数多くの学問領域で使用されるようになってきた。

　イノベーションの生みの親は，オーストリアの経済学者であるヨゼフ・シュンペーター (Joseph Schumpeter) だと言われている。今から 100 年ほど前に提唱されたイノベーションは，下記のような特徴を持つ。第 1 は，新結合 (New Combination) である。つまり，モノや力の新結合を通じて新しい生産物や生産方法を生み出すこ

---

[15] 中国では，「創新」とも訳される。

とである。第 2 は，漸進的ではなく画期的である。イノベーションは，漸進的・積み重ね型（Incremental）ではなく，画期的・非連続型（Radical）の新結合を指す。この点についてシュンペーターは，「馬車を何台つないでも鉄道にはならない」という言葉を残している。これは，鉄道という画期的な技術を生み出すには，馬と車輪という従来の組み合わせではなく，石炭と蒸気機関という新しい組み合わせが必要であることを示している。第 3 は，創造的破壊（Creative Destruction）である。これは，新しい効率的なやり方が創出されると，従来の古い非効率的なやり方が駆逐されていく一連の新陳代謝を指すものである。

4-6-2　プロダクト・イノベーションとプロセス・イノベーション

　イノベーションでおなじみの研究成果として，製品革新（Product Innovation）と工程革新（Process Innovation）がよく取りあげられる。アメリカの自動車産業における製品と生産の関係に着目したハーバード大学ビジネス・スクールのウイリアム・アバナシー（William Abernathy）は，1978 年，著書『The Productivity Dilemma』のなかで，時間の経過と共に，イノベーションの発生頻度の変化と製品革新が工程革新に取って代わられるモデルを提唱した。縦軸にイノベーションの発生頻度，横軸に時間の経過を意味する「流動期」「移行期」「固定期」をそれぞれ取ると，製品革新と工程革新の曲線は，図表 4-20 のように描ける。

　最初に，流動期（Fluid Stage）は，製品のコンセプトが固まっていない時期を指し，複数企業から多種多様な技術革新が生まれる時期に該当する。製品開発の努力は製品革新に向けられるため，工程革新はほとんど生まれない。一方，流動期には，多種多様な技術の中から，ひとつの技術方式が生き残る。つまり，支配的な技術方式（要素技術，設計思想）が決定されるのであり，これは，ドミナント・デザイン（Dominant Design）の決定と呼ばれている[16]。

　こうしてドミナント・デザインが決まると，移行期（Transitional Stage）へシフトする。この時期は，イノベーションの焦点が製品革新から工程革新へ大きく変化する。そして，製品の普及スピードが一気に早まりつつ，増加する需要に対応するため工程革新の重要性が強まる。

　最後に，固定期（Specific Stage）の時期は，製品革新と工程革新の関係が密接となり，お互いの変化を許容しにくくなる。このため，企業の努力は，品質とコストの改善に向けられ，イノベーションは漸進的なものへと変化する。

---

[16] 組織内の構成メンバーに共有された世界観，共通の見方や考え方は「ドミナント・ロジック（Dominant Logic）」と呼ばれている。

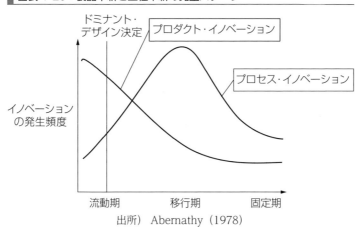

図表 4-20：製品革新と工程革新の発生パターン

出所) Abernathy (1978)

　このアバナシーモデルからは，2つの発見が導き出される。ひとつは，生産性のジレンマ（The Productivity Dilemma）である。これは，産業の成熟化（時間の経過）に伴い，生産性は上がっていくが大きなイノベーションは生まれなくなる現象である。もうひとつは，脱成熟化現象（De-Maturity）であり，消費者の嗜好の変化，新しい技術アプローチの発見を通じて，再度，流動期に戻ることである。

4-6-3　クローズド・イノベーションとオープン・イノベーション

　イノベーションは，組織内部の資源や能力を活用するクローズド・イノベーション（Closed Innovation）と積極的に外部の資源や能力を梃子にするオープン・イノベーション（Open Innovation）に分けられる。図表4-21は，これを比較したものである。

　クローズド・イノベーションでは，もっとも優秀な人材を雇用するべきと考え，社内の人材が対象となる。また，研究開発から利益創出まで独力で開発する「内向き」行動が選択される。そして，イノベーションに成功した企業，最高のアイデアを導いた企業が成功すると考えるアプローチである。これに対し，オープン・イノベーションは，社内の人材は必ずしも重要でなく，必要ならば，優れた社外の人材とコラボレーションすればよいと考える。また，1からすべて独力で取り組む必要はなく，外部の企業や研究機関を巻き込めば価値創造できる。そして，優れたイノベーションの開発や最高のアイデアを生み出した企業が成功するのではなく，もっとも上等な収益化モデル（ビジネスモデル）を構築した企業や社内と社外のアイデアをもっとも有効に活用できた企業が勝利を収められると考えるアプローチである。

■ 図表 4-21：クローズド・イノベーションとオープン・イノベーションの比較

クローズド・イノベーション	オープン・イノベーション
・最も優秀な人材を雇うべきである	・社内に優秀な人材は必ずしも必要ない ・社外の優秀な人材と共同して働けばよい
・研究開発から利益まですべて独力で行う	・必ずしもすべてを独力で行わなくても良い ・外部の研究開発によって価値を創造できる
・イノベーションを出した企業が成功を収める	・優れたビジネスモデルを構築した企業が成功する
・ベストのアイデアを創造したものが勝つ	・社内と社外のアイデアを有効に活用したものが勝つ

出所）Chesbrough（2003）

■ 図表 4-22：クローズド・イノベーションとオープン・イノベーションの概念図

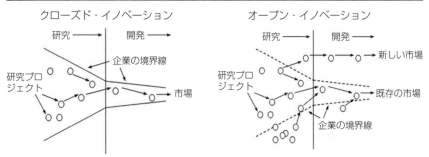

出所）　Chesbrough（2003）

　次に，クローズド・イノベーションとオープン・イノベーションそれぞれの研究開発活動を図で表すと，図表 4-22 のようになる。クローズド・イノベーションによる研究開発活動は，研究も開発も社内で構成された複数の調査プロジェクトが徐々に絞り込まれ，最後に 1 つだけ選ばれて実行される。これに対し，オープン・イノベーションによる研究開発活動は，企業の境界を跨いで社内と社外で複数の調査プロジェクトが生まれ，しかもそれらが有機的に結合や分離を繰り返しながら，最終的には優れたひとつの調査プロジェクトが採択され実行に移される。

　クローズド・イノベーションは，いわば，社内（in-house）の研究開発部門におけるイノベーション活動であり，ある限定された閉鎖的な空間の中でイノベーションを起こす行為である。たとえば，過去，パナソニックやシャープは，内部構造が分からない，他社がまねできない，他社に真似させないというブラックボックスを合言葉に一貫生産体制を構築し，差別化やノウハウの流失防止を展開した事例があ

げられる。

　ここでクローズド・イノベーションにおける研究開発 (Research & Development：R&D) 部門を指すイノベーション組織のコミュニケーションとパフォーマンスを解明した調査研究について触れてみよう。マサチューセッツ工科大学のトーマス・アレン (Thomas Allen) は，1977年，著書『Managing the Flow of Technology』のなかで，研究開発組織における濃密な高いコミュニケーションが研究開発成果を向上させるという仮説を通じて，いくつかの発見を明らかにした。第1は，ゲートキーパー (Gatekeeper) である。これは，「門番」とも訳され，コミュニケーションの中核的役割を演じている人物，組織や企業の境界を越え内部と外部を情報面からつなぎ合わせる人物のように定義される。ゲートキーパーの役割は，外部情報の獲得を通じてメンバーへ翻訳・伝達することである。ゲートキーパーのその主な特徴としては，まず，研究開発組織にゲートキーパーと呼ばれるスター的人間がいる。そして，ゲートキーパーは，集団を構成する誰とでも接触している。ゲートキーパーは，外部情報の接触頻度が最も高い。ゲートキーパーはまた，高度な専門誌を含めた読書量が圧倒的に多い。最後に，ゲートキーパーは，高度の技術達成者，第一線の管理者であり，それを見分けることは，かなり容易だと言われている。

　一方，社内の研究開発部門で取り組むR&Dとは異なり，社外にある企業や事業，資源や組織能力を巧みに利用する開かれた取り組みであるオープン・イノベーションの代表的な手法としては，「買収開発」と「連携開発」の2つがあげられる。最初に，「買収開発」は，ネットワーク・システム，ソリューションの販売とこれらに関連するサービスを手掛ける米シスコ・システムズ (Cisco Systems) が生み出したやり方である。同社は，今日まで主にベンチャー等のスタートアップ企業を中心に計100件以上のA&D (Acquisition & Develop：A&D) を繰り返し実行してきた。その訳は，変化が激しいICTビジネスの世界では，何よりもスピード感が強く要求されるため，社内を梃子にするR&Dのようなやり方ではなく，企業買収を通じて外部の企業や資源へスムーズにアクセスを図るオープンなやり方が採用されたのである。シスコ・システムズは，もともと独自技術が乏しかった。それ故，社員数が100名以下の小さな企業を次々に買収して短期間のうちに競争地位と業績向上という2つの優位性を獲得し，今日の地位を築き上げたと言われている。

　連携開発 (Connect & Develop：C&D) は，世界最大の消費財メーカーのP&Gによって生み出されたやり方である。これは，社外の革新的なアイデアの採用，外部イノベーション担当マネジャーの設置を通じて，外部の資源や能力を身に付けるものである。たとえば，P&Gでは，社内の科学者は8,600人程度だが，社外の科

学者は，連携開発を通じてなんと 150 万人存在するとも言われている。P&G では，近年，何でも自前主義にこだわる組織風土（Not Invented Here：NIH）から社外主義を尊重する組織風土（Proudly Found Elsewhere：PFE）への転換を進めている。それは，もはや大企業が単独ですべての技術を追い求める時代ではない。むしろ，社外で生まれた創造力・思考力を積極的に活用して競争優位性を構築する新しい時代が到来したと認識しているからである。

4-6-4　メーカー・イノベーションとユーザー・イノベーション

　従来，イノベーションの担い手はメーカー（企業）だと考えられてきた。なぜなら，作り手側であるメーカーこそ，イノベーションに関する最高のソリューションや情報を所有していたからである。これに対し，ユーザー（顧客）は，イノベーションの使い手として位置づけられてきた。ユーザーは，製品・サービスの使用に関する貴重な情報を持ち得るため，イノベーションの最高の利用者のように認識されてきた。つまり，伝統的な考え方では，「メーカー＝イノベーター（革新者）」「ユーザー＝利用者」とされ，イノベーションとは，あくまでもメーカーの所有物のように考えられてきた。

　こうした「メーカー・イノベーション」に対し，近年，ユーザーがイノベーションの担い手である「ユーザー・イノベーション」の考え方が普及してきている。この背景には，新しいタイプのコンシューマー（消費者）として，プロシューマーの顕在化があげられる。プロシューマーという言葉は，未来学者のアルビン・トフラー（Alvin Toffler）が，1980 年，著書『The Third Wave』で提唱した概念であり，その意味は，生産活動に積極的に関わる消費者である。つまり，プロシューマー（Prosumer）は，消費者（Consumer）＋生産者（Producer）という造語であり，画一的な大量生産品にもはや満足せず，自分の好みにあった製品を自分自身で作り上げる人物を指す。そして，近年登場した 3D プリンター技術は，ユーザー・イノベーションの強い追い風として作用している。なぜなら，3D プリンターを活用すると，自宅で個人が自由に設計した製品の製造が可能になる。このため，従来のようなメーカーによる工場生産方式は，これに取って代わられる危険性が拡大してきたからである。

　さて，ユーザー・イノベーション研究の父と称される人物は，マサチューセッツ工科大学のエリック・フォン・ヒッペル（Eric von Hippel）である。1988 年，著者『The Sources of Innovation』において，ユーザー・イノベーションの有効性を明らかにしている。また，1994 年，論文「Sticky Information and the Locus of Problem Solving: Implications for Innovation」のなかで，情報の粘着性

(Stickiness of Information) という概念を提唱している。これは，ある人が持つ情報を他の人に移す場合に生じる費用やコストは，情報の質が高いかそれとも情報の量が多い時に情報移転は難しくなり，これを情報の粘着性が高いと表現している。たとえば，精巧な科学機器のような場合，製品ニーズに関する情報知識についてユーザー側とメーカー側のギャップは大きい。製品ニーズをメーカー側が理解可能な形に変換するための費用（コスト）が大きいからである。すなわち，情報の粘着性は高くなるため，科学機器メーカーよりも科学機器ユーザーによるユーザー・イノベーションの方が好ましいのである。

　一方，フォン・ヒッペルは，すべてのユーザーがイノベーションを起こす訳でなく，ある特定のユーザーから生み出される傾向が強いことに触れ，こうした特定のユーザーをリードユーザー（Lead User）と命名している。1986 年，論文「Lead Users: A Source of Novel Product Concepts」において，リードユーザーは，特別なニーズを抱えた利用者，重要な市場動向の最先端に位置している人，将来的に一般ユーザーが直面するニーズに現在直面している人であり，自分のニーズに対する解決策を獲得することで高い効用が得られるイノベーションを起こすユーザーであると指摘している。

4-6-5　持続的イノベーションと破壊的イノベーション

　"イノベーションに成功した優良企業は，正しく行なうがゆえに失敗する"。このような刺激的な命題を提唱し，当時，大きな話題をさらったのがハーバード大学ビジネス・スクールのクレイトン・クリステンセン（Clayton Christensen）である。1997 年，著書『The innovator's dilemma』のなかで，クリステンセンは，優良企業のイノベーションを「持続的イノベーション」，弱小企業のイノベーションを「破壊的イノベーション」と呼びながら，破壊的イノベーションが持続的イノベーションを駆逐する仕組みを次のように説明している（図表 4-23）。

　クリステンセンは，優良企業の行動が失敗する理由として，優良企業ほど要求の厳しいハイエンド顧客（High-end Markets）の声に耳を傾けるからだと指適する。相対的経営資源の質と量に優れた優良企業は，市場でもっとも上位に位置する顧客を相手にしたいと考える。そして，ハイエンドな顧客の要望に応えようと，積極的に持続的イノベーション（Sustaining Innovation）に取り組む。持続的イノベーションとは，最上位の顧客をターゲットに経営資源の優位性をテコに優良企業が生起する上等なイノベーションを指す。ところが，皮肉にも上等な持続的イノベーションによって優良企業は失敗を招いてしまう。というのも，最上位の顧客の声に耳を傾け過ぎると，平均的な顧客の要求水準以上に製品の性能や品質または機能を高めて

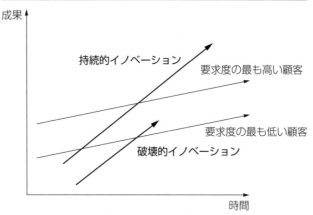

図表 4-23：イノベーションのジレンマ

成果

持続的イノベーション

要求度の最も高い顧客

要求度の最も低い顧客

破壊的イノベーション

時間

出所）Christensen（1997）

しまう結果，コストアップを招くと共に，下位のマス市場ニーズを取りこぼし，自滅を余儀なくされるからである。このように優良企業によるハイエンド顧客を狙った持続的イノベーションがやり過ぎてしまう（Overshoot）現象は，イノベーションのジレンマ（The Innovator's Dilemma）と呼ばれている。

　これに対し，弱小企業は，優良企業が対象とするハイエンド顧客を頭から避け，下位のローエンド顧客（Low-end Markets）の声に耳を傾ける。弱小企業は，もともと経営資源の質と量に乏しく，このため，製品の性能や品質そして機能を顧客の要求水準以上に高めることはできない。一方，ローエンド顧客もまた，そもそも高性能で高価格なイノベーションは求めておらず，むしろ，必要な機能や性能そして最低限の品質を満たす製品・サービスを欲している。このようなローエンド顧客を対象とした弱小企業のイノベーションは，破壊的イノベーション（Disruptive Innovation）と呼ばれている。そして，弱小企業の破壊的イノベーションは，優良企業の持続的イノベーションを無力化する。一方，持続的イノベーションは，「過剰性の罠」に陥り自滅を招く。市場の大勢を占めるのは，要求水準の低いローエンド顧客だからである。

4-6-6　プロダクト・アウトとマーケット・イン

　イノベーションには，「企業主導型」と「顧客主導型」のイノベーションという見方もある。企業主導型イノベーションは，通常，プロダクト・アウト（Product-Out）と呼ばれ，顧客主導型イノベーションは，マーケット・イン（Market-In）とも呼ばれている（図表 4-24）。

▌図表 4-24：プロダクト・アウトとマーケット・インの比較

	プロダクト・アウト	マーケット・イン
メリット	・好景気時に最適 ・研究開発人材のやる気が活性化する ・画期的な革新が起こりやすい	・不景気時に最適 ・顧客価値の実現
デメリット	・不景気時には使えない ・自分勝手なものに陥りやすい	・好景気時には使えない ・勝手きままな顧客に振り回される ・顧客の声を聞き過ぎて失敗する

　プロダクト・アウトとマーケット・インは，ちょうど対照的な特徴を有している。プロダクト・アウトは，企業側が新製品のアイデアから研究開発そして製品開発のすべてを行い，完成品を顧客へ提供する一方向なイノベーションである。このタイプのイノベーションのメリットは，黙っていてもモノが売れるような好景気（需要＞供給）の時期に最適なやり方である。また，企業の「商品企画」「研究開発」「製品開発」の各部門に所属する人材のやる気を活性化させることができる。このタイプは，企業内の開発部門に従事する人材の意向を重視するため，その分，顧客や市場のニーズや要求は，過度に反映されず，作り手側が自由な発想とアイデアでイノベーションに取り組むことができる。逆に，デメリットとしては，顧客のハートをとらえなければ，モノが売れない不景気（需要＜供給）の時期には効果的ではない。また，作り手側の意向が強く，顧客や市場のニーズや要求が完成品に反映されないため，自分勝手な一過性のものに陥りやすいという欠点を併せ持つ。

　一方，マーケット・インは，市場調査等を実施して顧客や市場のニーズを獲得し，その製品アイデアをもとに「商品企画」「研究開発」「製品開発」の各部門が協力して完成品を開発し，顧客へ提供するイノベーションである。マーケット・イン型のメリットとしては，まず，顧客のハートをとらえないとモノが売れない不景気（需要＜供給）の時期に最適なやり方である。そして，顧客価値や市場志向のイノベーションなため，高い確率で受け入れられる可能性が高い。逆にそのデメリットとしては，まず好景気の時期には，顧客や市場の購買意欲は高く，いわば何でも買ってくれるような状況下で時間と手間そして費用がかかるマーケット・インは，効果的でない可能性が高い。また，顧客や市場の声に耳を傾けるこのやり方は，気移りしやすい顧客や市場に常に翻弄されてしまう危険性を伴う。さらに，顧客の声を過度に聞き過ぎた結果，品質や機能面で「過剰性の罠」に陥る可能性もまた懸念される。

4-6-7　イノベーションを生み出すための要点

　最後に，企業が組織内でイノベーションを生み出す際の要点について触れてみよう。第 1 に，画期的なイノベーションとは，通常のオペレーションとは異なり，多くの場合，組織内の中央部分からではなく，組織の端部から生み出されることである。元・ホンダ経営企画部長の小林三郎氏は，2012 年，著書『ホンダ イノベーションの神髄』のなかで，イノベーションの本質を明らかにするため，オペレーションを引用しながら説明している。それによると，オペレーションとは，社内の定型業務や現場における改善・改良活動を通じて「効率化」することであり，その達成には，論理や分析という能力が不可欠である。業務全体の約 95 ％を占めるオペレーションの実施期間は 1～4 年と短く，100 ％近い成功が要求される。これに対し，イノベーションとは，創発を通じて現段階の価値次元から新たな価値次元へ飛躍することであり，この実現には，既存の論理や分析を超え，未知なる価値創造をやり遂げるための熱意や想いが何よりも重要である。イノベーションは，業務全体に占める割合が僅か 2～5 ％，成功する確率もまた 10 ％以下である一方で，その実施期間は通常 10～16 年という長きに及ぶという特徴を持つ。

　次に，こうした性格を持つイノベーションの担い手は，中央からの指示に従いルールを守るエリート科学者やエンジニアではなく，現場のような組織の端部にいて，組織のしきたりや定めたルールに従わない一風変わった人物（つまり，「はぐれ者」「異端者」「奇人・変人・一匹狼」等）の手で成し遂げられる場合が少なくない。なぜなら，オペレーションは，過去からの延長線上にあるため見通しが立ち，現状転換を迫られる必要性は少ないが，全く新しい価値次元の実現を意味するイノベーションの場合，これまで積み上げてきた知識・ノウハウや過去からの延長線上にあるという思考は通用せず，むしろ，これを打ち破ることが必要だからである。このようにイノベーションの担い手とは，「自分を客観的に見ない」「同僚や上司との付き合いを避ける」「自尊心が強い」といった性格を持つ人物である場合が多いのである[17]。

　第 2 に，「失敗は成功のもと」「失敗は成功の母」という諺もあるとおり，イノベーションの成功とは，失敗した数や量に比例することである。スタンフォード大学ビジネス・スクールのロバート・サットン（Robert Sutton）は，2001 年，『Weird Ideas That Work』のなかで，偉大なイノベーターとは，偉大な失敗者でもある

---

[17] スタンフォード大学ビジネス・スクールのロバート・サットン（Robert Sutton）は，こうしたイノベーターをスローラーナー（Slow Learner），「頭はいいがのみこみの悪い人」と呼んでいる。スローラーナーは，「頭は良いが成績の悪い人」に加え，「自分が好きなことだけやる人」「自分の内なる声に耳を傾ける人」であるとも論じている。

と指摘している。たとえば，ダ・ヴィンチ，モーツァルト，シェークスピア，ピカソ，アインシュタイン，ニュートンそしてダーウィン等の「天才」たちに共通する点は，数多くの作品を生み出しながら，同時に同じくらい試し失敗を積み重ねたことである。たとえば，かの有名な発明王であるトーマス・エジソン（Thomas Edison）は，周知のとおり，電気投票記録機（1868年），株価表示機（1869年），電話機，蓄音機（1877年），白熱電球（1879年），発電機，電気照明システム，電気機関車（1880年），改良型蓄音機（1888年），動画撮影機キネトグラフ（1889年），改良映写機ヴァイタスコープ（1897年），アルカリ蓄電池（1909年）など，生涯において数々の発明に成功したが，その一方で，発明と同じぐらい（あるいはそれ以上の）失敗を繰り返したと言われている。エジソンは，次のような言葉を残している。「発明のためには，優れた想像力と"がらくたの山"が必要である（To Invent, You Need a Good Imagination and a Pile of Junk.）。」

　第3に，声高にイノベーションを掲げる前に，まず，偶然から幸運を発見するセレンディピティを育むことである[18]。というのも，画期的なイノベーションやインベンション（発明）は，思わぬ偶然や予期しない幸運から生まれることが多いからである。たとえば，ノーベル賞に輝いた偉大な科学技術の功績や大ヒットを記録した商品開発のその裏側には，当事者がおおよそ"ラッキー"としか言いようがない偶然の発見や出来事という得体のしれない力が大きく作用した事例が少なくない。

　「幸運をつかまえる能力」「奇蹟を生み出す能力」等，様々な定義がなされるセレンディピティ（Serendipity）とは，結局のところ，思わぬ偶然と優れた知性から，探していなかったものを見つけ出すことである。それでは，セレンディピティを発見する心構えとは何か。まず，集中して考えることである。そして，何事も考えて考えて考え抜く姿勢が大切である。第2に，注意深く観察することである。この際，他人と同じものを見て違ったことを考える意識がより重要である。第3に，先入観を持たないことである。常に子供のような素直な心で見つめる必要がある[19]。このように努めれば，生まれつき才能がなくても，セレンディピティに遭遇するチャ

---

[18] セレンディピティの語源は，イギリスの政治家，貴族，作家であるホレス・ウォルポール（Horace Walpole）が1754年に友人への手紙に綴った造語に由来する。ウォルポールは，「セレンディップの三人の王子たち」を読んで痛く感銘し，偶然による大発見を「セレンディピィティ」と呼ぶことを友人に手紙で提案した。そして，その手紙を受け取った友人であるホーレス・マンが口伝えで広めたものであると理解されている。

[19] 「センス・オブ・ワンダー（Sence of Wonder）」という言葉がある。アメリカの生物学者であるレイチェル・カーソン（Rachel Carson）は，1956年，著書『Sence of Wonder』のなかで，すべての子供が生まれながらに持つ神秘さや不思議さに目を見はる感性を「センス・オブ・ワンダー」と呼び，これを育む大切さを主張している。

ンスに恵まれるかもしれない。

事例　個の力を最大限に引き出すことに成功した「3M」

〈サイエンス企業〉

　世界のイノベーション企業としてあまりにも有名な 3M は，アメリカの素材大手のグローバル企業である。3M の正式名称は，ミネソタ・マイニング＆マニュファクチャリング（Minesota Mining and Manufacturing）であり，2022 年の売上高は，342 億 2,900 万ドルにも及ぶ一方で，現在，64 年連続で増配を記録中，営業利益率もまた 20 ％以上を誇る高収益なグローバル企業である。

　3M は，1902 年，アメリカのミネソタ州で 5 人の共同創業者によって誕生して以来，今日まで数々のイノベーションを世に送ってきた[20]。たとえば，一例をあげると，サンドペーパー（1906 年），セロハンテープ（1930 年），キッチンクリーナー（1958 年），使い捨て防塵マスク（1967 年），医療用断熱中綿のシンサレート（1978 年），付箋紙のポストイット（1980 年），光磁気ディスク（1985 年），代替フロン（1996 年），高透明性自己粘着型アクリルフィルム（2007 年），ハードディスクドライブ用研磨剤（2008），医療用テープ（2011 年），掃除用使い捨てモップ（2015 年）等があげられる。

〈テクノロジープラットフォーム〉

　3M のイノベーション・ドライバーは，多様な製品を生み出すための技術基盤を意味する「テクノロジープラットフォーム」である（図表 4-25）。

　「材料」「プロセス」「機能」「アプリケーション」の 4 つの項目からなる「テクノロジープラットフォーム」は，計 46 の技術領域から構成されている。これまで 3M では，5 万 5,000 種類を超える製品群を世の中に提供しているが，これらの製品や技術そして新たな技術基盤の創出は，どれも「テクノロジープラットフォーム」を活用して生まれたものである。たとえば，「セロハンテープ」は，接着剤（Ad）とフィルム（Fi）を組み合わせてできた。「サンドペーパー」もまた，接着剤（Ad）とフィルム（Fi）にさらに研磨材（Ab）を加えて創造された製品である。

〈失敗に寛容で自由を尊ぶ企業文化〉

　100 年以上にわたり，3M が連続的なイノベーションに成功できた最大の理由と

---

[20] 5 人の共同創業者とは，Dr. J. Danley Budd/Henry S. Bryan/William A. McGonagle/John Dwan/Hermon W. Cable である。

図表4-25：テクノロジープラットフォーム

材料			プロセス				機能				アプリケーション		

Ab 研磨材

Ad 接着・接合 / Fi フィルム ／ Md 医療データマネジメント

Am 先端材料 / FL フッ素化学 ／ Ec エネルギーコンポーネント / Mf メカニカルファスナー

Ce セラミック / Nt ナノテクノロジー ／ Ac 音響制御 / Fe フレキシブルエレクトロニクス / Mi 微生物の検出と制御

Co 先端複合材料 / Nw 不織布 / Mo 成形加工 / Pe 予測工学とモデリング / Rp 放射線処理 / An 分析 / Fc フレキシブルな加工と包装 / Pr プロセス設計と管理 / Bi バイオテクノロジー / Fs ろ過・分離・浄化 / Op オプティカルコミュニケーション

Do 歯科材料・歯科矯正用材料 / Po 多孔質材料 / Mr 高精細表面 / Pm ポリマーメルトプロセス / Su 表面処理 / As アプリケーションソフトウエア / In 調査と計測 / Se センサー / Dd ドラッグデリバリー / Im 画像技術 / Tt トラック＆トレース

Em 電子材料 / Sm スペシャリティマテリアル / Pd 微粒子分散プロセス / Pp 精密な製造と加工 / Vp 蒸着 / Es エレクトロニクス＆ソフトウエア / Is システムデザイン / We 促進耐候性 / Di ディスプレー / Lm ライトマネジメント / Wo 創傷ケア

出所）3M

は，失敗に寛容で個人の自由を尊重する企業文化が大きな影響を与えている。つまり，個人へ権限を委譲し，必要以上に束縛や強制をせず，創意工夫を奨励し，失敗を楽しむ文化とそのエネルギーが組織内の隅々まで深く浸透している。これこそが，3Mのイノベーションを促進する原動力である。

　3Mは，社員の主体性を重んじる企業風土がある一方で，個人の自由や自律を促すための取り組みや制度が設置されている。たとえば，「15％ルール」は，勤務時間の15％を自分の興味関心のあることに費やせる制度であり，大ヒットを記録した「ポストイット」は，この制度を利用して生まれた代表的な製品である。

　「テクニカル・フォーラム」は，技術者たちが参加する「技術交流会」であり，技術者の自主運営によって開催され，役員らは参加しても口は出せない制度となっている。

　「ブートレッキング」は，"密造酒づくり"と訳され，上司に内緒で新製品の開発活動につぎ込んでも構わないという慣習である。

　「11番目の戒律」は，モーゼの十戒にもうひとつ戒律を加えたものであり，「汝，アイデアを潰すべからず」という意味を表す。つまり，上司といえども，部下が取り組む企画が失敗することを証明できない限り，それを忍耐強く見守らなければな

らないという教えである。

　最後に，上記したような個性を大切にする企業文化や制度がある一方で，3M では，組織や社員がクリアしなければならない高いハードルもまた存在する。それは，NPVI (New Product Vitality Index) と呼ばれる「新製品売上比率」である。これは，全売上高のうち，新製品が占める割合を示すものである。現在，過去5年以内に発売された新製品の割合は，30％をキープしているという。

〈トランザクティブ・メモリー〉

　「15％ルール」「ブートレッキング」のような自由と主体性を重んじる取り組みや 46 の技術領域から構成された「テクノロジープラットフォーム」の組み合わせを通じて，イノベーションを生起する秘訣とは何か。それは，トランザクティブ・メモリーの重要性である。トランザクティブ・メモリー (Transactive memory) は，日本では「交換記憶」等と訳され，1980 年代後半にアメリカのハーバード大学の社会心理学者であるダニエル・ウェグナーによって提唱された概念である。その意味は，組織学習において大切なことは，「What＝何を知っているか」ではなく，「Who knows what＝誰が何を知っているか」を把握しておくことであるという。つまり，知識やノウハウを活発に交換またはやり取りしてイノベーションを生起するには，社内外の誰が何を知っているかを熟知していることが肝要である。3M では「15％ルール」「テクニカル・フォーラム」「ブートレッキング」等を通じて，「交換記憶」活動が活発に行なわれている。

4-7　イミテーション

4-7-1　イミテーションとは何か

　イミテーション (Imitation) は，辞書を引くと「模倣」「模造品」「偽造品」「偽物」「物まね」などと訳され，どちらかと言うと，マイナスのイメージが伴う言葉である。また，イミテーションと同じ言葉にコピーキャット (Copycats) という表現もあるが，これもまた「模倣者」や「猿真似」という悪い行為として使われるため，悪いイメージを受けやすい。ところが，イミテーションやコピーキャットをビジネスや経営学で使用する場合，それは，企業の戦略的行為のひとつとしてみなされる。つまり，イミテーションとは，後ろ向きで卑しい行為ではなく，後発者が先発者に対抗するための重要な戦略オプションなのである。

　ところで，イミテーションと類似する言葉としてエミュレーション (Emulation) がある。辞書を引くと，エミュレーションとは，ある装置やソフトウェア，システムの挙動を別のソフトウェアによって模倣し動作させることのように記載されてい

るが，この言葉をビジネスや経営学で使用する場合，それとは異なる意味を持つ。つまり，エミュレーションとは，模倣＋α（プラスアルファ）を意味する言葉であり，具体的には，対象となる企業の製品，技術，ビジネスモデルを単にフルコピーするのではなく，自社が蓄積してきた知識・ノウハウと結合させ，より精度の高い製品，技術，ビジネスモデルを開発する意味となる。

4-7-2 イミテーションの意義

　ハーバード大学ビジネス・スクールのセオドア・レビット（Theodore Levitt）は，1966 年，「Innovative Imitation」のなかで，革新的な模倣 (Innovative Imitation) の重要性について，次のようなポイントをあげている。第 1 に，今日の新製品や新アプローチは，イノベーション（革新）よりもイミテーション（模倣）が圧倒的に多い。なぜなら，新製品や新プロセスは，確かに 1 人のイノベーター（革新者）から生み出されるが，その後，多数のイミテーター（模倣者）が登場し，リバース・エンジニアリング等を通じて，無数の模倣品を瞬く間に創造してしまうのである。第 2 に，革新的な模倣のカギは，スピードである。というのも，イノベーターの新製品や新プロセスをハイスピードで模倣できれば，イノベーターが手にすることができる利益を減らし，逆にイミテーターが得られる利益を最大化できる。第 3 に，あらゆる企業は，リスクの高いイノベーターであり続けることはできない。イノベーションばかりに目が行き，イミテーションから目を逸らすのはおかしく，偏った行動に走るのは大きな誤りである。

4-7-3 イミテーション・プロセス

　ニューヨーク市立大学のスティーブン・シュナース（Steven Schnaars）は，1994 年，著書『Managing Imitation Strategies』において，先発者に対する後発者の優位性として模倣戦略を取り上げ，模倣の種類・対象・動機等を明らかにしながら，模倣には主に 2 段階のプロセスがあると主張している。図表 4-26 は，シュナースのモデルに加筆・修正を加えたものである。

　それによると，先発者やリーダー企業が革新的な製品を開発して市場参入を果たす（イノベーションの段階）。すると，ライバルたちは，イノベーターの製品をリバース・エンジニアリングによってその原理やノウハウを解き明かす。ここでリバース・エンジニアリング（Reverse Engineering）とは，「分解工学」とも訳され，イノベーターの製品をバラバラに分解し，その内部構造の把握や要素部品の把握，さらにモノづくりの原理または革新的な技術を解明する方法であり，実際の企業の間では，かなり以前から採用されてきたポピュラーなやり方として広く知られている。

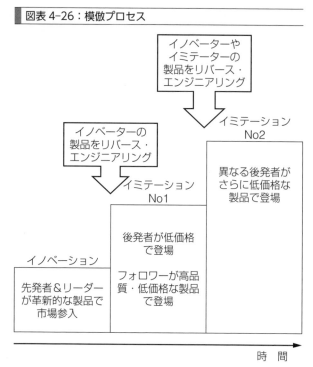

図表 4-26：模倣プロセス

資料）Schnaars（1994）に加筆・修正を加えて作成

　その後，後発者やフォロワー企業は，リバース・エンジニアリングを通じて明らかにされたイノベーターの製品をたたき台に，高品質で低価格な製品を新たに開発し，これまでイノベーターの製品に支配されてきた市場にイミテーター（First Follower）として後発で参入する。すると，ブランドを重視する顧客はイノベーターの製品，価格を重視する顧客はイミテーターの製品へとそれぞれ分散化が起こる（イミテーション No1 の段階）。

　そして，しばらくすると，今度は，イノベーターやイミテーターの製品が新たなリバース・エンジニアリングの対象となり，再びその原理や構造等が解明され，そこで得られた知識や情報をテコに，これまで登場しなかった新たな後発者（Second Follower）がさらなる低価格な製品でもって市場へ参入し，競争逆転を目論む（イミテーション No2 の段階）。

4-7-4　イミテーション戦略の要点

　オハイオ州立大学ビジネス・スクールのオーデッド・シェンカー（Oded

Shenkar）は，2010 年，著書『Copycats』のなかで，模倣戦略に必要な5つのポイントを Where，What，Who，When，How という4W1H によって説明している[21]。第1は，どこを模倣するか（Where）であり，具体的には，どの業界や領域を模倣の対象とするかである。そして，模倣しやすい主な分野として，ハイテクや技術志向，法的保護が強くない領域，コモディティ化したものをあげる一方で，逆に，模倣が難しい分野には，顧客志向，法的保護が確立した領域，化学のような資本・知識集約型産業をあげている。第2は，何を模倣するか（What）であり，これは，製品，プロセス，ビジネスモデルなど何を対象にするかを明らかにすることである。第3は，誰を模倣するか（Who）であり，これは，模倣する対象の裏側にある本質や背景を見抜くことである。第4は，いつ模倣するか（When）であり，これは，模倣するタイミングを計ることである。第5は，どのように模倣するか（How）であり，これは，模倣に当たり大まかなロードマップの作成や青写真を描き出すことである。つまり，ここで取り上げた5つのポイントを明らかにすることがイミテーション戦略の勘どころだと言えるだろう。

4-7-5 バイオミミクリー

　ビジネスや経営学の世界における模倣の範囲は，必ずしもイノベーターが創造した製品・サービスそしてビジネスモデルだけが対象ではない。自然界に存在する生物や植物の能力を積極的に取り入れ，真似る企業行動が実際の企業の間で繰り広げられている[22]。

　バイオミミクリー（Biomimicry）[23] は「生物模倣」と訳され，その意味は，昆虫や生物が持つ優れた能力を模倣する取り組みである。つまり，生物の真似をして最先端の科学技術を開発することである。米国の生物学者ジャニン・ベニュス（Janine M.Benyus）によると，バイオミミクリーとは，自然界のモデルを研究し，そのデザインとプロセスを模倣したり，インスピレーションを得て，人間界の諸問題を解決する新しい科学であると定義している。

　バイオミミクリーは，今日，突然出現したアイデアではなく，中世の時代から取

---

[21] イノベーターの能力とイミテーターの能力を兼ね備えた企業をイモベーター（Imovator）と命名し，2つの能力を持つ「イモベーション（Imovation）」が最も重要だと論じている。

[22] 世界の製薬メーカーの科学者は，アマゾンなど未開の地を訪れ，文明から閉ざされた原住民族が長い間，受け伝えてきた治療方法を探し出し，それを新薬の開発に結び付ける取り組みが行われているという。彼ら科学者は「メディカル・ハンター」とも呼ばれているそうだ。

[23] Biomimicry（生物模倣）の語源は，ギリシャ語の Bios（生物）＋Mimesis（模倣）で出来ている。

り組まれてきた行為である。たとえば，偉大な芸術家であるレオナルド・ダ・ヴィンチは，トンボやハチが空中停止する様子にヒントを得てヘリコプターの原理をスケッチで残している。発明家のオットー・リリエンタールは，コウノトリの飛行を観察してグライダーを作り，滑空飛行に成功している。

バイオミミクリーの範囲は，図表 4-27 のように示すことができる。縦軸に着目するポイントが「個体」なのか「集合体」か，横軸には活用のしかたが「そのまま活用」か「加工して活用」かを取ると，バイオミミクリーとは，個体または集合体の両方に着目しながら，加工して活用する範囲がこれに該当する[24]。

図表 4-27：バイオミミクリーの範囲

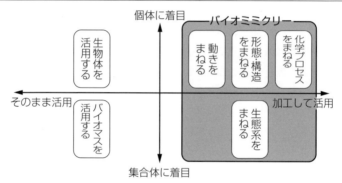

出所）http://www.japanfs.org/ja/projects/biomimicry/biomimicry_id033291.html

それでは，バイオミミクリーの事例をいくつか紹介しよう。まず，生物の中でもフクロウとカワセミを模倣して作り上げた完成品には，新幹線（500 系）があげられる。たとえば，研究者がフクロウの風切り羽根にあるノコギリ状のギザギザが空気を拡散し，静かな飛行を実現することを発見。このようなフクロウが持つ優れた能力を新幹線のパンタグラフ部分に導入し，風切り羽根をまねたギザギザをつけた結果，30 ％の騒音削減に成功したという。また，カワセミは，餌を採るために高速で水中に飛び込む際，水しぶきがとても小さい。これは，カワセミのくちばしが最も空気抵抗が小さい形をしているからである。そこで，カワセミのくちばしをそっくり真似た新幹線を開発し，トンネルドン現象（トンネル出口付近で発生する騒

---

[24] 生物体をそのまま活用するケースには，メルセデスベンツがアマゾンの村で栽培，加工，製造されたココナッツ繊維製のヘッドレストの開発事例があげられる。また，生物由来資源を意味するバイオマス（Biomass）を活用するケースには，サトウキビやトウモロコシでバイオ・エタノール（植物性のエチルアルコール）を作ることがあげられる。

音問題）のような交通課題を克服した[25]。トンネル掘削機というシールドマシンは，もともとフナクイムシ（船喰虫）の穴のあけ方を研究し，それを真似て作られた技術である。フナクイムシは，その名の通り，木製の小舟に取り付き木を食べてしまう生物だが，しかし，フナクイムシの優れた能力は，単に固い木を削れることではない。その卓越した能力のひとつは，穴を掘り進みながら，削りとった木のカスを後方へ送り出すことである。もうひとつは，新しく掘った穴は，内部から崩れるのを防ぐため，裏張りして固めていることである。シールドマシンとは，このようなフナクイムシが持つ卓越した能力や技を最大限真似て作り出した完成品なのである。

解説　後発企業の技術吸収プロセスと「サムスン」の経営

〈後発企業の技術吸収と発展段階モデル〉

　後発企業が先発企業に「学び」「追いつき」「上回る」発展プロセスは，次のように描くことができる（図表 4-28）。

図表 4-28：後発企業の発展段階プロセス

第1段階 イミテーション（模倣）	第2段階 エミュレーション（模倣＋α）	第3段階 イノベーション（革新）
・中国企業 ・デッドコピー ・日本製品の形状をフルコピーする	・韓国企業 ・リバース・エンジニアリング ・日本製品に対し機能を取捨選択する	・日本企業 ・フォワード・エンジニアリング ・独自製品を開発する

　第1段階は「イミテーション（Imitation）」である。これは，優れた企業の製品形状を真似たり，あるいは表面だけをなぞる様に模倣する行為を指すもので「デッドコピー（Dead Copy）」とも言われている。1950 年から 1970 年頃まで，日本企業は，ひたすら米国製品の模倣に努めた。その結果，当時の日本製（Made in Japan）は，今と違って不良製品の代表格のようなレッテルを張られた。一方，今日の中国企業は，「イミテーション」の段階にあると位置づけられる。というのも，中国製の中には，日本製の形状をコピーした模倣品が数多く市場に出回り，日本企業を含む諸外国から知的財産権の侵害として訴えられるケースが少なくないからである。

　第2段階は「エミュレーション（Emulation）」である。通常，これは「模倣プラ

---

[25] 現在，新幹線の主力として動いている 700 系新幹線の先頭部分もまた，カモノハシの唇が有する能力を取り入れ，真似た事例である。

スアルファ」のように定義され，その意味は，単なる上辺だけを真似るのではなく，「リバース・エンジニアリング」によって対象製品の中味の構造や仕組みを解明すると共に，それに独自のノウハウとやり方を加味しながら，オリジナル製品よりも高品質で低価格を実現することである。目下のところ，この段階に差し掛かっているのは，韓国企業が位置づけられる。韓国企業は，革新的な新製品を世に出すことよりも，日本等の先発企業がいち早く市場へ投入した新製品を吟味し，過剰な機能，不要なやり方を取捨選択しながら，それを取り除く。そして，必要な機能とやり方だけを残し，その分，製造コストを抑制しながら，オリジナル製品の価格に比べ何割か安い価格でもって市場へ投入し，先発ブランド市場を置き換えていくのである。サムスン電子やLG，現代自動車等の大企業は，「リバース・エンジニアリング」を通じて仕組みや構造を分析したうえで，そこに独自のデザイン等を盛り込んだ「エミュレーション」で日本企業に対抗し，勝利を手にしたのである。

　第3段階は「イノベーション（Innovation）」である。後発国や後発企業の多くは，「イミテーション」から「エミュレーション」を経て，最後に「イノベーション」の段階へ到達する。その意味は，高度な新製品を独自に開発する段階であり，これを「フォワード・エンジニアリング」と呼ぶ場合もある。今日の日本企業は，1980年代，ちょうど「Japan as No1」がベストセラーになった頃，「イノベーション」段階へ突入したと言われている。日本製品の特長である「軽・薄・短・小」「高品質・低価格」「高い安全性と信頼性」は，瞬く間に世界的人気を得る一方で，日米の深刻な貿易摩擦問題を引き起こし，両国の間に暗い影を落としたのは，記憶に新しい。

〈サムスン電子の経営〉
　韓国を代表するサムスン電子（Sumsung Electronics：以下，サムスン）は，世界有数の半導体とスマートフォンメーカーである。特に，スマートフォンでは，世界的ブランド「Galaxy」が有名である。「Fortune Global 500」2023年版によると，サムスンは第25位にランクされるなど，世界トップクラスのグローバル企業である。

　サムスンは，極めて厳しい企業経営を行う会社として有名である。元会長である李健熙（イ・ゴンヒ）氏は「妻と子供以外はすべて変えろ」「骨身を削る変革が競争力を高める」「水槽にナマズを入れると，ドジョウは食べられまいとして強くなる」とまで公言している。また，「競争でも出身でもいつも一番でなければならない」「国を発展させるという使命感と愛国心」など，サムスンは「韓国経済を背負っている自負」という強い遺伝子や企業文化を共有している。さらに，サムスンは，徹

底した実力主義の会社であり，「学閥，門閥の排除」「出身地，縁故などの排除」「派閥作りの禁止」がルール化されている。

　サムスン流の経営には，「逆張り経営」「皇帝経営」「恐怖経営」という３つの特徴があげられる。「逆張り経営」は，危機になるほど攻撃的になることである。たとえば，不況期には設備投資を増強し，好況期には減少させる行動をとる。なぜなら，不景気時に設備投資すれば，好景気になった時，ちょうどタイミングよく稼働がスタートし，需要増にも対応できるからである。

　「皇帝経営」とは，トップ・ダウンによる経営である。周知の通り，韓国では「財閥（チェボル）」のパワーが大変強い。このため，各企業に CEO は存在するが，大型投資や重要な意思決定等については，財閥のオーナーにすべての権限が集約している。サムスンの場合，財閥であるサムスングループのオーナーであり，サムスン電子の会長を務める李健熙氏がこれまで支配的経営を行ってきた。

　「恐怖経営」とは，社内における厳しい出世競争である。サムスンでは，「新入社員の３割が３年で辞める」「１年で役員の半分が交代させられる」「失敗したら，会社を去らなければならない」のが当たり前とされ，出世競争に勝ち抜くには，強い精神力とメンタルタフネスが要求される。

〈ファスト・フォロワーとしてのサムスン〉

　欧米では，サムスンのことを「古典的なファスト・フォロワー」「世界で一番よく知られたファスト・フォロワー」と呼んでいる（Birkinshaw and Brewis, 2016）。ファスト・フォロワー（Fast Follower）は，「イノベーション」のような巨大な創造力やスキルが要求されるアプローチには手を出さない。また，偉大なイノベーターになるため，これまでにない何か新しい思考や発想を夢見ること等はしない。ファスト・フォロワーは，すでに世の中にある製品・サービスをより良くするため，創造的な模倣に優れた企業であると定義される。近年，ファスト・フォロワーに位置づけられる企業は，サムスンだけではない。中国のスマートフォンメーカーである Xiaomi（小米：シャオミ），Huawei（華為技術：ファーウェイ），ZTE（中興通訊）など，中国のリーディング企業もまた，新しいファスト・フォロワーとして台頭してきている。

4-8　標準化戦略

4-8-1　標準化とは何か

　日本企業は，努力の末生み出した技術（知識・ノウハウ，仕様，やり方など）をライバルによる模倣と追従の手から守るため，非公開にして守り抜くブラックボックス

戦略（Blackbox Strategy）を，これまで，伝統的に採用してきた。たとえば，1980年代，ベータマックス技術を他社から守るため，徹底したクローズド戦略を展開したソニーのケース，2000年代，当時の松下電器産業やシャープがプラズマ技術や液晶技術が詰まった高品質なテレビの生産拠点を日本国内へ集約し，ブランド化を図った事例は，まさにその典型である。

　このようなブラックボックス戦略に対し，これとは正反対の対処のしかたを標準化戦略と呼んでいる。標準化戦略（Standardization Strategy）は，自社で開発した技術（知識・ノウハウ，仕様，やり方など）を積極的に公開して仲間を増やし，市場における標準化を確立して顧客を囲い込み，自社技術の普及に加え，仲間と利益を共有する戦略であり，特にネットワーク業界を中心に導入や展開が進んでいる。

4-8-2　デジュリ標準化

　標準化戦略は，主に3つのタイプに分けられる。第1は，デジュリ標準化（De-Jure Standardization）である。デジュリは「法律上」「公上の」と訳される。そのため，デジュリ標準化は「法律上や公上の標準」とも呼ばれ，具体的には，公的機関や標準化団体が標準化を決定する担い手となる。たとえば，代表的なデジュリ標準化の機関や団体をあげるならば，我が国の工業標準化の促進を目的とする工業標準化法（昭和24年）に基づき制定された国家規格である日本工業規格（JIS），スイス，ジュネーブに拠点を置く国際規格を策定するための民間の非政府組織である国際標準化機構（International Organization for Standardization：ISO）等があげられる。

4-8-3　デファクト標準化

　第2は，デファクト標準化（De-Facto Standardization）である。デファクトは，「事実上の」と訳される。このため，デファクト標準化は「事実上の標準」を意味する言葉であり，デジュリ標準化とは異なり，市場競争を通じて標準が決定される。すなわち，どの企業を選ぶかは，顧客を意味する市場がこれを決めるのである。

　デファクト標準化競争は，従来の企業間競争に比べ，どんな点で違いがあるのだろうか。早稲田大学の山田英夫（1993）は，伝統的な企業間競争とデファクト標準化競争の主な違いとして，下記のような5つの点を指摘している。第1は，通常の企業間競争では，製品ライフサイクル（PLC）のピークに相当する成熟期に競争がもっとも激化する。たとえば，リーダー企業に差別化戦略で挑むチャレンジャー企業の行動や上位企業のやり方を模倣戦略で対抗するフォロワー企業の行動等は，どれもPLCの成熟期に激化する行動である。これに対し，デファクト標準化競争では，PLCの導入期の段階で競争が激化する。そして，導入期に繰り広げられる

激しい規格競争に敗北した企業は，単に市場からの撤退を余儀なくされるだけでなく，多額の埋没原価（Sunk Cost）の負担もまた強いられるため，苦境に立たされてしまうのである。

　第2は，もっとも優れた技術やイノベーションが必ずしも規格標準とはなり得ないことである。伝統的な企業間競争において成功を収めるのは，その時点における最高レベルの技術やイノベーションであった。ところが，デファクト標準化競争では，最高レベルの技術やイノベーションだからと言って必ずしも規格標準になるとは限らない。なぜなら，もっとも優れた技術やイノベーションを有する企業ほど，自己利益を優先する傾向が強く，その他企業に対して閉鎖的な態度を取り，仲間づくりに失敗するからである[26]。

　第3は，ライバル企業との連携が不可欠な点である。これまでの企業間競争は，業界のリーダー企業の地位を巡り激しい戦いが繰り広げられてきた。ところが，デファクト標準化競争では，いくら優良企業でも，単独で成功を収めるのは，もはや不可能である。なぜなら，自社の技術やイノベーションをオープンにして，ブラックボックス化せず，積極的に公開して仲間づくりに取り組まないと，市場が決定する規格競争の時代には，絶対的に勝つことが難しいからである。

　第4は，これまでの競争戦略が通用しない点である。たとえば，従来の企業間競争では，製品や技術の差別化の有無が競争優位性を大きく左右したが，近年のデファクト標準化競争では，過剰に差別化し過ぎるとかえって互換性等が失われるため，ライバルと連携できなくなり，失敗する可能性が高くなる。

　第5は，コア・コンピタンスの公開である。これまでの企業間競争では，コア・コンピタンス（企業の中核的な競争能力）に基づく競争が提唱されてきた。それは，コア・コンピタンスを公開せず，ブラックボックス化して差別化の武器とすることである。ところが，デファクト標準化競争では，自社のコア・コンピタンスをブラックボックス化すればするほど，企業連携を通じた仲間づくりは大きく後退してしまう。このため，コア・コンピタンスは，積極的に他社へ供給し，ライバルと協力関係を構築することがとても肝要となる。

4-8-4　ネットワークの外部性

　市場競争を通じて標準が決定されるデファクト標準化では，「ネットワークの外部性」という効果がこれに強い影響を及ぼしている。ネットワークの外部性

---

[26] 典型的な事例として，80年代，家庭用VTR市場でソニーが自社製品「ベーターマックス」を対象に行ったやり方は，記憶に新しい。

(Network Externally) とは，ある製品・サービスの利用者が拡大すればするほど，その製品・サービスから得られる便益もまた増大することを意味する。たとえば，電話，FAX，PC，インターネット等の各種サービスは，単体のままや外部と接続されていない状況下では，ほとんど効果は発揮されない。ところが，利用者が増えて接続数が拡大すればするほど，大きな便益や価値が生じる。

　ネットワークの外部性の効果は，n(n−1)/2 という公式で求めることが可能である。図表 4-29 では，ある電話会社の加入者数が 4 人いた時と 6 人に増えた場合におけるネットワークの外部性を示した図である。

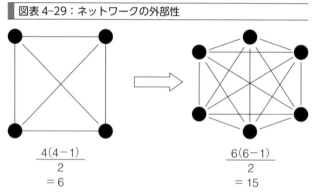

図表 4-29：ネットワークの外部性

$$\frac{4(4-1)}{2} = 6$$

$$\frac{6(6-1)}{2} = 15$$

出所）日経ビジネス（1995）

　先述した公式に当てはめると，加入者が 4 人である場合，ネットワークは 6 本だが，加入者が 2 人増え 6 人になると，通話できる回線数は 2.5 倍に相当する 15 本に増える。さらに加入者が当初の 10 倍の 40 人まで増えた場合，通話可能な回線数は 130 倍に相当する 780 本まで膨らむのである。

　電話，FAX，PC，インターネットのようなネットワーク製品は，ある 1 人のユーザーにとっての製品価値は，その製品を利用するユーザーの総数により決定される。つまり，これらネットワーク製品は，ある特定の個人だけが所有していても，何も便益は生まれないが，自分以外の多数の人間がこれを所有した時，製品価値が高まり，大きな便益が生み出されるのである。

4-8-5　コンセンサス標準化

　第 3 は，コンセンサス標準化である。近年，標準化を巡る新しい動きとして，コンセンサス標準化（Consensus Standardization）が増加している。コンセンサスとは「合意形成」と訳され，その意味は，意見の一致を図ることである。コンセン

サス標準化は「合意形成による標準」を意味する一方，またの名を「談合型標準」「コンソーシアム型標準」「フォーラム型標準化」と呼ばれる場合もある。従来の企業間競争が製品ライフサイクルの成熟期，デファクト標準化競争が導入期の段階において競争が激化するのに対し，コンセンサス標準化競争は，市場で競争する段階の前に複数の企業が事前の協議を通じて，ひとつの規格標準に統一を図るため，導入期以前の段階で競争が激化する（図表4-30）。

■ 図表4-30：競争が激化するステージの違い

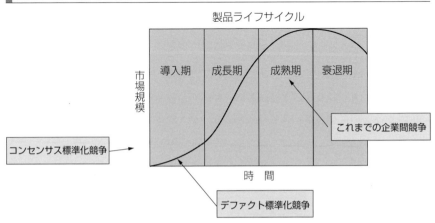

　コンセンサス標準化が拡大するその主な理由には，次のようなものがあげられる。まず，技術力や組織能力において他を圧倒する企業の存在が減少したことである。また，標準化を1社で決めることが難しくなってきており，有力企業間の連携がより不可欠となってきた。そして，もしデファクト標準化競争で敗退した場合，負け組み陣営が支払う代償や負担があまりにも巨額に上る。最後に，これまで研究開発やマーケティングに投じた多大な費用等が回収不能となり，埋没原価として消え失せてしまうことがあげられる。

解説　標準化戦略の古典的ケースとされる「ソニー」対「日本ビクター」

〈家庭用VTRの標準規格を巡る歴史的な争い〉

　標準化競争を巡る歴史的事例としては，1980年代，日本を代表する家電メーカー同士がライバル企業を巻き込み，激しい戦いを繰り広げたストーリーが世界的にも有名である。そのため，この話は，NHKのプロジェクトX「窓際族が世界規格を作った：VHS・執念の逆転劇」として取り上げられる一方，人気俳優が多数出演して話題を呼んだ日本映画「陽はまた昇る」が製作されるなど，その当時，高

い注目を集めた。したがって，すでに多くの方がこの劇的な戦いの結末を知っているかもしれない。とはいえ，この戦いの模様は，いまだ数多くの示唆を与えてくれるものであるため，ここで取り上げることにした。

〈ベータマックス対 VHS〉

遡ること今から約 50 年前の 1970 年代，当時，家電業界で第 1 位の力を誇ったのは，戦後の混乱の中で誕生したソニーであった。1975 年，そのソニーが総力を挙げて開発したのが家庭用 VTR「ベータマックス」であった。ベータマックスの性能は，記録時間が 1 時間と短いものの，カセットサイズが小さく，特に画像技術の高さには定評があった。翌年の 1976 年，当時の松下電器産業の子会社で家電業界第 8 位の日本ビクター（現 JVC ケンウッド）は，先行するベータマックスに対抗する家庭用 VTR「VHS」を一年遅れで発売した。VHS の性能は，ベータマックスに比べ，カセットサイズは大きいものの，記録時間は「ベータマックス」の倍に相当する 2 時間に及び，部品点数も少なく低コストであった（図表 4-31）。

図表 4-31：ベータマックス（上）と VHS（下）の
　　　　　テープサイズの比較

出所）ja.wikipedia.org/=wiki/ベータマックスの画像から引用

1976 年時点における家庭用 VTR の市場占有率は，ベータマックス 60 ％強に対し，VHS30 ％とソニーが圧勝していた。ところが，1980 年になると VHS がベータマックスの市場シェアを逆転した。そこで，ソニーは，挽回を果たすため懸命な広告戦略に打って出た。1984 年 1 月 25 日から 4 日連続で主要新聞の広告に「ベータマックスはなくなるの？」と題する奇抜なネガティブ広告を掲載してその打開を図った[27]。しかしながら，このような奇抜なマーケティング戦略も大きな市

場の流れを食い止めることができず，事態はさらに悪化の一途を遂げ，1985 年の段階では，ベータマックス 10 ％に対し，VHS は 90 ％まで市場を独占し，標準化を巡る戦いに終止符が打たれた。

〈ソニーの失敗〉

　業界 1 位のソニーの"秘蔵っ子"とまで言われた「ベータマックス」が業界 8 位に過ぎなかった日本ビクターの「VHS」に無残にも敗れてしまったのは，一体なぜだろうか。

　第 1 の理由は，顧客が求める真の価値を軽視してしまったからである。つまり，家庭用 VTR で顧客が求めたのは，画像技術の高さよりも，録画時間の長さへの対応力であった。というのも，インターネットや電子ゲーム等まだ存在しない当時の人々にとって唯一ともいえる娯楽は「テレビ鑑賞」であり，なかでも約 2 時間番組として構成されていたプロ野球などのスポーツ番組や国内外の映画放送には，高い人気が集まった。一方，録画時間の長さへの拘りは，海外でもまた同じであった。たとえば，アメリカンフットボールの試合を家庭で録画する場合，試合中，プレイの途中で時計が止まることやハーフタイムショーの演出があるため，最低でも 2〜3 時間記録できるマシンが必要であった。このような顧客ニーズに対し，日本ビクターの「VHS」はその要望に応えられたが，ソニーの「ベータマックス」は，どんなに画像技術に優れていても，1 時間しか記録できず，顧客の要求に対処できなかったのである[28]。

　第 2 は，企業連合という仲間づくりに失敗したことである。家電業界では，家庭用 VTR の標準規格を「ベータマックス」と「VHS」のどちらにするかでファミリーづくりを巡る競争が起こった。そして，ソニーが主導するベータマックスを支持する側として，東芝，三洋電機，日本電気，アイワ，パイオニアが名乗りを上げる一方で，日本ビクターが中心となった VHS を支持する側には，松下電器，日立製作所，三菱電機，シャープ，赤井電機が賛同した[29]。

---

[27] 初日「ベータマックスはなくなるの？」，2 日目「ベータマックスを買うと損するの？」，3 日目「ベータマックスはこれからどうなるの？」最終日「ますます面白くなるベータマックス！」という一連のネガティブ広告を掲載し，話題を呼んだ。

[28] その後，1983 年まで録画時間の長さを競う競争が延々と繰り返された。

[29] 激しい仲間づくりを巡り，ソニーの盛田昭夫会長が松下電器産業（現パナソニック）の創業者の松下幸之助相談役を訪ね，説得した話は有名である。松下幸之助氏は，「日本ビクターの方が部品点数が少ない。私の所は 1000 円でも 100 円でも安く作れるほうを採ります。後発メーカーとしてのハンディキャップを取り返すには，製造コストの安いほうでやるしかありまへんな」と盛田氏の依頼を断ったという。

　こうしたなか，ソニーは，自社を支持するベータマックス陣営に対し，独自の規格や技術を公開しない閉鎖的な対応を取った。なぜなら，当時のソニーは，業界No1の地位にあり，自社の卓越した製品開発力に絶対的な自信があった。このため，自慢の技術力を独り占めしたい意向が働き，自社を支持する企業陣営の囲い込みに失敗したのである[30]。これに対し，日本ビクターは，自社技術の詰まった試作機の提供を通じて，自前の技術情報を無償で公開し，VHSを支持する企業群の囲い込みに成功した。そして，こうした日本ビクターによる積極的な情報公開の姿勢は，VHSを支持する企業群を揺り動かした。それは，それぞれの企業が持つ優れた技術を互いに持ち寄り始めたことである。たとえば，シャープは「フロントローディング技術」，三菱電機は「映像技術」，日立製作所は「IC技術」，松下電器産業は「オーディオHiFi技術」を提供したと言われている。こうして，1988年，ソニーもまたVHS仕様の家庭用VTRの発売に踏み切り，長かった標準化競争に終止符が打たれた。

〈ベータマックス対VHSからの教訓〉

　業界のリーダー的地位にあったソニーは，強者ゆえ，自社の競争優位の構築やその持続性に目が行った。このため，顧客価値の向上よりも，自社の技術や利益の独占を優先するクローズド戦略へ過度にフォーカスしてしまい，いわば，自滅を招いてしまった。要するに，ソニーは「強者の驕り」を犯してしまったのである[31]。一方，業界フォロワーの地位にあった日本ビクターは，弱者ゆえ，激しいライバル競争に打ち勝つよりも，顧客価値の創造や向上に目が行った。そのため，競争優位を構築し，富を独占するよりも，自社技術を積極的に公開してライバル企業を巻き込み，規格競争に持ち込んで勝利を手にする発想が生まれたとも考えられる。日本ビクターは，「肉を切らして骨を断つ」捨て身のオープン戦略によって戦いを挑み，弱者が強者を倒すジャイアント・キリングを成し遂げたのである[32]。

4-9　知財戦略

4-9-1　知財とは何か

　技術やノウハウそしてイノベーションを積極的に公開しながら，仲間を作って競

---

[30] これは「イノベーションのジレンマ」とも言われている。

[31] 但し，VHSは，ベータマックスの特許技術を沢山使用しているため，ソニーは年間100億円以上の特許収入を得ていたと言われている。

[32] ソニーは「技術で勝ち，事業で負けた」のに対し，日本ビクターは「技術で負け，事業で勝った」と言われている。

争する「標準化戦略」に対し，特許または知的財産という権利を取得し，自社が開発した技術やノウハウそしてイノベーションをライバルの模倣行動から守る行為を「占有化戦略」あるいは「知財（知的財産）戦略」と呼んでいる。

知的財産基本法によると「知的財産」とは，「発明」「考案」「植物の新品種」「意匠」「著作物」その他の人間の創造的活動により生み出されるもの（発見又は解明がされた自然の法則又は現象であって，産業上の利用可能性があるものを含む。），「商標」「商号」その他事業活動に用いられる商品又は役務を表示するもの及び営業秘密その他の事業活動に有用な技術上又は営業上の情報をいう（第二条）。つまり，特許権や著作権などの創作意欲の推進を目的とした権利である。一方，「知的財産権」とは，「特許権」「実用新案権」「育成者権」「意匠権」「著作権」「商標権」その他の知的財産に関して法令により定められた権利又は法律上保護される利益に係る権利をいう（第二条2）。すなわち，商標権や商号などの使用者の信用維持を目的とした権利である。そして「知的財産権」のなかで「特許権」「実用新案権」「意匠権」「商標権」という4つの権利は「産業財産権」と呼ばれ，これらは特許庁が管理している。

「特許権」は，モノや方法などの発明やアイデアを保護する権利であり，権利の有効期間は出願から20年となっている。大きな発明を保護する「特許権」に対して小さな発明を意味する「実用新案権」は，物品の構造や形状等に関する考案を保護する権利であり，出願から10年が権利の有効期間である。「意匠権」は，物品のデザインを保護する権利であり，権利の有効期間は登録から20年である。「商標権」は，商品やサービスで使用する文字や図形などマークを保護する権利であり，登録から10年が有効期限とされている（図表4-32）。

4-9-2　知財の歴史

次に，知的財産権（産業財産権）のなかで，もっとも構成比の高い特許権（特許法）に着目し，日米の特許政策の歴史について紐解いてみよう。まず，米国の特許制度は歴史が長く，建国の時代まで遡ることができるため，すでに200年以上もの歴史がある。日本の特許庁が平成20年に取りまとめた「イノベーションと知財政策に関する研究会」報告書を手掛かりにすると，米国における特許政策は，主に4つの時代に分類することができる。

まず，建国から1930年までの間は，プロパテント（特許重視）時代に区別される。米国では，この間に特許強化策が次々に打ち出された。たとえば，1788年に発行された合衆国憲法の第1条第8節によると「著作者及び発明者に，一定期間それぞれの著作及び発明に対し独占的権利を保障することによって，学術及び技芸の進歩を促進すること」と書かれている。その後，1790年「連邦特許法の公布」，

```
図表 4-32：知的財産権の種類
```

創作意欲を促進

知的創造物についての権利

特許権（特許法）	○「発明」を保護 ○出願から20年 　（一部25年に延長）
実用新案権 （実用新案法）	○物品の形状等の考案を保護 ○出願から10年
意匠権（意匠法）	○物品のデザインを保護 ○登録から20年
著作権 （著作権法）	○文芸，学術，美術，音楽， プログラム等の精神的作品を保護 ○死後50年（法人は公表後50年， 映画は公表後70年）
回路配置利用権 （半導体集積回路の回路配置 に関する法律）	○半導体集積回路の回路配置の利用を保護 ○登録から10年
育成者権 （種苗法）	○植物の新品種を保護 ○登録から25年（樹木30年）

（技術上，営業上の情報）

営業秘密 （不正競争防止法）	○ノウハウや顧客リストの 盗用など不正競争行為を規制

信用の維持

営業上の標識についての権利

商標権（商標法）	○商品・サービスに使用する マークを保護 ○登録から10年（更新あり）
商号（商法）	○商号を保護
商品表示,商品形態 （不正競争防止法）	【以下の不正競争行為を規制】 ○混同惹起行為 ○著名表示冒用行為 ○形態模倣行為 　（販売から3年） ○ドメイン名の不正取得等 ○誤認惹起行為

産業財産権＝特許庁所管

知的財産権のうち，特許権，実用新案権，意匠権，
商標権を「産業財産権」といいます。

出所）特許庁

1802 年「米国特許庁の設立」が進み，知的財産権を巡る体制が整備される一方で，エジソン，ベルそしてライト兄弟など，偉大な発明者が次々に登場して米国の産業技術は発展した。

　1930 年から 1980 年まではアンチパテント（特許軽視）時代に分類されるが，その契機となった出来事として 1929 年に発生した世界恐慌があげられる。世界恐慌が発生したひとつの理由は，大企業による市場独占があげられ，その解決策として，1940 年代に反トラスト法（独占禁止法）による取り締まりが強化された。その後，米国では，ふたつの戦争（第二次世界大戦，ベトナム戦争）と石油危機が発生し，財政赤字と貿易収支の赤字という双子の赤字に加えて，国内製造業の競争力が著しく減退した。

　1980 年から 2000 年までの米国では，再びプロパテント時代に回帰する。というのも，喪失した国の競争力を回復するため，特許権者を保護して強い権限を与える知財重視の考え方に大きく舵を切ったからである。たとえば，当時のレーガン大統領は，ヒューレット・パッカード社の社長であるジョン・ヤングを委員長とする産業競争力委員会（President's Commission on Industrial Competitiveness）を設置して，その対応策について検討させた。その結果，1985 年，グローバル競争－新しい現実（Global Competition The New Reality）というレポート（ヤング・レポート）が取りまとめられた。このヤング・レポートによる提言は，国をあげて知的財産権

の保護と強化に努め，停滞する米国経済を復活させる突破口とするものであり，この結果，ジャパン・アズ・ナンバーワンとも呼ばれ急速に台頭してきた日本企業をターゲットとする米国企業の特許侵害訴訟が著しく増加した。たとえば，コーニング社による住友電工に対する光ファイバー特許侵害事件（1989年），ハネウエル社がミノルタに対して起こしたオートフォーカス特許侵害事件（1992年）などがあげられるが，なかでも，キルビー特許侵害事件（1991年）が日本企業に与えた衝撃は大きかった。これは，半導体集積回路の開発を巡って米国のテキサス・インスツルメンツ社（TI社）が富士通に対して起こした特許侵害訴訟であり，この事件が契機となって日本では，2002年，知的財産権に関する法律である「知的財産基本法」が制定された。

　2000年代に入ると，米国では，プロパテント時代よりも特許の質をより重視する時代へシフトしてきている。というのも，国内外で特許侵害訴訟が増加する一方で，ブラックベリー事件（06年3月3日和解），イーベイ事件（06年5月15日最高裁判決）など，個人や中小企業から特許権を委託または売却してもらい特許権の侵害を疑われる企業へ高額なライセンス料や損害賠償請求を企てるパテント・トロール問題が過熱するなど，行き過ぎたプロパテント政策による弊害が顕在化したからである。このため，今日の米国では，プロパテント政策を是正して知財の質をより高める方向へと進んでいる。たとえば，連邦取引委員会が2003年にまとめた報告書によると，妥当性の疑わしい特許は競争政策上問題であり，技術革新の妨げになるとしながら，その解決策として特許の質の確保をあげている。また，全米科学アカデミーによる報告書（2004）では，特許の質の低下と審査期間の長期化が特許の問題として指摘されている。さらに，2004年のパルミサーノ・レポート（Innovate America）では，特許審査過程の質の向上が問われるなど，知的財産権制度の基盤整備の必要性が強調されている。

　一方，我が国の特許政策の歴史は，約130年前まで遡ることができる。1885年「特許法」が制定され，これが日本における特許制度の基礎となった。しかし，戦後の日本では，財閥解体など独占禁止法が強化されるなど，長期にわたりアンチパテント政策が続いた。そして，今世紀に入ると日本は，プロパテント政策へ転換を果たした。というのも，日本ではバブルの崩壊に伴う景気の悪化に加え，新興国の台頭から国内製造業が危機的状況を迎えたからである。そこで，2000年を境に特許権を含む知財政策が次々に打ち出された。たとえば，産業活力の再生及び産業活動の革新のため，1999年「産業活力再生特別措置法」が公布された。2002年，当時の小泉純一郎首相は，知的財産の創出や保護そして活用に取り組むとする国家戦略である「知財立国」を宣言した。2002年「知的財産基本法」が公布される一

方で，2003 年，知的財産の創造，保護及び活用に関する施策を集中的かつ計画的に推進する「知的財産戦略本部」が内閣に設置された。そして，知的財産戦略本部では，毎年「知的財産推進計画」の策定がなされ，これは 1 年単位で改訂作業が進んでいる。たとえば，直近に出された「知的財産推進計画 2023」では，AI 技術の進展と知的財産活動への影響等が取り上げられている。

4-9-3　知財戦略の類型化

　知財戦略には，その有効性を支持する意見と真っ向から否定する意見が存在する。たとえば，経営コンサルタントのケビン・リベット（Kevin Rivette）と会社会長であるデビット・クライン（David Kline）は，1999 年，共著『Rembrandts in the Attic』のなかで，今日のビジネスの世界で増加し続ける特許の力を無視すれば，その企業の生命は危ないと主張している。その一方で，国際的なプロパテント政策や企業の知財戦略による知的独占（Intellectual Monopoly）に警鐘を鳴らす議論もまた存在する。ワシントン大学のミッシェル・ボルドイン（Michele Boldin）とデビット・レビン（David Levine）は，2008 年，共著『Against Intellectual Monopoly,』のなかで，知財が有害であると断定し不必要であると切り捨てている。というのも，知財がなくてもイノベーションは生起できるからであり，これは逆に言うと，知財とはイノベーションの抑制にもつながることである。知財とは，経済学でいうレントシーキング（Rent seeking）を意味するものであり，特許侵害で相手を訴え潰し，先行者利益を貪るようなきわめて悪質な行為であると主張している。

　知財ストラテジストのマーク・ブラキシル（Mark Blaxill）とラルフ・エッカート（Ralph Eckardt）は，2009 年，共著『The Invisible Edge』のなかで，横軸には保有する知財を通じた交渉力の高低，縦軸にはマーケットシェアと売上のリスクの高低をそれぞれ取りながら，知財企業のタイプを 4 つに分類している（図表 4-33）。まず，左下の小魚企業（Minnor）は，知財交渉力もマーケットシェア・売上に関するリスクも共に低い企業である。「小魚企業」は，スタートアップして間もない企業，小規模な市場を対象にビジネスを展開する中小企業がこれに該当する。企業規模が小さく立ち上げ間もない新規企業なため，画期的なイノベーションも存在しない企業である。右上に位置するガラスの家企業（Glass House）は，知財交渉力とマーケットシェア・売上のリスクが共に高い企業である。つまり，自社の製造に力を入れるが，同時にまた知財にも注力する大企業である。ここで「ガラスの家企業」の由来とは，ガラスの家なので，中から石を投げることができない意味を指す。すなわち，迂闊に手を出せば，相手からの報復を受けてしまう手詰まり感を示すものであり，この背景には，大企業が製造に関する独自技術を持っている反面，それと同

図表 4-33：知財企業の類型化

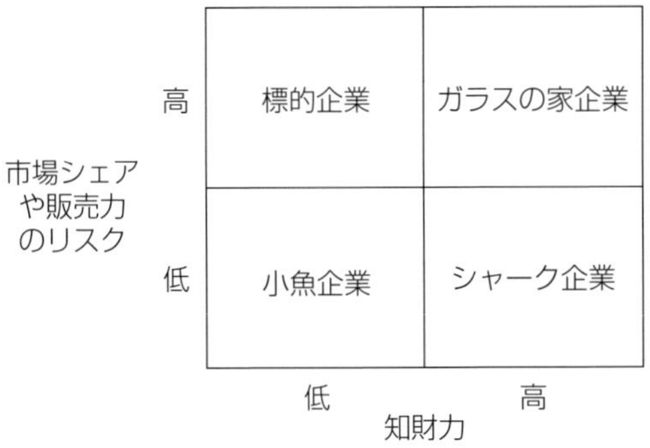

資料) Blaxhill & Eckhart（2009）を参考に作成

じぐらい他社とクロスライセシング契約を結んでいるため，実際には何も手を出せないということである。一方，左上に位置する標的企業（Target）とは，知財交渉力は低いものの，マーケットシェア・売上に関するリスクが高い企業である。市場シェアを向上させるため，製造におけるコスト優位性に頼るなど，純粋にコストで競争している企業である。過去の日本，今日の韓国などの製造企業が該当し，製造を重視するあまり知財交渉力が大きく不足している企業である。最後に，右下に位置するシャーク企業（Shark）は，知財交渉力は高く，マーケットシェア・売上のリスクが低い企業である。これは，製造部門がなく，純粋に知財力だけを武器にして戦っている企業である。たとえば，技術ライセンス供与を通じて，会社全体の売り上げの約3割を稼ぎ出すクアルコム（QUALCOMM）のような企業は，製造のような現業部門を持たず，知財経営に特化しているため，市場におけるリスク等を容易に回避できる。

4-9-4 守りの知財から攻めの知財へ

今日の知財戦略では，守りから攻めへの転換が強く求められている。これまで知的財産権は，法律としてあくまでも守るべき対象である考え方が支配的だった。このため，法務部門という専門部署が知財を担当する一方で，知財業務とは，あくまでもバックオフィス業務のひとつに過ぎなかった。ところが，これでは知財そのものが単なるコレクションのようなものとなってしまい，「埋もれた宝」と化してしまう。実際に日本の特許権の利用実態は，ほぼ半分程度しか有効に利用されておらず，残りの半分は「死蔵特許」のような状態である。そこで，最近では，知的財産権を見えない刃（Invisible Edge）として位置づけ，競争優位を実現する攻撃的な武

器とする考え方が拡大している。加えて，知財業務もまた，単なる法務という管理部門ではなく，最高知財責任者（CIPO）を中心とした戦略部門が知財戦略の立案から実行管理までの担い手とするように徐々に変化してきている。

次に，「守りの知財」から「攻めの知財」への意味とは，具体的にどんなものだろうか。東京大学政策ビジョン研究センター・シニアリサーチャーの小川紘一は，2014年，著書『オープン＆クローズ戦略』のなかで，利益を生み出すコア領域については，知財戦略を駆使し占有化に努める一方で，コア領域以外のものについては，他社に自社技術の利用を許すなどオープン化しながら多くの企業を巻き込み，ビジネスのエコシステムを構築するオープン＆クローズ戦略（Open & Closed Strategy）の重要性を提唱している。

カリフォルニア大学のヘンリー・チェスブロー（Henry Chesbrough）は，2006年，著書『Open Business Models』のなかで，イノベーションの視点から「守りの知財」と「攻めの知財」について触れ，これを明らかにしている。これまでの企業の考え方は，他人の能力は信用できず，すべてを自分でやってしまう「内向きの論理」に支配されてきた。そして，この「内向きの論理」は，NIH症候群（Not Invented Here Syndrome）と呼ばれ，ここで発明されたものではないから受け入れられないとする哲学または考え方であった。こうした秘密主義症候群に陥った企業のイノベーション管理は，あらゆる新研究プロジェクトが社内で開発され，その後，スクリーニングされてから市場へ出るという研究と開発が一体化された閉鎖的なものであった。ところが，クローズド・モデルは，次のような理由から崩壊の危機に瀕している。第1は，熟練労働者の流動性の高まりである。人材派遣・紹介会社の増加やヘッド・ハンティングの拡大に伴い，イノベーションに必要な知識・ノウハウのリーク（Leak）は，もはや一般化している。

第2は，大学，大学院において訓練された者の数の増加である。日本では，学生の約半分が大学へ進学する時代を迎え，トレーニングを積んだ高度学習者が増加した。このため，これまで人材難に苦しんできた中小零細企業，スタートアップ企業は，優秀な人材の確保が容易となった。

第3は，ベンチャーキャピタルの存在である。これは，主に銀行や証券会社などによって設立され，ベンチャー企業が発行する株式へ投資する経営コンサルティングを行う投資家集団であり，これにより企業の外部でイノベーション活動が可能である。

第4は，製品寿命のファーストサイクル化であり，これは，小回りの利く中小企業には有利だが，大企業には不利に働く。

最後は，グローバルな企業間競争の激化であり，具体的には研究開発スピードの

向上が不可欠な課題である。

　こうしたクローズド・モデルの崩壊の危機を踏まえながら，チェスブローは，オープン・モデルの重要性について主張している。これは，他人の能力を活用する「外向きの論理」であり，社内のアイデアと外部（他社）のアイデアを有機的に結合させて価値創造を行う考え方である。このモデルは，外部の研究者を採用したり，外部からアイデアが社内へ入るなど，企業の境界線は低く社内外のアクセスが自由に行われる。研究プロジェクトは社内で生まれるが，その一部は社外へ流出して研究プロジェクトの研究者がベンチャー企業を創立する場合もある。オープン・モデルは，クローズド・モデルに比べ，2つの長所があげられる（図表4-34）。ひとつは，社外開発の利用を通じてコストと時間の両方を削減できる。もうひとつは，ライセンス収入，スピンオフ（会社分割），事業や特許の売却／事業分離などの新規収益を生み出すことができる。

図表4-34：クローズド・モデルとオープン・モデル

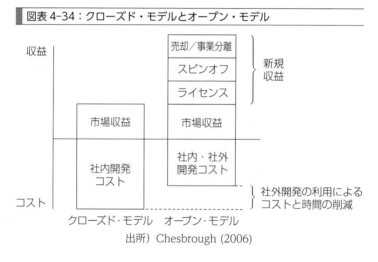

出所）Chesbrough (2006)

　ところで，「外向きの論理」の重要性については，チェスブロー以前から繰り返し指摘がなされてきた。たとえば，1998年，ハーバード大学ビジネス・スクールの研究者たちは，もはや"象牙の塔"と化した企業内研究所の終焉について触れている。彼らによると，今日の中央研究所は，博士号，修士号を持つ英才を集め，基礎研究の分野に頭脳とカネをつぎ込んだしまった結果，研究者は自前主義という世間（市場）と隔絶した閉鎖的な世界へ嵌まり込んでしまったと分析している。このような反省から，近年では，自前主義のこだわりを捨て，よりオープンな研究開発へ，利益へ直結するR&D拠点の創造に向けた動きが加速している。

4-9-5　知財戦略のマネジメント

　これまで日本のイノベーション管理のなかで，知財戦略が占めるウエイトは非常に低かった。知財業務とは，法律という専門的な知識が要求されるため，主に管理部門の仕事として広く認知されてきたからである。このため，他部門との交流の度合いも低く，どちらかと言えば裏方の仕事であった。ところが，最近，オープン・イノベーションの台頭や知財重視の流れから，知財戦略が注目を集めるようになった。知財戦略を通じて企業は，「競合他社が真似できない強みを持つことができる」「財務業績を向上させられる」「競合他社との競争力を増すことができる」からである（Rivette and Kline,2000）。このため，今日の知財業務とは，単なる管理部門の仕事ではなく，企業の競争優位性を左右する戦略部門の仕事として認識されるようになっている。すなわち，企業のイノベーション管理において「知財戦略」は，「事業戦略」「研究開発戦略」と並ぶ重要な戦略要素であり，これら三位一体の経営が要求されている（図表4-35）。

図表 4-35：イノベーション管理と知財戦略の管理

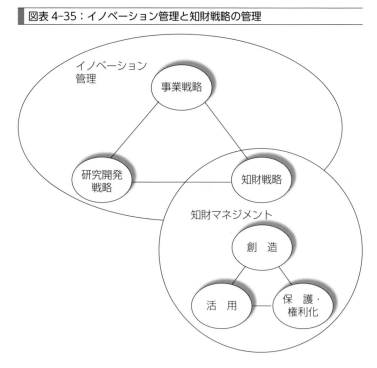

　一方，知財戦略のマネジメント（知財マネジメント）とは，「知財の創造」「保護・権利化」「知財の活用」というサイクルを強く，早くグルグル回転させることである。

　そして，この流れをとめず，うまく連動させるには，それぞれの構成要素である「知財の創造」「保護・権利化」「知財の活用」という３つのテーマを個々に成功させる必要がある。「知財の創造」は，研究開発，産官学の交流や連携などを通じて，新発明や新技術を開発することである。「知財の保護・権利化」は，権利を設定することであり，製品化，事業化，標準化に関する議論である。最後に，「知財の活用」は，知財を武器にライバルとどう戦うかであり，特許使用料を回収して権利の活用を通じて，新たな知財の創造に結実させていくものである。

　このような知財サイクルの３つの構成要素は，どれも不可欠な要素であるが，今日，もっとも注目を集めているのは，「知財の活用」であるにちがいない。世界中の企業に共通する課題は，知財を活用して知財の創造と権利化に投資したコスト負担を上回る大きな利益を稼ぐことだからである。そこで，実際の知財活用について着目すると，第１は，特許の棚卸しと明確化である。たとえば，自社でも他社でも使えない特許は，「放棄」の対象である。逆に自社でも他社でも使える特許は，「戦略的に開放」の対象である。一方，自社では使えるが，他社では使えない特許は，「維持」の対象となる。最後に，自社では使えないが，他社では使える特許は，「基本的に開放」の対象となる（日経ものづくり，2009年7月号）。

　第２は，特許流通の活性化である。「死蔵特許」という言葉もあるとおり，実際の企業の現場では，希少な特許が塩漬けにされているケースが多く，このため，その円滑化が求められている。たとえば，近年，注目されているのは「パテント・プール」である。パテント・プール（Patent Pool）とは，複数の企業から特許マネジメントの委託を受けながら，これらを一括してその他の企業へライセンス供与することで特許使用料を徴収するビジネスモデルであり，パテント・プールを本業とする企業としてイタリアのシスベル（Sisvel），日本のアルダージ（ULDAGE）などが有名である（日経ビジネス，2007年10月22日号）。

　そして，第３は，行き過ぎた知財活用の問題であり，たとえば，"特許の怪物"とも称されるパテント・トロール（Patent Troll）がこれに該当する。パテント・トロールとは，NPE（Non Practicing Entity）とも呼ばれ，その主な特徴は，次のとおりである。まず，NPE（不実施主体）は自社で製品の開発，生産はしない。その代わりに，特許を世界中の企業や大学，研究機関や個人発明家から買い集める。そして，標的とした企業を特許侵害で訴え，ライセンス・フィーや損害賠償金を獲得するというものである。こうしたNPE現象は，近年，米国において活発化しており，すでに株式公開企業まで登場していることが確認されているが，米国においてNPEが活発化しているその主な背景には，米国が訴訟大国である事実と深い関係がある。つまり，米国では，特許裁判の時，弁護士に数億円にも及ぶ支払いが発生

する。このため，NPE のターゲットとなった企業は，たとえ裁判に勝利する可能性があっても，弁護士へ高額な支払いをするくらいなら NPE と和解して少額の賠償金を支払う方がむしろ得策だと考えるケースが多いことだ。このように標的企業と真剣に裁判によって争うのではなく，むしろ，複数のターゲット企業から少額の和解金を集める儲け方が NPE なのである。

解説　知財を巡る新しい動き

〈コピー大国から特許大国へ向かう中国〉

　中国は，これまで「模倣大国」「コピー大国」と揶揄されてきた。中国では，模倣品やニセモノ品が大量に横行し，その深刻な被害が指摘されてきた。たとえば，2016 年 9 月に放送された NHK のクローズアップ現代「潜入！　闇のマーケット中国 "スーパーコピー" の衝撃」では，スーパーコピーは，ありとあらゆるものに広がっている。特に人気のある商品でコピー品はないものはない。さらに，単なるコピーではなく，本物と見間違うほど完成度の高いスーパーコピーまで到達してきている等，中国のコピー被害の実態と模倣技術の向上が如実に描き出されている。また，特許庁が発表した「2015 年　模倣被害調査報告書」によれば，海外において模倣被害は，アジア地域に集中しており，特に中国での被害は全体 7 割弱と他国を圧倒し，第 2 位である台湾の約 2 割を大きく引き離している。ところが，中国は，こうした模倣大国であると同時に，近年，世界有数の特許大国への道を突き進んでいる。

〈特許国際出願件数の国際比較〉

　図表 4-36 は，世界知的所有権機関（WIPO：World Intellectual Property Organization）のデータに基づき，2000 年以降の主要 5 ヶ国の PCT 国際出願件数の推移を表したものである[33]。なお，主要 5 ヶ国とは，直近の 2022 年の段階で世界上位 5 ヶ国を指すものである。

　まず，2022 年の時点では，中国は 70,015 件で 1 位，米国は 59,056 件で 2 位となった。これに対し，日本は 50,345 件で 3 位，韓国は 22,012 件で 4 位，ドイツは 17,530 件で 5 位となっている。

　次に，中国は，2009 年頃から急速に特許出願件数が急拡大し，2019 年には米国を逆転し，世界一の特許出願大国に躍り出た。米国もまた，2000 年以降，緩やかに拡大を示しているが，その推移は，中国には及ばず，現在，中国と米国の差は，

---

[33] 特許協力条約（Patent Cooperation Treaty：PCT）とは，国際出願の一形態。

図表 4-36：主要 5 カ国の PCT 国際特許出願件数の推移

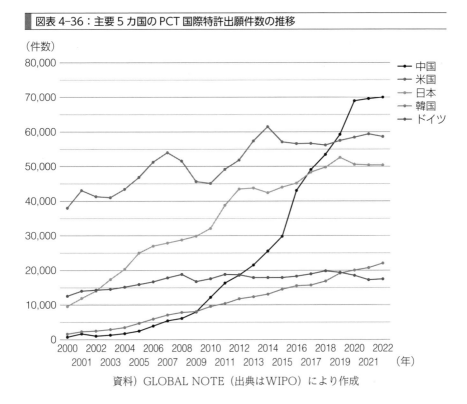

資料）GLOBAL NOTE（出典は WIPO）により作成

年間 10,000 件以上もの開きがある。日本は，2000 年以降，堅調な伸びを示して
いるが，中国の急拡大には遠く及ばない。韓国は，2019 年，ドイツに追いつき世
界 4 位となったが，上位 3 カ国との間には大きな開きがある。2000 年の段階で米
国に継ぐ世界第 2 位の出願大国であったドイツは，ここ 20 年間，特許出願件数が
伸び悩み低迷している。

〈出願別国際出願件数のランキング〉
　一方，2022 年の PCT 国際出願件数の出願人別では，中国の電気通信大手の華
為技術（Huawei Technologies）が 7,689 件で，世界首位をキープした。以下，第
2 位は，韓国のサムソン電子（Samsung Electronics）で 4,387 件，第 3 位は，米国
のクアルコム（Qualcomm）で 3,855 件，第 4 位は，日本の三菱電機で 2,320 件，
第 5 位は，スウェーデンのエリクソン（Ericsson）で 2,158 件，第 6 位は，中国の
OPPO モバイル（Guang dong OPPO Mobile Telecommunication）で 1,963 件，第
7 位は，日本の日本電信電話（NTT）で 1,884 件，第 8 位は，中国の BOE テクノ

ロジーグループ（BOE Technology Group）で 1,884 件，第 9 位は，韓国の LG 電子（LG Electronics）で 1,793 件，第 10 位は日本のパナソニック IP マネジメントで 1,776 件となった。

　次に，これを国別にみると上位 10 社のうち，中国（1 位，6 位，7 位）と日本（4 位，7 位，10 位）が共に 3 社ずつを占めた。また，韓国（2 位，9 位）が 2 社を占めた。世界の知財企業として，日本，中国そして韓国の東アジアの企業が欧米の企業を上回ったことは，大きな衝撃であり，時代の変化を物語る出来事といえる。

〈中小企業の知財活動の実態〉

　中小企業は，全企業のうち 99.7 ％を占めているにもかかわらず，国内における特許出願件数に占める割合は，わずか 18.1 ％（約 4 万社）に過ぎない状況にある。ここでは，特許庁の「特許行政年次報告書 2023 版」を拠り所として，今日の中小企業の知財活動の現状とその課題を明らかにしてみよう。

　まず，中小企業の国内特許出願件数は，ほとんど横ばい傾向にある。2018 年は 37,793 件であったのに対し，2022 年は 39,648 件と若干の伸びを記録している。海外特許出願件数もまた，ほとんど横ばいで推移している。中小企業の PCT 国際出願件数の推移をみると，2018 年は 4,379 件であったものが，2022 年は 4,700 件とやや増えている。

　その一方で，知財活動における大企業との格差は，未だに改善されていない。たとえば，海外出願率を見ると，大企業が約 40 ％であるのに対し，中小企業は約 19 ％と低い水準に止まっている。また，中小企業の知財活動に対する重要性の認識は，それほど高くない。中小企業は，販売や開発等の活動は，重視する傾向が強いが，知財活動に関する重要性の認識は非常に弱いのが実態だ。

　中小企業の知財活動における今後の課題は，第 1 に出願など知財活動に必要な費用の不足であり，第 2 に知的財産を管理する人材の不足があげられる。また，これ以外にも，知財に関する情報や知識の不足，そして，知財活動に費やす時間的な不足もまた指摘される。

第5章 | 企業分析の戦略論

5-1 企業を取り巻く内外環境

　企業環境の分析対象は,「外部環境分析」と「内部環境分析」に分けられる。外部環境分析は「全般的環境」と「業界環境」に分けられ,内部環境分析は,「内部環境」にそれぞれ区別される（図表5-1）。「全般的環境」は,企業から見て巨視的（Macro）な外部環境を指し,具体的には,企業が自らコントロールできない環境のように定義される。これに対し,「全般的環境」に包括される「業界環境」は,微視的（Micro）な環境のように区別され,企業がある程度コントロール可能な環境のように定義される。一方,「内部環境」とは,企業組織を形作る構成要素を指すものであり,具体的には,企業内の諸活動や経営資源を意味するものである。

図表5-1：外部環境分析と内部環境分析

全般的環境

業界環境

内部環境

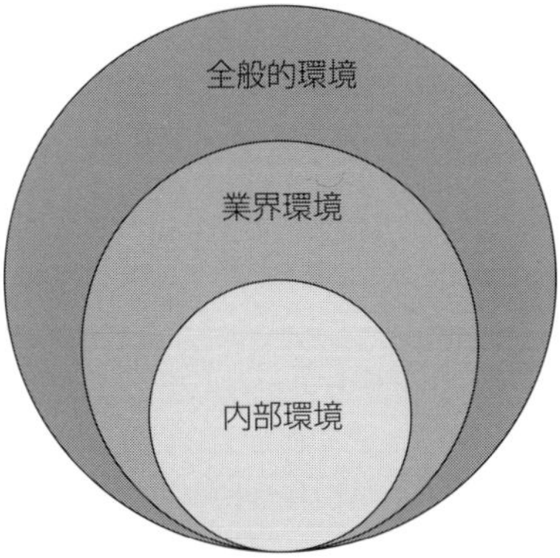

5-2 全般的環境の分析

　企業の全般的環境を分析する代表的な手法には,「PEST分析」があげられる。PEST分析（PEST Analysis）は,ノースウェスタン大学ケロッグ・スクール・オブ・マネジメントのフィリップ・コトラー（Philip Kotler）が提唱したとされる。「PEST分析」は,具体的に「政治（Politics）」「経済（Economy）」「社会（Society）」「技術（Technology）」に分けられ,これら4項目の頭文字をとってPEST（ペスト）と呼んでいる（図表5-2）。

図表 5-2：PEST 分析	
政治環境 (Politics)	社会環境 (Society)
経済環境 (Economy)	技術環境 (Technology)

　次に，各項目の内容について説明する。「政治環境」は，法律や規制そして税制や裁判等に関するチェックである。たとえば，法律の立法や改定，規制の緩和や強化，増税や減税は，企業経営や戦略策定に重大な影響を及ぼす要因である。

　「経済環境」とは，景気や物価そして金利・為替・株価等に関する分析である。好景気と不景気，インフレ期とデフレ期，円高と円安，高金利と低金利等という経済現象もまた，企業経営や戦略策定に大きなインパクトを与える要因である。

　「社会環境」とは，人口動態，教育水準，ライフスタイル，宗教や文化，世論や流行等に関する分析である。少子高齢化，世代間格差，流行の変化等をよく吟味しないで，実際の企業経営や戦略策定を実行したら，失敗する可能性は高くなる。

　「技術環境」とは，特許状況，研究開発投資，科学技術，イノベーション等に関するチェックである。たとえば，AI やビックデータなど最近の目覚ましいテクノロジーの進化を無視すれば，ライバルとの企業間競争に後れを取ることは間違いない。

5-3　業界環境の分析

　業界環境の代表的な分析ツールとしては，「5 つの競争要因分析」と「価値相関図分析」があげられる。

　5 つの競争要因分析 (Five Forces Analysis) は，ハーバード大学ビジネス・スクールのマイケル・ポーター (Michael Porter) が 1979 年，「How Competitive Forces Shape Strategy」のなかで提唱した概念である (図表 5-3)[34]。この概念は，企業が競争する業界の魅力度 (Industry Atractiveness) を測定するため，業界競争を支配する 5 つの諸要因を示す枠組みである。たとえば，通常，ライバルが多い

---

[34] 5 つの競争要因分析は，単なる業界分析のツールではない。Porter (1980) は，このフレームワークによって業界の収益性が明らかとなり正しい業界かどうか見極められるだけでなく，企業の収益性もまた解明できると論じている。この考え方は，産業組織論の SCP パラダイムに基づくものであり，業界構造が企業行動を規定し成果に強い影響を与える考え方である。つまり，5 つの競争要因分析こそ，戦略そのものだと主張している。

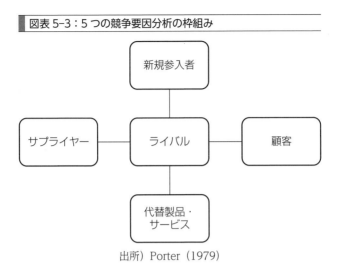

図表 5-3：5 つの競争要因分析の枠組み

出所）Porter（1979）

業界はその魅力が低く，少ない業界は魅力度が高くなる。それでは，5 つの競争要因分析のフレームワークに従いながら，業界の魅力度についてチェックしてみよう。

代替製品・サービスの存在は，既存製品・サービスの価値を弱めるため，業界の魅力度は低くなり，代替製品・サービスの不在は，既存製品・サービスの価値を高め，業界の魅力度を高くする。顧客の交渉力が強いような場合，企業側の立場が相対的に弱くなるため，業界の魅力度は低くなり，顧客の交渉力が低い場合，企業側の立場が相対的に強くなるため，業界の魅力度は高くなる。サプライヤー（取引相手）の交渉力が強いような場合，企業側の立場が相対的に弱くなるため，業界の魅力度は低くなる。逆に，サプライヤーの交渉力が弱い場合，企業側の立場が相対的に強くなるため，業界の魅力度は高くなる。新規参入者を拒む参入障壁が低いような場合，ライバル数が増えるため，業界の魅力度は低くなる。逆に，新規参入者に対する参入障壁が高いような場合，ライバル数は制限されるため，業界の魅力度は高くなる。

さて，ここで初めて登場した参入障壁について触れておこう。参入障壁（Entry Barriers）とは，その名の通り，新規参入者を拒む障壁を指す。たとえば，工場，土地，設備等，必要な生産規模を新規参入者が準備できない規模の経済（Economies of Scale），既存企業の製品・サービスは高い技術と顧客認知度（ブランド）を保有するが，新規参入者はそれをもっていない製品差別化（Product Differentiation），固有の技術ノウハウ，独自の原材料へのアクセス，有利なロケーション等を意味するコスト優位性（Cost Advantage），新規参入者を制限する政府

による参入規制（Regulation），サプライヤー A からサプライヤー B へ切り換えると負担しなければならない費用を表すスイッチング・コスト（Switching Cost）が具体的な参入障壁としてあげられる。

　もう一つの業界環境の分析フレームワークは，価値相関図分析（Value Net Analysis）である。ハーバード大学ビジネス・スクールのアダム・ブランデンバーガー（Adam Brandenburger）とエール大学マネジメント・スクールのバリー・ネイルバフ（Barry Nalebuff）は，1996 年，共著『Co-Opetition』において「価値相関図」と題する枠組みを提唱した。その最大の特徴は，経済学で言うゲーム理論の支配力学に準拠したアプローチなことである。このような「価値相関図」のその主なプレイヤーには，顧客（Customers），サプライヤー（Suppliers），ライバル（Competitors）そして補完的生産者（Complementors）があげられ，なかでも，補完的生産者は，重要なカギを握るプレイヤーだと言われている。（図表 5-4）。

　補完的生産者は，一言で表わすと，補完財（補完的な製品・サービス）を生産する企業である。ビジネスにおいて，補完財の事例は無数に存在する。たとえば，ホットドッグとマスタード，映画とポップコーン，自動車と自動車ローン，テレビとビデオデッキ，医者と製薬会社，マイクロソフトとインテル（ウィンテル）など，これらの組み合わせは，どれも補完的な関係を形成している。そして，こうした補完的な組み合わせは，一方の利害が他方の利害に影響を及ぼす関係にある。このため，企業にとって補完的生産者を探し出し，良好な関係性を構築することが実に肝要となる。

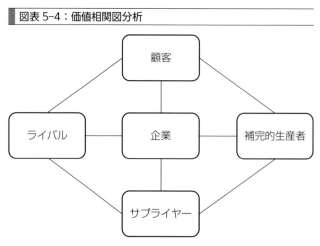

図表 5-4：価値相関図分析

顧客

ライバル　　企業　　補完的生産者

サプライヤー

出所）Brandenburger and Nalebuff（1996）

　最後に，ここで取り上げた「5つの競争要因分析」と「価値相関図分析」の本質的な違いを明らかにしておきたい。「5つの競争要因分析」は，自社が得をすれば，ライバルがその分だけ損をするため，業界全体でみると，プラスマイナス＝ゼロになるというゼロサムゲームを前提とした枠組みである。これに対し，「価値相関図分析」は，自社が得をすれば（損をすれば），補完的な生産者もまた得をする（損をする）ため，業界全体の拡大（縮小）をもたらすプラスサムゲーム（マイナスサムゲーム）を前提としたフレームワークと言えそうだ。たとえば，映画産業を取り上げると，ビデオやDVDの登場で一時は衰退の危機が叫ばれた。ところが，その普及に伴い，あの映画をもう一度見たいという新たな顧客ニーズが生まれ，結果として市場全体の利益につながったケース等は，「価値相関図分析」の有効性を物語るひとつのエピソードとして数えられる。

5-4　内部環境の分析

　「内部環境」は，企業を形作る構成要素，具体的には，企業内の諸活動や経営資源を指すものであり，なかでも諸活動に関する代表的な手法として「価値連鎖分析」があげられる（なお，内部環境の重要な対象である経営資源については 7-2 を参照）。

　価値連鎖分析（Value Chain Analysis）は，ハーバード大学ビジネス・スクールのマイケル・ポーター（Michael Porter）が 1985 年，著書『The Competitive Advantage』のなかで提唱した概念である。価値連鎖とは，企業内の事業活動を機能毎に分け，どの機能で付加価値が生み出されているか，そして，ライバルと比較した時，どの機能で強みと弱みがあるかを具体的に浮き彫りとしながら，対象と

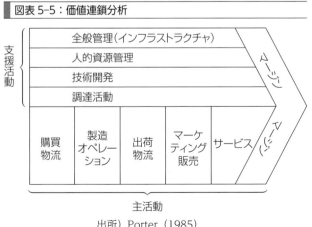

図表 5-5：価値連鎖分析

支援活動　全般管理（インフラストラクチャ）／人的資源管理／技術開発／調達活動

主活動　購買物流／製造オペレーション／出荷物流／マーケティング販売／サービス　マージン

出所）Porter（1985）

なる事業戦略の有効性を明らかにし，改善点を発見する分析的枠組みである。

　図表5-5のとおり，価値連鎖とは，部品や原材料の購買，製造，出荷物流，販売・マーケティング，アフターサービスなど主に直接部門を指す主活動（Primary Activities）と人的資源管理，技術開発，調達活動などの間接部門を意味する支援活動（Support Activities）から構成され，その有機的な連結を通じて利益（マージン）が生み出されることを示すものである。

5-5　外部環境と内部環境の分析

　外部環境と内部環境の両方を分析するツールとして，すでに広く普及している「SWOT分析」を取り上げてみよう。この手法は，ハーバード大学のエドモンド・ラーンド（Edmund Learned），フィリップ・クリステンセン（Philip Christensen），ケネス・アンドリュース（Kenneth Andrews），ウイリアム・グス（William Guth）が，1965年，共著『Business Policy, Text and Cases』のなかで，初めて用いた概念だとされている[35]。

　SWOT分析は，戦略やマーケティングの立案を支援する重要な分析フレームワークとして広く活用が進んでいる。SWOTの冒頭のSは自社の強み（Strengths），Wは自社の弱み（Weaknesses）を指し，これらSWは組織の内部環境分析に該当する。一方，Oは機会（Opportunities），Tは脅威（Threats）を指し，これらOTは，企業の外部環境分析を表すものである（図表5-6）。

　ここで，SWOT分析のやり方を具体的に明らかにするため，大手化粧品メーカーである資生堂を事例に取り上げてみよう。まず，同社の強みとは，国内で磨いた特約店制度，ビューティーコンサルタントによるおもてなしカウンセリング，おもてなしの心による丁寧な接客販売力，POSの戦略的活用等があげられる。逆に，

図表5-6：SWOT分析

	強み （Strengths）	弱み （Weaknesses）
内部		
外部	機会 （Opportunities）	脅威 （Threats）
	肯定	否定

[35] Andrews（1971）

同社の弱みは，国内トップブランドにもかかわらず，世界レベルで見ると，その規模はフォロワーの地位に過ぎないことである。一方，社外の機会としては，巨大市場である中国等の新興国市場の存在があげられる。他方，社外の脅威には，外資のメガブランドとの厳しい競争があげられる。

5-6 エクスペリエンス・カーブ分析

　これまで企業を取り巻く環境分析について触れてきたが，次に取り上げるのは，コスト削減の有効性に関する分析テクニックである。

　一般的に企業が利益を捻出する効果的なやり方には，3つの方策があげられる。第1は，販売価格のアップである。値段を上げることで粗利（マージン）が膨らみ，その分利益が増える。ところが，実際に単価を上げて利益を獲得するやり方は，あらゆる企業にとって万能なやり方ではない。つまり，業界のリーダー企業には有効だが，それ以外の企業には，返って利益の低下を招く恐れがある。なぜなら，リーダー企業は，たとえ値段を上げたとしても，強力なブランドパワーによって顧客の心理的抵抗を回避または最小限化できるが，フォロワー企業の場合，ブランドパワーが脆弱なため，高価格政策を実行すると，顧客の心理的抵抗を招き，かえってダメージが大きくなる危険性が高いからである。

　第2は，これまで以上に大量に作り売るやり方である。たとえば，現状より2倍生産し2倍売れたら，2倍の利益が見込まれるという政策である。しかしながら，この沢山作り売る解決方法は，モノ不足の高度成長時代なら通用するかもしれないが，今日のようなモノ余りの低成長時代には，そのほとんどの企業にとって困難な対応策であり，万能なやり方とは言えない。

　第3は，コスト（原価）を下げるやり方である。これは，企業の自助努力によってコストを下げられたとすれば，下がった分，粗利（マージン）が膨らみ，利益が増えることになる。このようなコストを下げる対処法は，高価格政策や大量生産販売のやり方に比べ，もっとも確実な利益創造のやり方であり，業界のリーダーでもフォロワーでも，あらゆる企業が自助努力によって利益を獲得できる有効なやり方だと言える。

　さて，上記で触れた3番目のやり方であるコスト削減による利益捻出の有効性を裏付ける代表的な研究として，「エクスペリエンス・カーブ」があげられる。「経験曲線」とも訳されるエクスペリエンス・カーブ（Experience Curve）は，米コンサルティング・ファームの BCG（Boston Consulting Group）が 1965 年，ある半導体メーカーのコストダウン調査から発見した経験則である。それは「ある製品の累積生産量が2倍になると，単位当たりのコストが 20％から 30％低下する」と

いう法則であり，累積生産量と単位当たりコストの間には，ある一定の相関があることをBCGは，発見したのである。経験曲線は，企業が経験を重ねるほど，コストが下がるコスト低減の仕組みを明らかにしたものであり，今日でも有効なモデルである。図表5-7は，単位当たりコストと累積生産量の関係を示した図である。

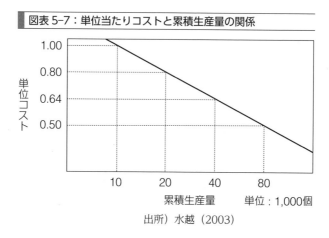

図表5-7：単位当たりコストと累積生産量の関係

累積生産量　　単位：1,000個

出所）水越（2003）

　この図によると，当初の累積生産量10,000個の時，単位コストは100円である。しかし，累積生産量が20,000個に変化した時，単位コストは100円ではなく80円（100円×80％）に下がる。そして，累積生産量が40,000個になった時，単位コストは80円から64円（80円×80％）まで低下する。さらに，累積生産量が80,000個になると，単位コストは64円から51.2円（64円×80％）まで低下し，当初の1/2まで単位コストが下がることを明らかにしたモデルである。

　それでは，累積生産量が倍増する毎に単位コストが低下する原因とは何か。その主な原因には「習熟により作業者の能率向上」「作業の標準化と作業方法の改善」「製造工程の改善・改良」「生産設備の能率向上」「活用資源ミックスの変化」「製品の標準化」「製品設計の合理化」があげられる。

5-7　プロダクト・ライフ・サイクル分析

5-7-1　プロダクト・ライフ・サイクルとは何か

　プロダクト・ライフ・サイクル（Product Life-Cycle：PLC）とは，企業が新製品を市場へ導入して以降，いかなるプロセスを辿るのかを明らかにした分析ツールである。製品寿命サイクルという考え方を初めて提唱した人物は，コロンビア大学のジョエル・ディーン（Joel Dean）である。1950年，「Pricing Policies for New Products」と題する論文のなかで，時間と共に製品の差別化が失われるにつれ，

企業の価格政策の自由度もまた狭くなっていくと主張した。その後，ハーバード大学ビジネス・スクールのセオドア・レビット（Theodore Levitt）は，1965年，「Exploit the Product Life Cycle」と題した論文を発表し，そのなかで市場に提供された新製品は，「導入期」「成長期」「成熟期」「衰退期」の４つのステージを歩むことを明らかにした。

　図表5-8は，製品のライフサイクルごとに売上，利益そして広告宣伝費や販売促進費を意味するマーケティング費用がどのように変化するかを示したモデルである。

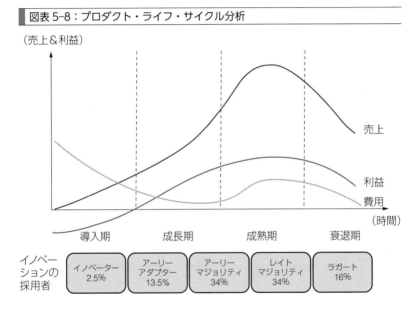

図表 5-8：プロダクト・ライフ・サイクル分析

　市場へ新製品を提供して間もないステージを意味する導入期（Introduction）の売上高は，通常，顧客に対する新製品の認知度が低いため，緩やかな右肩上がりを描く。導入期の段階で重要なポイントは，製品の認知度を向上させる目的から，この時期に広告宣伝費や販売促進費のような多額のマーケティング費用[36] が支出されることであり，これは初期投資コスト（Initial Cost）と呼ばれている。具体的に言うと，広告宣伝とは，新製品の機能面やブランドの確立のため，TVCM，雑誌広告，交通広告など，多様なメディア媒体を通じて顧客や消費者に情報を発信する行為であるのに対し，販売促進は，デモンストレーションやキャンペーンの実施を通じて

---

[36] さらに研究開発費が上乗せされる場合もある。

製品・サービスの認知度を高める取り組みである。いずれにしても，導入期では，少ない売上高に比べ多額の費用支出が重なるため，利益は相殺されてしまい赤字となるケースがほとんどである[37]。但し，たとえ利益で赤字が発生したとしても，それ自体は問題とならない。繰り返すまでもなく，新製品の導入期には，通常，多額のマーケティング費用が投入されるべきである。なぜなら，スムーズな成長期への移行を図るためである。よって，この時期に何も投資しないことの方が普通ではないと考えるべきである。

　導入期の次の段階は，成長期（Growth）である。導入期において多額のマーケティング費用を投入した成果として，顧客や消費者の認知度がアップして売上高が大きく伸長する一方で，もはや多額のマーケティング投資に頼らなくても，新製品のパワーやブランドだけで自律的に売上高を伸ばすことができるようになった結果，マーケティング費用の支出が徐々に減少し，その効果として，利益は赤字から黒字へ大きく転換する。そして，この段階における広告宣伝は，ブランドの確立と新たな顧客の取り込みに向けられ，販売促進は，もはや売上が成長軌道に乗っているため，費用を減少させていく対策が講じられる。また，成長期の段階は，新製品が市場で飛ぶように売れ始めるため，ライバルによる模倣行動や後発参入を強く意識しなければならない時期に該当し，注意が必要である。

　成熟期（Maturity）の段階は，売上がピークを迎える時期である。もはやマーケティングに投入する費用負担は，ブランドのさらなる確立と固定客のロイヤリティを維持することに向けられる程度で多額の費用は発生しない（但し，脱成熟化を試みる場合には，ある程度の費用負担は発生する）。このため，利益は最大化となる。成熟期では，ライバルとの企業間競争がピークを迎える。先発企業が新製品の市場導入に成功したのを見て，ライバル各社が模倣製品や対抗製品を続々と繰り出してくるからである。このため，先発企業は，何らかの手段を講じる必要がある。

　こうした一連のプロセスを経て，最後に衰退期（Decline）の時期を迎える。企業が衰退期を迎える主な理由としては，①ライバルとの競争に敗北した，②需要そのものが減退した，③成熟期における適切な対応を間違ったなど，実に様々な理由があげられる。衰退期は，売上が大幅に減少する一方，マーケティング費用は，核となる顧客を維持する程度に限られるため，最低水準となる。このように新製品が衰退期に差掛ると企業は，これを放置して利益が赤字になることを避けなければならない。このため，製品や事業からの撤退や売却の検討に迫られる。

---

[37] 今日，世界最高の企業とも言われるアマゾンでさえ，創業後，5年近くは利益が赤字であった。

5-7-2 成熟期に採用される戦略オプション

　「導入期」「成長期」「成熟期」「衰退期」の４ステージのうち，戦略上，もっとも注意すべき重要な段階は，製品がピークアウトを迎える「成熟期」である。この段階で企業が何も手を打たなければ，自動的に衰退期へ突入してしまうからである。「成熟期」における企業の戦略オプションは，２つの異なる対処のしかたがある。ひとつは，「衰退期」への移行を回避する脱成熟化（De-Maturity）と呼ばれる「延命化戦略」である。「延命化戦略」には，主に４つのやり方がある。「新用途開発戦略」は，新たな用途先を見つけることで陳腐化することを防ぐやり方である。たとえば，1802年に創業したデュポン（DuPont）では，第２次世界大戦時，軍からパラシュートの繊維素材の開発を命じられ，ナイロンを生み出した。平和が訪れパラシュートの需要がなくなるとデュポンは，ナイロン製のストッキングを製品化し大成功を収めた。そして，ストッキングの需要が減少すると，今度はナイロン製のブラウスやシャツを開発し，その後，ブラウスやシャツの製品需要がピークアウトの段階に達すると，新たにナイロン製のタイヤやカーペットを開発するなど，成熟期を迎えるごとに次々に新用途を開発し，脱成熟化に成功してきた。

　「新市場開拓戦略」は，市場を換えて「衰退期」への移行を回避するやり方である。たとえば，ユニクロを展開するファースト・リテイリングは，急速に減退する国内アパレル市場へ対応するため，アジアを中心とした海外市場への移行を鮮明化させている。実際に，ここ最近の総売上高に占める海外売上高の割合，海外店舗数の推移，外国人社員の採用割合など，どれを見ても上昇の一途を辿っており，海外市場を開拓する狙いは明らかである。

　「新機能付加戦略」は，成熟期に突入した製品に新たな機能を盛り込み，小さな手直し・改良を施しながら，顧客に新規性を訴えるやり方である。たとえば，自動車メーカーでは，新車の発売から２〜３年後，ちょうど売上高が頭打ちになる成熟期を見計らって部分的なモデルチェンジ（マイナーチェンジ）機を発売するケースがこれに当たる。

　最後に「マーケティング戦略」は，製品のピークアウトを防ぐため，この時期に徹底した広報・宣伝活動を展開し，これを食い止めるやり方である。たとえば，P&Gの子会社であるマックスファクターは，同社のヘアケア商品でロングヒットを記録するパンテーンに対し，TVCMに加え，ティザー（Teaser）広告，ミステリーキャンペーンなど次々に有効な販促活動を展開した結果，1991年の発売以来，今日までロングヒットを続けている。

　もうひとつの脱成熟化のための戦略オプションは，製品の延命化とは逆に意図的に市場からの撤退を早める「陳腐化戦略」である。この狙いとしては，第１に，

商品の切り替えを促進するためである。たとえば，アパレル企業は，季節の変わり目に合わせてバーゲンセールを実施する。これは，季節遅れの衣服を割引価格で早く処分してしまわないと，これから到来する季節の衣服を店頭に陳列できないからである。

　第2に，過剰在庫を圧縮するためである。在庫期間が長くなれば，光熱費等の維持費がかかるし，製品の品質等も劣化してしまい，新品の価格では販売できなくなる。そこで，企業は，膨大な売れ残り品を早く処分するため，割引価格で売り切ってしまう政策をしばしば採用するのである。

　第3に，消費者市場を喚起するためである。定期的にバーゲンセールや割引販売キャンペーン等を実施することで，消費者の需要を高止まりさせる効果がある。

　ところで，製造業やメーカーの間では，製品の寿命を計画的に短縮化し，消費者の需要を喚起する「計画的陳腐化」が展開されているという。製品が永遠に壊れなければ，新規需要は生まれないため，すべての企業は倒産してしまうからである。計画的陳腐化（Planned Obsolescence）には，デザインを短期間で変更する「心理的陳腐化」，製品の機能を短期間で変更する「機能的陳腐化」，製品の部品や素材を物理的に短期間で磨耗させる「物理的陳腐化」に分類することができる。このうち「物理的陳腐化」は，消費者に悟られないよう，ある程度の時間が経過すると製品が自然に壊れるような「からくり」をあらかじめ設計開発の段階に仕込んでおく政策とも言われている。たとえば，その真相は定かではないが，ソニー製品は，かって大変壊れやすいと世間で囁かれたことがある。それは，ソニーが，高度な技術力を保有しており，製品寿命を意図的にコントロールできるというものであった。具体的に言うと，ちょうど，メーカーの保証期間を少し過ぎたタイミングで突然故障するようあらかじめ製品設計されているとの悪い噂が広まった[38]。

5-7-3　プロダクト・ライフ・サイクルとイノベーション採用者の分類

　次に，プロダクト・ライフ・サイクルのステージごとに異なる顧客のタイプについて触れてみよう。普及学の権威であるエベレット・ロジャーズ（Everett Rogers）は，1962年，著書『Diffusion of innovations』のなかで，イノベーションを採用する側のスピードに着目し，それが普及・拡散するプロセスのなかで採用者を5つのタイプに分類した。ここで，先ほどの図表5-8を見てもらいたい。プロダクト・ライフ・サイクルとイノベーション採用者の5つの分類を組み合わせたモデ

---

[38] 「故障発生装置」「ソニータイマー」とも呼ばれている。なお，製造物の欠陥により，生命，身体そして財産にかかわる被害が生じた場合，製造業者に対し損害賠償の責任を負わせる法律を製造物責任法（Product Liability Act）という。

ルを示している。

それによると，新製品が市場へ提供される段階に相当する「導入期」にモノやサービスを購入する採用者は，イノベーター（Innovators）と呼ばれている。顧客全体の中でわずか 2.5％しか存在しないイノベーターは，リスクを恐れず積極的に冒険する採用者である。イノベーターは，世の中で最初に新しいイノベーションを手に入れるためには，たとえ高価格品でも厭わない。たとえば，アップルの直営店の前に発売前から徹夜で並ぶような流行にきわめて敏感な「オタク」や「見栄っ張り」たちは，イノベーターの典型だといえるだろう。

次に，このようなイノベーターの行動に触発されて動き出す採用者は，アーリーアダプター（Early Adopters）と呼ばれている。顧客全体の 13.5％を占め，イノベーターほどではないものの，流行に敏感で新しい物好きな性格を有すると言われている。アーリーアダプターは，自らのネットワーク（口コミ，ブログ，人脈）を通じて情報収集を怠らない。このため，「オピニオン・リーダー」「トレンド・セッター」とも表現されている。

市場全体の 34％を占めるアーリーマジョリティ（Early Majority）は，本来，新しいイノベーションの導入には慎重な姿勢を取る採用者である。しかし，アーリーアダプターの動きやオピニオン・リーダーの発言に影響される性格を持つ。たとえば，人気タレントが身に着けているファッションをテレビで見て，同じものをほしがるような人物である。アーリーマジョリティは，イノベーションが市場で本格的に普及するか否かを決定する重要なカテゴリーであり，別名，橋渡し役（Bridge People）とも呼ばれている[39]。

レイトマジョリティ（Late Majority）は，市場全体の 34％を占め，新しいイノベーションには，常に懐疑的な態度を崩さず，何事にも用心深い採用者である。このタイプは，イノベーションの有効性を認めて採用するのではなく，自分を取り巻く周囲がみな同じイノベーションを選択しているため，自分も遅れまいと採用を決める。このような現象を経済学では，バンドワゴン効果（Bandwagon Effect）と呼んでいる。

最後に，ラガード（Laggards）は，「遅滞者」とも訳され，新しいイノベーションそのものにはまったく関心を持たず，最後まで否定的な態度を取る，いわゆる頑固者である。このタイプは，流行っているから逆に採用しないという伝統的な価値観を守る人物であり，社会の中では孤立してしまう傾向が強いと言われている。

---

[39] Moore（1991）によると，アーリーアダプターとアーリーマジョリティとの間には，容易に超えられない深い溝（Chasm）があり，この溝を超えないと小規模のまま市場から消えていくと指摘している。

5-7-4　プロダクト・ライフ・サイクル分析の限界

プロダクト・ライフ・サイクル分析には，2 つの限界理由がある。ひとつは，現段階における製品がライフサイクルのどの段階にあたるのか，正確には位置づけられない点である。たとえば，市場へ導入した製品が現在，成長期なのか，それとも成熟期に突入したのかについては，科学的な裏付けを持って位置付けることは，きわめて困難であり，実際の運営にあたっては，マネジャーの経験や勘に基づく主観によって非科学的な判断が下されているケースがほとんどである。

もうひとつは，あらゆる新製品がどれも同じライフサイクルの道を辿ると画一的に考えてしまう点である。たとえば，発売から 40 年，50 年も過ぎて今も市場で販売されているロングヒットを記録する製品が数多く存在する通り，導入期から衰退期までの道のりをきれいに辿る製品もあれば，いつまでたっても衰退期に突入せず，成熟期をキープし続ける製品や，逆に息を吹き返して成長期へ戻るような製品まで，実に様々な過程を歩むのである。つまり，プロダクト・ライフ・サイクルというフレームワークがある結果，製品を必要以上に成熟期や衰退期の段階へ推し進めてしまう危険性があることに注意が必要である。

5-8　プロダクト・ポートフォリオ・マネジメント分析

5-8-1　プロダクト・ポートフォリオ・マネジメントとは何か

プロダクト・ポートフォリオ・マネジメント (Product Portfolio Management：PPM) は，企業の製品特性をポートフォリオで明らかにしながら，希少な資源の配分を決定する分析テクニックである。最初に，PPM が生まれた経緯から説明しよう。1960 年代のアメリカでは，コングロマリット (Conglomerate) という企業形態が出現し人気を博した。この形態は，コア事業との関連性が薄くても，成長性の高い事業であれば積極的に進出し，これら異なる事業群を統合した企業体だが，この際，深刻な問題として持ち上がったのは，多種多様な事業群をどうやって取りまとめ，全体の最適化を図るかであった。1970 年初め，米コンサルティング・ファームのボストン・コンサルティング・グループ (Boston Consulting Group：BCG) は，事業ポートフォリオの運営に苦しむコングロマリット企業のマネジャーから解決策の依頼を受け，その答えとして，限られた希少な経営資源を最適配分する手法である PPM を編み出した。

図表 5-9 は，PPM の枠組みである。縦軸には市場成長率（キャッシュフロー需要），横軸には相対的市場占有率（キャッシュフロー創出力）をそれぞれ取ると，その交わりから 4 つのボックスを導き出すことができる。

まず，右上のボックスは，問題児 (Problem Child) と呼ばれている。これは，市

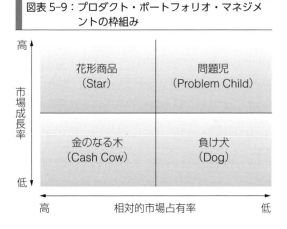

図表5-9：プロダクト・ポートフォリオ・マネジメントの枠組み

場成長率が高く，相対的市場占有率が低い製品や事業である。つまり，将来的にお金を生み出す力は大きいが，今のところ，お金を稼ぎ出す力は小さい製品や事業である。一方，問題児は，キャッシュフロー需要が大きく，キャッシュフロー創出力が小さい製品や事業であるとも表現できる。問題児は，企業の将来を担うべき製品や事業であるため，別名，戦略的事業単位（Strategic Business Units：SBU）と呼ぶ場合もある。

　問題児の製品や事業は，その後順調に推移すると左上のボックスへ移行する。これは花形（Star）と呼ばれるボックスであり，市場成長率，相対的市場占有率が共に高い製品や事業を指す。つまり，花形とは，お金を稼ぎ出す力とお金を生み出す力が共に大きな製品または事業である。

　花形の製品や事業は，その後，左下のボックスへシフトする。金のなる木（Cash Cow）は，市場成長率が低く，相対的市場占有率は大きい製品や事業である。つまり，金のなる木とは，お金を稼ぎ出す力は減少するが，お金を生み出す力はいまだ大きい製品や事業である。

　最後に，金のなる木の製品や事業は，ファイナルステージである右下のボックスへ変化する。負け犬（Dogs）は，市場成長率，相対的市場占有率が共に低い製品や事業である。つまり，負け犬とは，お金を稼ぎ出す力とお金を生み出す力が共に小さくなってしまった製品や事業である。

5-8-2　プロダクト・ポートフォリオ・マネジメントの有効活用のしかた

　次に，PPMの活用のしかたについて考えてみよう。第1に，PPMから製品や事業の進化を読み解くことができる。つまり，製品や事業は，通常「問題児」→

「花形」→「金のなる木」→「負け犬」のような 4 つのステージを辿ることである。第 2 は，このなかでもっとも資金需要が求められるステージは「問題児」の段階である。というのも，企業の明日を担う有望な製品や事業であるため，積極的に資金や資源を投入し育てる必要が不可欠だからである。第 3 に，「金のなる木」と「負け犬」に対する資金需要は，最小限でもかまわない。「金のなる木」は，すでに自律的成長段階に入ったことから，広告宣伝費や販売促進費等のマーケティング費用が不要であり，「負け犬」は，再生する可能性がない限り，多額の資金や資源の配分や投入は，むしろ避けるべきである。第 4 に，このなかでもっとも資金提供（刈り取り）が可能なステージは，「金のなる木」と「負け犬」の段階である。企業が有する製品や事業のうち，もっとも現金の創出力が高まるのは「金のなる木」である。そこで生み出した大量のキャッシュを将来の屋台骨となる「問題児」へ投入して成長のための原資としたり，膨大な予算が必要な研究開発投資へ回したり，残りを内部留保として蓄えることも可能である。一方，「負け犬」に該当する製品や事業は，「売却」や「撤退」の対象として処分し，そこで刈り取った資金をテコに外部資源を買収するための原資としたり，あるいは研究開発投資へ振り向けたり，内部留保として蓄積してもかまわない。第 5 に，PPM は PLC と組み合わせて利用すれば，有効性がより高まる。PPM では，製品や事業の進化を「問題児」→「花形」→「金のなる木」→「負け犬」のように 4 つのステージを辿るとしている。これに対し，PLC では，製品や事業の進化を「導入期」→「成長期」→「成熟期」→「衰退期」という 4 つの段階を経て進展するとしている。つまり，PPM と PLC の各段階の項目と内容は，ほぼ一致するため，これらを個別に用いるよりも，組み合わせて使用をすることでより詳細な分析と検証が可能になる。

5-8-3　プロダクト・ポートフォリオ・マネジメント分析の限界

　プロダクト・ポートフォリオ・マネジメント分析もまた，次のような限界が存在する。第 1 は，製品や事業を決めつけるのは，きわめて危険なことである。PLC の場合と同様，PPM のどのステージに位置付けるのかは，厳密に数値化された客観的な統計データに基づき決定されるというよりも，多くの場合，企業のマネジャーの主観によって判断が下されるため，製品や事業のポジショニングは，人によってバラツキがあり，正確性を欠く危険性が常に付きまとう。

　第 2 に，PPM はあくまでも製品や事業の進化や資源配分のテクニックであり，これをいくら精緻化しても収益を伸ばすことはできないし，製品や事業の抜本的な改善策とはなり得ない。

　さらに，付け加えるならば，大企業の資金調達のやり方は，新株等を発行して株

式市場から調達する「直接金融」が進んでいる。このため，金のなる木で生み出された資金を刈り取る方策や負け犬期に突入した製品や事業を売却して資金を得る資金調達方法は，必ずしもメインなやり方とは言えないのである。

5-9　分析ツールからアナリティクス戦略へ

企業分析の戦略論は，これまで企業を取り巻く環境要因や事業や製品等の特性を明らかにするユニークな分析フレームワークの構築と運用に主眼が置かれてきた。ところが，近年の分析を巡る戦略論では，単なる分析ツールの開発ではなく，集められた膨大な情報を人工知能やビックデータで解析し，そこで得られた詳細なデータを梃子に競争優位性を構築するアナリティクス戦略に注目が集まっている。つまり，情報通信技術（Information, Communication and Technology：ICT）が競争優位のための重要な武器になったことであり，換言すると，戦略の中心に「分析」が置かれる時代がいよいよ到来したと言っても過言ではない。

バブソン大学のトーマス・ダベンポート（Thomas Davenport）とアクセンチュアのジェーン・ハリス（Jeanne Harris）は，2007年，共著『Competing of Analytics』のなかで，アナリティクスで競争する企業へ向けた発展段階について詳しく説明している（図表5-10）。第1段階は，アナリティクスに劣る企業（Analytically Impaired）である。この段階の企業は，組織戦略として分析はほとんど行われていない。企業全体にデータ・アレルギーが蔓延し，直観に頼る企業文化が広く浸透している。このため，データ・アナリストのようなスキル人材は存在しない。

第2段階は，アナリティクスの活用が限定的な企業（Localized Analytics）である。この段階の企業は，ごく狭い範囲か場当たり的にデータ収集や分析が行われている。また，客観的なデータを必要とする企業文化が生まれる。一部の部門では分析力に対する関心が高まり，アナリストが生まれる。

第3段階は，アナリティクスの組織的な強化に取り組む企業（Analytical Aspirations）である。この段階の企業は，組織的にデータの収集や分析を行っており，データ分析を通じて事業機会を探ろうとしている。一部の経営幹部が分析力を競争優位の武器にしようと関心を持ち始めた段階であり，ネットワーク化されていないアナリストが各部門に存在している。

第4段階は，アナリティクスはあるが決定打に至らない企業（Analytical Companies）である。この段階の企業の特徴は，データ分析が業務プロセスまで組み込まれるなど，組織として分析力を身に付けている。また，企業文化として，事実に基づく意思決定の浸透を図っている。このため，データの精度も高く，全社的

■ 図表 5-10：アナリティクスで競争するステージ・モデル

分析力の発展過程

ステージ	組織戦略		人			技術
	目標	現状	スキル	経営陣のコミットメント	企業文化	
1 分析力に劣る企業	顧客・市場・競合について知る	分析はほとんど行われていない	なし	なし	データ・アレルギー，直感に頼る	データがない，精度が低い，定義が曖昧，システムはばらばら
2 分析力の活用が限定的な企業	データ分析の経験を自主的に蓄積し，トップの関心を引く	ごく狭い範囲でしかデータ収集・分析が行われていない	一部の部門にアナリストがいるが孤立している	特定事業や戦術的な対応に限られている	客観的なデータが必要と感じている，一部の部門では関心が高まっている	各事業ばらばらにデータを収集している，重要なデータが欠落している，システムが統合されていない
3 分析力の組織的な強化に取り組む企業	組織横断型でデータ収集・分析を行う，全社共通の業績評価指標を設立する，データ分析で事業会を探す	分析プロセスは各部門不統一である	多くの部門にアナリストがいるが，ネットワーク化されていない	分析力を競争優位にすることに一部の幹部が興味をもち始めた	経営陣は事実を重んじる姿勢を打ち出しているが，抵抗に遭っている	システムやソフトウェアは整い，データ・ウエアハウスも拡張中
4 分析力はあるが決定打に至らない企業	組織横断型の分析プラットフォームを構築し，組織として分析力を身につける	データ分析がある程度まで業務プロセスに組み込まれている	スキル開発は行われているが，まだ水準に達していない，または適材適所でない	経営陣のサポートが得られている	事実に基づく意思決定の浸透を図っている	データの精度は高く，全社的な分析戦略もある，分析環境は整っている
5 分析力を武器とする企業	データ分析から多くの隠されていた事実を導き出す，継続的にデータやシステムの改善を図る	データ分析が定着し，高度に統合化されている	高度なスキルを備え，意欲のある専門家がそろっている，周辺業務はアウトソースされている	CEO を筆頭に経営陣が積極的に取り組んでいる	事実に基づいて意思決定を下す，実験し学習する姿勢が浸透している	組織横断型のシステムが整備・運用されている

出所）Davenport and Harris（2007）

なアナリティクス戦略や分析環境もまた整備されている。

　第 5 段階は，アナリティクスで競争する企業（Analytical Competitors）である。このタイプの特徴は，データ分析が組織に定着し，高度に統合化されている。企業文化として，事実に基づく意思決定が浸透している。CEO を筆頭に経営幹部が積

極的にアナリティクス戦略へ取り組んでいる。このため，高度なスキルと意欲の高いデータ・サイエンティストが揃っている。

　それでは，今日の日本企業は，5つの段階のどのステージに位置付けられるだろうか。経済産業省が毎年発表する「モノづくり白書」によると，2014年の段階で分析力の組織的な強化に取り組む企業（第3段階）以上に該当する企業は約35％であった。そして，第5段階の分析力を武器にする企業まで達した割合は，僅か5％に過ぎないという結果が得られているが，それから10年が経過した2024年現在の段階でも，この傾向は，あまり変わっていないことが予想される。

事例　酒造りの世界に革命を巻き起こした「旭酒造」

〈旭酒造による「獺祭の大成功」〉

　日本には，たとえば，大阪ガスのようにデータ分析力を武器にする企業が少なからず存在するが，ここでは，ユニークな事例としてある酒造メーカーのアナリティクス戦略を紹介する。

　山口県岩国市にある蔵元が世界中から注目されている。それは，醸造用玄米（酒米）の山田錦を77％（二割三分）磨き上げ，1本3万円の値段がついた最高級ランクの純米大吟醸酒「獺祭」を生み出したからである。今や「獺祭」は，国を超えて世界中で知られるブランドまで昇りつめた。そんな「旭酒造」株式会社は，1770年創業。2022年12月末時点で従業員270名（正社員190名，パート社員80名）の小規模な酒蔵である。

　「旭酒造」の売上高は，急拡大している。各種資料によると，2013年38億円に過ぎなかったものが，2022年9月には約4.3倍の164億円まで伸びている。また，日本酒の国内生産量が年々減少の一途を辿るなか，米国，中国，韓国そして台湾に向けた輸出は，数量・金額ともに拡大している。このため，旭酒造では，2023年9月にニューヨーク州に酒蔵開設し，現地生産をスタートした。

〈杜氏のいない酒づくり〉

　「旭酒造」が従来までの杜氏制度と決別したのは，1999年まで遡ることができる。直接のキッカケとなった出来事は，その当時，焼酎ブームが訪れたことであり，これにより日本酒の低迷は鮮明となった。そこで，「旭酒造」では，新たな稼ぎ頭として，地ビールの生産やレストラン経営等の事業へ積極的に進出した。しかし，どちらの事業も経験不足が祟って失敗に終わり，約2億円もの損失を計上する一方，さらなる試練として酒造りの最高責任者である杜氏にも，愛想を尽かされ逃げられてしまった。しかし，こうしたアクシデントに見舞われたにもかかわらず，「旭酒

造」は，社長と社員がプラス思考の発想で英知を結集し，業界の常識を打ち破る画
期的なアイデアを思い付いた。それは，エクセルを利用した数値管理と統計学や分
析力等を駆使し，杜氏のいない穴を埋めるという驚くべき考えであった。

　図表 5-11 は，「伝統的な酒づくり」と「旭酒造の酒づくり」を比較したもので
ある。図表の左側が「伝統的な酒造り」，右側が「旭酒造の酒造り」である。まず，
日本酒の製造工程は，一般に「精米・洗米・蒸米」→「麹づくり」→「仕込み」→
「発酵」→「上槽」→「瓶詰め」のような工程を辿る。この際，伝統的なやり方では，
各製造工程を個々に担当する「蔵人」とそれらの職人たちを束ね，酒づくりの総括
責任者である「杜氏」の手によって進められた。これに対し，「旭酒造」のやり方は，
各製造工程を社員たちが担当し，酒づくりの決め手となる「杜氏」の代わりにデー
タに基づく数値管理を駆使し，日本酒造りに挑むという画期的なやり方を採用して
いる。

図表 5-11：「伝統的な酒づくり」と「旭酒造の酒づくり」の比較

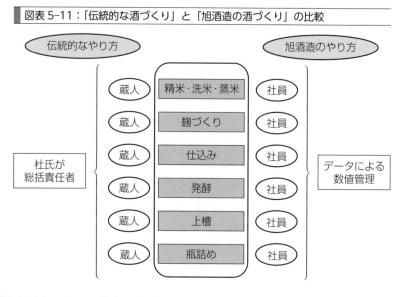

　「旭酒造」はまた，蔵内を年中摂氏 5 度に保つ空調設備を導入し「四季醸造」を
実施している。普通の蔵では，冬場の一回だけ酒の仕込みをする。このため，年間
でタンク 5〜6 本の純米大吟醸酒しか造らない。ところが，「旭酒造」は，1 年間
を通して酒を生産する。年間で約 1,000 本も造るため，現場の若手社員は，普通
のベテラン杜氏以上に酒造りの経験を研鑽でき，その結果，「考える現場」が生ま
れたという。

〈数値管理で酒をつくる〉

　また，「旭酒造」では，科学的な酒造りのため，徹底した「数値化」と「見える化」を行っている。たとえば，毎日，日本酒度，アルコール度数，アミノ酸度，グルコース濃度，投入している麹のアルファアミラーゼ，グルコアミラーゼを測定して分析し，時間や温度など次の日どう管理するか決めている。また，発酵中の米の温度や水分含有率など，酒造りのすべての工程で詳細なデータの収集を行っている。さらに，契約農家と協力して気温や土壌の状態などのデータを蓄積し，刈り取りのタイミングのノウハウを抽出するなど，数値管理に基づく包括的な酒造りに取り組んでいる。

　「旭酒造」は，伝統的な杜氏を中心としたシステムや経験と勘による酒造りの世界に，新風を吹き込んだ。それは，たとえ杜氏が不在でも情報やデータを駆使すれば，それを超える素晴らしい酒造りができることを自ら証明したことである。

6-1 競争戦略

1980年代になると，戦略論の世界では「競争（Competition)」に大きな注目が集まった。そのキッカケを作ったのは，ハーバード大学ビジネス・スクールのマイケル・ポーター（Michael Porter）であった。ポーターが提唱した競争戦略のロジックは，図表6-1のように整理できる。

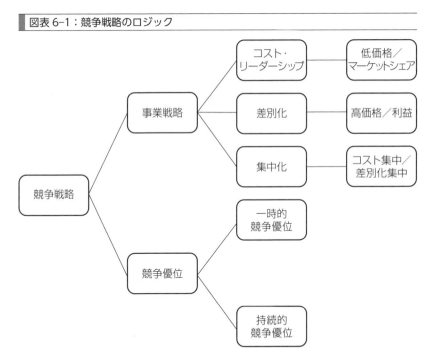

図表6-1：競争戦略のロジック

第1に，競争戦略（Competitive Strategy）とは，組織階層の中で事業レベルの戦略を意味する。事業レベルとは，企業内の単一事業の諸活動を指すものである。したがって，ライバルとの競争は，事業ごとに繰り広げられる一方で，事業ごとに競争優位（Competitive Advantage）な事業と逆に競争劣位（Competitive Dis-advantage）な事業とに分けられる。

第2に，競争戦略は，競争優位の構築が目的となる[40]。競争優位とは，その名の

通り，ライバルとの厳しい競争に打ち勝ち，優位性を獲得することであり，もっと簡単に言えば，ライバルが獲得する価値に比べ，より多くの価値を手に入れることである。

第3に，事業戦略における競争手段のひとつは，コスト・リーダーシップ (Cost Leadership) 戦略である。この最大の特徴は，ライバルが投入する費用よりも，自社がより低い投入費用を実現し，顧客が購入しやすいよう価格そのものを下げ，マーケットシェアを獲得するやり方である。そして，相対的に費用を低減するやり方には，たとえば，部品や原材料等の仕入れ先の変更と交渉力強化，生産性の向上，資源配分の効率化等があげられる。

第4に，2つ目の競争のしかたは，差別化 (Differentiation) 戦略である。これは，他社のやり方と自社のやり方に違いを出す戦略であり，具体的には，ライバルの製品やサービス，保有する技術や能力に対し，それとは異なるやり方やノウハウを開発することで付加価値を高め，高価格でもって利益を追求する方法である。

第5に，3つ目の競争のしかたは，集中化 (Focusing) 戦略である。これは，特定の市場や地域そして顧客層へ資源や能力を集中特化し，①コスト削減を図る（コスト集中），②差別化を達成する（差別化集中），③その両方を実現することである。

第6に，競争優位には，優位期間が短期で終わる一時的な競争優位 (Temporary Competitive Advantage) と優位期間が長期化する持続的な競争優位 (Sustained Competitive Advantage) に分けられるが，望ましいのは，後者の持続的な競争優位の構築である[41]。

6-2　競争地位戦略

6-2-1　市場占有率アプローチ

競争地位 (Competitive Position) 戦略は，主に「市場占有率」「経営資源」「顧客階層」等を基準に競合する企業の地位を分類し，それぞれのタイプごとの基本戦略を明らかにすることである。

まず「市場占有率」を基準に地位を決定するアプローチは，もっともオーソドックスなやり方として広く知られている。特にマーケティングの世界では，市場占有率が高い企業ほど，収益性が高くなる研究結果がすでに得られているからである。

---

[40] 競争優位の反対は競争劣位 (Competitive Dis-advantage)，その中間の評価は競争均衡 (Competitive Parity) という。

[41] コロンビア大学ビジネス・スクールの McGrath (2013) は，目まぐるしく環境が変化する時代，持続的な競争優位を望むことは好ましくない。むしろ，一時的な競争優位の構築を目指すべきであると主張している。

これは，PIMS（Profit Impact of Market Strategies）と呼ばれ，1970年代，ハーバード大学とマーケティング・サイエンス・インスティテュートが多様な業界のSBU（戦略事業単位）600を調査した結果，市場占有率と収益性には，正の相関性があることを発見した。また，ハーバード大学ビジネス・スクールのロバート・バゼル（Robert Buzzell），会社CEOのブラドレイ・ゲイル（Bradley Gale），エコノミストのラルフ・スルタン（Ralph Sultan）は，1975年，共著「Market Share: a Key to Profitability」と題する論文のなかで，市場占有率が50％を越える事業は，10％以下の事業に比べると3倍もしくはそれ以上の収益性を収めていると指摘し，市場占有率と投資収益率（Return on Equity：ROI）[42]との間には，明らかに関係性があると主張している。

　さて，このような市場占有率をベースに企業の競争地位を類型化したのは，ノースウエスタン大学ケロッグ・スクールのフィリップ・コトラー（Philip Kotler）である。1980年，著書『Marketing Management』のなかで競争地位のタイプを「リーダー」「チャレンジャー」「フォロワー」「ニッチャー」と4つに分け，業界のリーダーが占有するマーケットシェアは40％，チャレンジャー30％，フォロワー20％，ニッチャー10％のように分類している[43]。

6-2-2　経営資源アプローチ

　「経営資源」を基準に地位を決めるアプローチは，個々のプレイヤーが保有する経営資源の相対的な「質」と「量」からポジションを分類するやり方であり，具体的には，経営資源の「強み」と「弱み」の分析から競争プレイヤーの地位を把握する方法である。慶応大学の嶋口充輝は，1986年，著書『統合マーケティング』において，相対的経営資源を基準とする競争地位の類型化の枠組みを示している（図表6-2）。

---

[42] 投下した資本がどれだけの利益を生んでいるのかを指し，計算式は「ROI＝利益／投資額×100」。

[43] 一橋大学の沼上幹は，2000年に出版した『わかりやすいマーケティング戦略』と題する基本テキストのなかで，4タイプの競争地位のうち，リーダーが占有するシェアは45％，同じくチャレンジャー30％，フォロワー20％，ニッチャー5％という構成比をはじき出しているが，これらの割合は，論者たちの経験則や個人的な考えに基づき決定されたおおよその割合であり，科学的根拠があるものではないようだ。

図表6-2：経営資源ベースの競争地位類型化

経営資源力（量）

		大	小
経営資源独自性（質）	高	リーダー	ニッチャー
	低	チャレンジャー	フォロワー

出所）嶋口（1986）

　横軸である「経営資源力」は，資源の総量を指し，具体的には「セールスマン数」「営業・流通拠点数」「生産能力」「資金力の大小」を意味する。一方，縦軸である「経営資源独自性」は，資源の性質を意味し，具体的には「マーケティング力」「イメージ」「ブランド・ロイヤリティ」「流通チャネル力」「研究開発技術の高低」を指す。

　嶋口によると，リーダーとは，経営資源力が大きく経営資源独自性が高い左上のセルに該当する。相撲でたとえると頂点に君臨する「横綱」であり，競争対抗上もっとも優れた企業である。これに対し，チャレンジャーは，経営資源力が大きく，経営資源独自性が低い左下のセルに位置づけられる。相撲でたとえると「力」というパワーの面で横綱に匹敵するものの，「技」という資源の質の面で横綱には及ばない三役クラス（大関，関脇，小結）がこれに該当する。フォロワーは，経営資源力が小さく，経営資源独自性が低い右下のセルに位置づけられる。相撲でたとえるなら下位力士であり，競争対抗上もっとも競争劣位な企業である。ニッチャーは，経営資源力が小さく，経営資源独自性が高い右上のセルに相当する。これは「力」という量の面は小さいものの，「技」という質の面では高い能力を持ち，相撲でいえば三賞候補のように喩えられる。

6-2-3　顧客階層別アプローチ

　顧客階層別アプローチは，顧客層の違いに注目して個々のプレイヤーを分類する方法である。第一次市場，第二次市場，第三次市場そして特定市場など，それぞれのターゲット顧客に応じて競争地位の分類を明らかにするやり方である。先述した嶋口充輝は，1984年，著書『戦略的マーケティングの論理』のなかで，成熟市場

図表6-3：顧客階層による分類

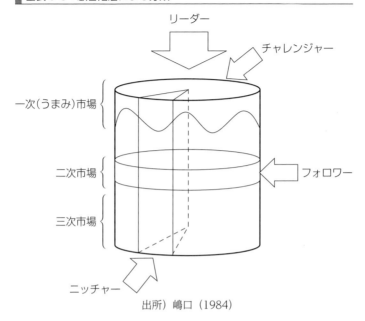

出所）嶋口（1984）

を円筒形のケーキに見立てて顧客を階層別に分類しながら，次のように説明している。まず，市場を階層別に分類し，一流の顧客に位置づけられる「一次市場」，一流に比べると少し劣る「二次市場」，顧客のなかでもっとも低レベルにある「三次市場」のように3つに分けている（図表6-3）。

　「一次市場」は，ケーキでいうもっともおいしいクリームのった部分に相当する。このうまみのある「一次市場」の顧客を対象とするプレイヤーは，言うまでもなくリーダー企業である。リーダー企業は，「一次市場」の顧客に対して全方位型（フルカバレッジ）のオーソドックスな戦略を展開する。

　チャレンジャー企業は，もっともうまみのある「一次市場」に狙いを定めるが，実際にはリーダーの全方位型の攻撃に対して上方側面から戦いを挑む。というのも，チャレンジャー企業は，経営資源の質・量ともに上回るリーダーと真正面から張り合うことは得策ではないからである。つまり，チャレンジャーはリーダーのやり方と差別化を図りながら，「一次市場」顧客の獲得を狙うのである。

　フォロワー企業は，もっともうまみの多い「一次市場」に焦点をあわせることが難しい。なぜなら，当該市場を巡り，すでにリーダーとチャレンジャーが激しい戦いを繰り広げているからである。ところが，リーダーとチャレンジャーの焦点が「一次市場」へ集中するお蔭で顧客を独り占めできる新たなマーケットの存在が浮

上する。それは，上位企業の関心が「一次市場」へ注がれることから，意図せざる結果として上位企業がターゲットとしない「二次市場」が生まれることである。ケーキで喩えるならば，もっともおいしい上部のクリーム部分ではなく，カステラとカステラの間を仕切るクリーム部分である。このような「二次市場」は，「一次市場」に比べると二流のマーケットである。しかしながら，「二次市場」を対象とする企業がフォロワーのみであることから，当該市場の利益を思うがまま独占できるという旨味を持つのである。

　ニッチャー企業は，経営資源の量は少ないが質は高いという性格から，マス・マーケットの獲得はかなり難しいが，希少性の高い資源能力を生かし，特定市場でミニ・リーダーの地位を構築するのは可能である。このため，ニッチャーが目指す対象は，細分化された特定市場に焦点が置かれている。特定市場はケーキで喩えると，ケーキのある部分を指しており，図表6-3では，「一次市場」から「三次市場」までをタテにカットした一部の顧客層がこれに該当する。

6-2-4　競争プレイヤーの戦略定石

　先述した嶋口充輝（1984）は，「リーダー」「チャレンジャー」「フォロワー」「ニッチャー」に分類した各競争プレイヤーがそれぞれ採用し得る対抗戦略を，次のように整理している（図表6-4）。

　「リーダー」の市場目標は，市場シェアの最大化，最大利潤，名声イメージの確保である。「リーダー」は，最大の経営資源量と最高の資源能力を有するため，「市

図表6-4：競争対抗戦略の体系

	市場目標	基本戦略	戦略ドメイン	政策定石
リーダー	・市場シェア ・最大利潤 ・名声イメージ	全方位化	・経営理念 （顧客機能中心）	・周辺需要拡大 ・同質化 ・非価格対応
チャレンジャー	・市場シェア	差別化	・顧客機能と独自能力の絞り込み（対リーダー）	・上記以外の政策（リーダーとの差別性）
フォロワー	・生存利潤	模倣化	・通俗的理念（良いものを安くなど）	・リーダーやチャレンジャー政策の観察と迅速な模倣
ニッチャー	・利潤 ・名声イメージ	集中化	・顧客機能と独自能力，対象市場層の絞り込み	・特定市場内でミニ・リーダー戦略

資料）嶋口（1984）を一部修正して作成

場シェア」「利潤」「名声」のすべてにおいて競争優位の立場にあるからである。「リーダー」の基本戦略は，全方位の戦略を採用すべきである。つまり，もっとも旨味のある大手顧客層に対して，オーソドックスな戦略を採用することである。「リーダー」の戦略ドメインは，顧客機能（ニーズ）を反映した経営理念となる。下位の企業とは異なり，「リーダー」は，ライバルとの企業間競争にフォーカスするよりも，顧客に焦点を置くべきだからである。最後に「リーダー」の政策定石は，周辺需要の拡大を図り市場のパイを広げたり，圧倒的な経営資源をベースにライバルの成功製品に同質化（模倣化）すること，ライバルたちの価格競争に巻き込まれない非価格対応を採ることである。

　次に，「チャレンジャー」の市場目標は，リーダーと同様に市場シェアの最大化である。「チャレンジャー」は，基本的にリーダーと同じ顧客層を対象に互いに奪い合い競争を繰り広げる。リーダーと同じ顧客層を巡りしのぎを削っている「チャレンジャー」の基本戦略は，リーダーに対する差別化が有効な戦い方となる。「チャレンジャー」の戦略ドメインは，顧客機能と独自能力の絞り込みについて対リーダーとの差別化を図るべきである。最後に「チャレンジャー」の政策定石は，周辺需要拡大，同質化，非価格対応についてリーダーとの差別化を採ることである。

　「フォロワー」の市場目標は，生存利潤の確保に全力を注ぐべきである。「フォロワー」は，リーダーやチャレンジャーと戦うために必要な経営資源を十分持たないからである。「フォロワー」の基本戦略は，模倣化の展開である。「フォロワー」は，上位企業であるイノベーターが膨大な研究開発投資の末，苦労して生み出したイノベーションを創造的模倣を通じて，やすやすと入手することで資源不足や投資負担を低く抑えられる。「フォロワー」の戦略ドメインは，良いものをより安くといった通俗的理念に集中すべきである。イノベーティブな上位企業と一線を画すことで生存利潤が生まれるからである。最後に，「フォロワー」の政策定石は，リーダーやチャレンジャーの政策の観察と迅速な模倣である。スピーディーな模倣能力こそ，「フォロワー」の重要な競争優位の源泉である。

　「ニッチャー」の市場目標は，特殊市場において利潤を獲得すると共に名声を高めることである。「ニッチャー」の基本戦略は，特殊市場に対する経営資源の集中化である。経営資源のほとんどを特殊市場に絞り込み，圧倒的な競争優位と高いブランドを確保できる。このため，「ニッチャー」の戦略ドメインは，顧客機能，独自能力，対象市場層の３つの要件に対して特定化すべきである。つまり，「全体」ではなく「部分」を狙いながら，生存領域を狭く深く絞り込むのである。最後に，「ニッチャー」の政策定石は，特殊市場に対してミニ・リーダー政策を展開すべきである。

6-2-5　先発者の競争優位（劣位）

　マラソンに挑む孤独なランナーには，序盤からトップに立つ「先行逃げ切り型」とレースの後半まで後方に控え，勝負所で一気にスパートをかける「後方追い上げ型」という2つのタイプに分けられる。「先行逃げ切り型」は，主導権を握ることができるためレースメイクできるが，常に後続ランナーの動向を気にしなければならず，ストレスと疲労が伴うやり方である。これに対し，「後方追い上げ型」は，盲目的に先頭ランナーに追従するだけなので，ストレスや疲労は最小化できるものの，レースの主導権を自分で握ることができず，たえず翻弄されるやり方のように区別される。このようなマラソンレースと同様に企業間競争においても，「先行逃げ切り型」と「後方追い上げ型」の2種類の企業が存在する。たとえば，以前のソニーは「先行逃げ切り型」の一番手企業，ライバルである旧松下電器産業（現パナソニック）は，「後方追い上げ型」の二番手企業であるとよく揶揄されたものである。ソニーは，ひとがやらないことをやる，世の中にないものをいち早く実現するなど，独創性と開拓者精神を尊ぶ気風に満ち溢れ，小型ラジオやウォークマンなど数々の世界初の製品を開発し，世の中に提供してきた歴史を持つ。これに対し，ライバルである旧松下電器産業は，一番手になることを好まず，その地位をソニーへ明け渡すような対応を好んだ。旧松下電器産業の気風とは，「石橋を叩いて渡れ」という勤勉さや堅実性を重視する商売人精神が強く，チャレンジ精神やハイリスク・ハイリターンの性格を有する一番手戦略よりも，ローリスク・ローリターンに徹する二番手戦略を好んだからである。ソニーをモルモット（実験台）として見立て，ソニーが苦労して生み出したマーケットに後から参入し，逆転を狙う戦略行動に徹する旧松下電器産業の姿は，その当時，「マネシタ電器」とも揶揄された話は，非常に有名である。

　このようなソニーと旧松下電器産業における戦略対応の違いに見られるとおり，ライバルに先駆けていち早く行動を起こすパイオニア企業を先発者（First Mover）と呼び，先発者だからこそ獲得できる長所またはメリットは，先発者の競争優位（First Mover Advantage）と呼ばれている。

　それでは，具体的に先発者の主な競争優位について考えてみよう。早稲田大学の恩蔵直人は，1995年，著書『競争優位のブランド戦略』のなかで，次のように説明している。第1は，顧客の心の中に参入障壁を形成である。つまり，先発者がいち早く市場へ製品・サービスを提供すると，顧客の中にブランドが形成され，これが後発者に対する参入障壁として作用することである。第2は，特許による参入障壁の形成である。先発者は，技術やブランド等について特許を取得し，後発者に対する参入障壁を生み出すことが可能である。第3は，利用者の生の声を吸い

上げ，次に生かすことができる。先発者は，いち早く市場へ製品・サービスを提供するため，利用者からの要望やクレーム等を最初に受け取ることができ，その後のイノベーション開発や戦略策定につなげることができる。第4は，外部との関係性の構築である。先発者は，外部のサプライヤーや販売チャネルへいち早く接近し，これらを確保または緊密な関係性を構築できる。第5は，利用者に対し高い転換コスト（Switching Cost）を強いることができる。つまり，先発者の製品・サービスの利用者は，それを利用すればするほど愛着や親しみが生まれ，操作や使い方に習熟する。こうした効果が後発者の製品・サービスに切り替える際に発生する高い転換コストとして働くのである。

　これに対し，先発者の競争劣位（First Mover Dis-advantage）とは何か。第1は，膨大なパイオニア・コストの負担があげられる。つまり，先発者は，先駆者や開拓者として，研究開発費，宣伝広告費，販売促進費などの多額の費用を負担せねばならない。第2は，需要の不確実性である。折角，先発者が市場を開拓しても，その後，顧客のニーズが変化して需要が大きく落ち込む可能性は少なくない。先発者には，こうした不確実性が付きまとう危険性を覚悟しなければならない。第3は，技術の非連続性である。先発者が開発した製品・サービスの技術がその後，生まれた革新的な新技術によって陳腐化されてしまう可能性がある。過去，アナログ技術で作られた製品がデジタル技術の登場ですべて置き換えられてしまったケース等は，典型的な事例だろう。第4は，高品質で低価格な代替品の脅威である。後発者は，先発者の製品・サービスをリバース・エンジニアリング等の手段を用いて，創造的模倣品を開発することができる。つまり，先発者は，ゼロから完成品を作り出さねばならず，このため，多額のコスト負担を余儀なくされる。これに対し，後発者は，先発者の製品・サービスを模倣することでコスト負担を回避できる一方，オリジナリティを醸し出すため，改善や改良を盛り込んだ高品質・低価格をベースとする破壊的イノベーションによって先発者の製品・サービスを駆逐してしまうのである。

6-2-6　後発者の競争優位（劣位）

　先発者に次いで市場へ参入するプレイヤーを後発者（Second Mover）と呼び，後発者が有する長所やメリットは，後発者の競争優位（Second Mover Advantage）と呼ばれている。下記では，具体的に後発者の優位性について触れてみよう。第1は，ただ乗り効果（Free Rider Effect）である。後発者は，先発者が開発した市場または製品にただ乗りして研究開発費や広告宣伝費など，先発者が負担した初期投資費用を節約できる[44]。第2は，需要の不確実性への対応である。つまり，先発者は，市場の先行きが不透明な段階で意思決定を強いられるのに対し，後発者は，市場が成

長するか否かを見極めたうえで投資することができる。第3は，顧客の変化への対応である。後発者は，顧客の変化を見極めながら，適切な対応が図れる利点がある。第4は，技術の不確実性への対応である。後発者は，先行技術の陳腐化，新技術への切り換え等，不確実性への対応に優れている。

　これに対し，後発者の競争劣位 (Second Mover Dis-advantage) とは何か。第1は，顧客の心に参入障壁を形成しづらい点である。一般的に，先に動く先発者の方がブランドや信用という参入障壁を構築しやすいのに比べ，二番手，三番手になるほど形成が困難となる。第2は，先発者の場合，特許戦略を駆使して参入障壁を構築しやすいのに比べ，後発者は，逆に特許権者である先発者から高額なライセンスフィー（手数料）の支払いを迫られる可能性がある。第3は，外部との関係性が築けない可能性である。というのも，サプライヤー・ネットワークや有利な販売チャネルの確立など，すでに先発者が強固な関係性を構築しており，後発者には残されていない場合があげられる。

解説　後発企業の逆市場参入戦略

〈先発企業が形成する参入障壁〉

　ソニー，エプソン，ニデック（旧日本電産）など，これらの日本企業に共通するのは，いずれも後発企業として誕生した点である。たとえば，1918年に設立したパナソニックに対し，ソニーは1946年の創立である。一方，1933年に誕生したキヤノンに対し，エプソンは1942年の創業である。そして，1946年に創業されたマブチモーター，1951年創業のミネベアミツミに対し，日本電産は1973年の創業である。

　しかし，このような後発企業が先発企業によって支配された国内市場へ後から参入し，その優位性や関係性を打破することは，非常に難しい。なぜなら，国内市場のその主な顧客らは，いち早く参入を達成した先発企業の手の中にあり，顧客の視線を180度変えるのは，容易ではないからである。また，原材料や部品等の主要な取引先も，すでに先発企業と強固な信頼関係を築いており，これを後から変更するのは，やはり困難である。

〈後発企業による逆上陸作戦〉

　ところが，一部の後発企業が，悪戦苦闘の末，国内市場の高い参入障壁を乗り越

---

[44] Mansfield, Schwartz and Wegner (1981) は，イノベーション・コスト（先発者のコスト）に比べ，イミテーション・コスト（後発者のコスト）は，平均で65％に過ぎないことを明らかにしている。

えて市場参入に成功できたのはなぜか。それは，成功した後発企業が特にアメリカ市場で知名度を高めた後，日本市場へ逆上陸するやり方を採用したからである。日本の後発企業が比較的オープンな外国市場でブランドを創造し，その名声を日本国内へ逆流させることで高い参入障壁を打ち破るやり方は，逆市場参入戦略（Reverse Market Entry Strategy）と呼ばれている。

　逆市場参入戦略のシナリオとは，次のとおりである（図表6-5）。まず，創業まもない日本の後発企業は，参入障壁の高い国内市場へ参入を試みたとしても，先発企業が持つブランドパワー等の厚い壁に対抗できない。そこで，外国企業の参入に対して比較的温厚で開放的な性格を持つアメリカ市場へ進出し，その地でシェアと知名度を高める。すると，アメリカ市場で広まった後発企業に対する名声が即座に日本（市場）へ波及する。なぜなら，日本人の多くは，アメリカ市場で人気を博した製品やブランドに対する感受性が人一倍高いためである。こうしてアメリカ発の後発企業ブランドが国内へ逆上陸を果たし，先発企業が苦労して築いた参入障壁を打ち砕き，競争逆転を可能にするというシナリオである

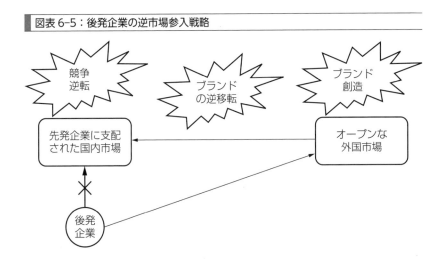

図表 6-5：後発企業の逆市場参入戦略

〈トヨタ，レクサスの挑戦〉

　ここでは，トヨタ自動車の高級車ブランド「レクサス（Lexus）」がアメリカ市場での成功を足掛かりに，ドイツの輸入高級車メーカーに半ば支配されている国内高

45　レクサスは，Luxus（ルクスス）を語源とする造語である。その他の選択肢には，「ケンブリッジ」「ヴェクター」等があったと言われている。

級車市場へ打って出た逆市場参入戦略の事例を紹介しよう[45]。

　まず，日本国内の高級車市場は，長年，Daimler 社（Mercedes-Benz），BMW 社，Audi 社というドイツ勢とスウェーデンの Volvo 社のような欧州の自動車メーカーに支配されてきた。特に“ジャーマン 3”とも表現されるドイツ勢の高級車市場におけるグローバル・ブランドは極めて強く，今日でも約 80 ％もの市場がドイツ勢によって占められているという。プレミアム・カーの領域で強固な競争力を持つドイツ勢に対し，トヨタ自動車，日産自動車，ホンダといった日本勢は，需要の少ない高級車市場を避け，もっとも需要が見込める大衆車市場に狙いを定め，これまでグローバルな競争力を磨いてきた。こうした発想の違いから，国内の高級車市場は，気づいた時にはドイツ勢を中心とした欧州の自動車メーカーにほぼ独占される結果を招いてきたのである。

　こうしたなか，トヨタ自動車を代表とする日本勢もまた，輸入高級車で支配された我が国の高級車市場のあり方について，もはや妥協を許す時代ではないことを悟り始めた。たとえば，トヨタ自動車では，次のような強い危機感を抱くようになった。第 1 は，大・中・小のフルラインで事業を展開してきたトヨタにとって高級車市場の開拓は，残された最後の未踏峰である。第 2 は，トヨタが昔から強いミドルクラスを支持する顧客数が大幅に減少し，その代わりに，小型車か大型車へ向かう動きが加速してきた。そして，第 3 は，輸入高級車のドライバーは，次に乗り換えるときも輸入高級車を選択する傾向が強いという調査結果が明らかとなり，このまま，これを放置してしまうと国内の高級車市場は，永遠に輸入高級車に独占されてしまう強い危惧を抱いたのである。

　そこで，日本勢は，欧州勢の牙城と化した国内市場をあきらめ，代わりのターゲットとして参入障壁が低く自動車の本場でもあるアメリカ市場へまず最初に打って出ることにした。具体的には，トヨタが「レクサス」，日産は「インフィニティ」，ホンダは「アキュラ」とそれぞれブランドを立ち上げ，アメリカの高級車市場の開拓に挑んだ。その結果，トヨタは，1989 年，「レクサス」ブランドを立ち上げたのもつかの間，「静寂性」「品質力」「安全性」の面で，市場から高い評価と支持を勝ち取ることができた[46]。そして，「レクサス」は，1998 年に BMW，2000 年にはベンツの販売台数を上回るという快挙を達成した[47]。

---

[46] その当時，最高品質を意味する「レクサス・ライク（Lexus Like）」という言葉が生まれたほど人気があった。

[47] 「米国自動車耐久品質調査」でレクサスは 11 年連続で第 1 位を記録した。

〈真のグローバル・プレミアム・ブランド〉

　アメリカ市場で大成功を収めた「レクサス」の次なる目標は，「真のグローバル・プレミアム・ブラントになること」であった。つまり，日本発のグローバル・ブランドへの挑戦である。ところが，「レクサス」はアメリカ，シンガポール，サウジアラビアのような国々で高い人気を得ることができたが，強豪がひしめく欧州市場では，いまだ低い評価のままだった。そこで，トヨタは，2005年，世界市場の先駆けとして，国内の高級車市場への参入を決断した。その背景となった理由として，当時の日本におけるいくつかの変化があげられる。第1は，バブルの崩壊後，一億総中流社会が崩れ始め，富裕層と貧困層からなる二極化社会が到来したことである。この結果，ミドルクラスの大衆車の需要や人気が低下傾向となってしまった。第2は，日本人のアメリカ信仰の強さをテコにすることである。つまり，一般的に日本人は，アメリカで評価や人気を博した物事に対する感受性が高い民族とされている。このため，アメリカ市場で高い評価を得た「レクサス」を国内へ逆上陸させる意義は，極めて大きかった。第3は，最終的に欧州市場へ参入する場合，日本の文化や思想・哲学を背負った日本発のブランドを創造できない限り，異なる価値観やアイデンティティを尊重する欧州地域では，容易に受け入れてくれないことであった。

〈欧州勢対レクサスの戦い〉

　「レクサス」の逆市場参入によって国内の高級車市場を巡る戦いは，激しさを増すばかりである。"ジャーマン3"と呼ばれるMercedes-Benzは伝統的な重厚感，BMWは軽快な走り，Audiは都会的なデザインで勝負するのに対し，スウェーデンのVolvoは安全性と北欧デザインが売りである。一方，トヨタの「レクサス」は，日本らしさで勝負すると言われている。つまり，伝統的な匠の技と先端技術の融合によるモノづくりに加え，最上級の販売とサービスがその強みである。

　「レクサス」の特徴は，最高のクルマ作りだけでなく，最高の販売やサービスを重視する点である。たとえば，「レクサス」の販売店では，一流ホテルや高級レストランの接客にも負けない優れた「おもてなし」が提供されている。それは，最高のモノは最高のホスピタリティでという戦略意図からである。

　電気自動車（EV）の開発や人工知能（AI）の発達に伴う自動運転車の開発そしてカー・シェアリング・ビジネスの台頭など自動車業界を取り巻く環境は，激しさが増すばかりである。こうしたなか，高級車市場を巡る欧州勢とレクサスの戦いは，どう推移するのだろうか。今後の動向が注目される。

6-3　バリュー・プロポジション戦略

6-3-1　バリュー・プロポジションと競争優位

　競争優位の戦略論のなかで，最近，バリュー・プロポジション (Value Proposition：VP) という概念が生まれ普及してきている。VP は「価値提案」と訳され，この概念を使用すれば，「ライバル」「自社」「顧客」という3つの構成要素から「競争優位」「競争均衡」「競争劣位」のそれぞれの状態を浮き彫りにすることができる。

　図表6-6 を見ると，「競争優位」とは，◎印で書いた部分が該当する。つまり，顧客が求めている価値を自社は提供できるが，ライバルは提供できない状態であり，通常，このポジションのことを「バリュー・プロポジション」と呼んでいる。「競争均衡」とは，○印でマークした部分を意味する。すなわち，顧客が要求する価値を自社もライバルも提供できる状態である。最後に，「競争劣位」とは，△印で書いた部分を指す。つまり，顧客が求める価値をライバルは提供できるが，自社はそれができない状態を表わす。

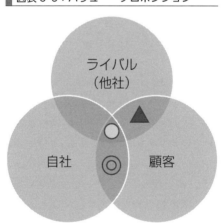

図表6-6：バリュー・プロポジション

6-3-2　競争優位から競争劣位への変換

　バリュー・プロポジションの概念を援用すると，自社の競争優位が競争劣位へと転落していく様を明らかにすることができる (図表6-7)。

　まず，顧客が求める価値を自社は提供できるが，ライバルは提供できないポジションを指す「競争優位」は，自社の開発した製品・サービスが顧客の要求する価値水準を満たした「プロダクト・アウト」と顧客の要求する価値を迅速に提供する

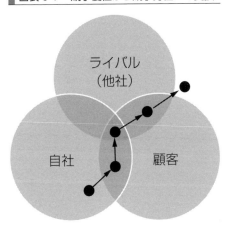

図表6-7：競争優位から競争劣位への変換

「マーケット・イン」の何れかのアプローチから生まれる。その後，「競争優位」は，模倣行動や追従戦略という手段を用いて対抗するライバル（二番手企業）の出現から，自社の「競争優位」は「競争均衡」へと変質する。そして，顧客価値の実現を巡る自社とライバルの製品・サービス競争が繰り広げられ，その結果，ライバルが勝利すると「競争均衡」の状態は崩れ，ライバルが「競争優位」を獲得し，自社は「競争劣位」へ転落し，最終的には，陳腐化に伴う市場からの撤退の道筋を歩むという道筋である。

　このような「競争優位」から「競争劣位」への転換が意味する教訓とは，当初，バリュー・プロポジションを実現して「競争優位」を構築できたとしても，その後，ライバルの追い上げを受け，その地位から転落してしまう可能性である。近年，家電業界における日の丸家電メーカーが新興国の家電メーカーの攻撃によって，瞬く間に「競争優位」を追われ，「競争均衡」の状態に入るや否や「競争劣位」へ転落した様は，このモデルの有効性を如実に表している。

6-3-3　競争劣位から競争優位への変換

　先述のパターンは，自社がパイオニア（一番手），ライバルはフォロワー（二番手）という位置づけだったが，今度は，逆の場合を考えてみよう。

　まず，顧客が求める価値をライバルは提供できるが，自社は提供できない「競争劣位」の状態からスタートする。その後，「競争優位」なライバルの製品・サービスを模倣行動や追従戦略という手段を用いることで自社の「競争劣位」は「競争均衡」へと変化する。そして，顧客価値の実現を巡る自社とライバルの激しい製品・

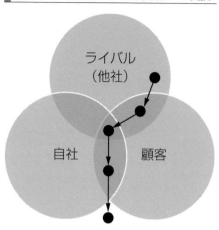

図表6-8：競争劣位から競争優位への変換

サービス競争が展開された後，自社が勝利すると「競争均衡」の状態は崩れ，ライバルは「競争劣位」に転落し，自社が「競争優位」を獲得し，最終的には，陳腐化を迎えるモデルである（図表6-8）。

　このような「競争劣位」から「競争優位」への転換が意味する教訓とは，当初の段階で不利な立場にある自社でも，模倣行動や追従戦略を通じて「競争優位」の地位を手に入れられる可能性を示唆している。たとえば，先ほど取り上げた旧松下電器産業（現　パナソニック）の場合，ソニーを先行させ，後からキャッチアップする行動を意図的に行ってきた。具体的には，ソニーが画期的なイノベーションによって新市場を創造すると，瞬く間に同質的な対抗製品・サービスそしてビジネスモデルを打ち出し「競争均衡」に持込み，最後は，競争逆転を成功させるパターンは，このモデルの典型的な事例としてあげられる。

6-4　企業間競争の基本的なパターン

　同一業界を巡る企業間競争とは，各プレイヤーの競争行動の総和を意味する。そして，企業間競争の基本的なパターンは，「差別化競争」と「同質化競争」の循環や欠如の行動であると説明することができる。法政大学の宇田川勝と東京大学の橘川武郎と新宅純二郎は，2000年，編著『日本の企業間競争』のなかで，「差別化競争」とは，競争企業による差別化行動の展開であり，棲み分けに基づき市場は成長するが，企業間の学習は働かないと定義する一方で，「同質化競争」とは，競争企業による模倣行動であり，市場規模は大きく拡大するが，価格競争の激化や機能向上競争を招く可能性が高いと指摘している。そして，戦後の日本の産業では，少

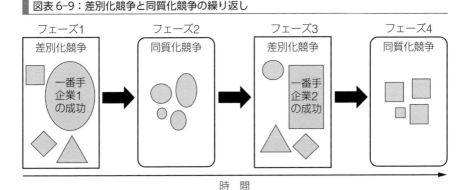

図表6-9：差別化競争と同質化競争の繰り返し

資料) 宇田川・橘川・新宅（2000）をもとに作成

なくとも下記のような3つの競争パターンが存在したと分析している。第1は，「差別化競争」と「同質化競争」の繰り返しパターンであり，家庭用VTR，デジタル家電，自動車，カメラ等の産業がこのタイプに該当する。第2は，「差別化競争」と「同質化競争」の繰り返し欠如（すなわち，「差別化競争」「同質化競争」のどちらかが継続）パターンであり，ビール，アパレル，トイレタリー，パソコン等がこれに該当する。第3は，競争自体の欠如（規制下の量的競争）であり，このパターンには銀行や大学があげられる。

　さて，これら3つの競争パターンのうち，戦後の日本で国際競争力の高い産業の多くは，「差別化競争」と「同質化競争」の繰り返しパターンによるものであった（図表6-9）。まず，フェーズ1において，競合他社同士のイノベーションをベースとした「差別化競争」が繰り広げられる。そして，通常，激しい「差別化競争」を勝ち抜く可能性の高いのは，最初にイノベーションを起こし，いち早く市場へ打って出た「一番手企業1」である。こうして一番手企業のやり方が成功を収めフェーズ2へ移行すると，成功した一番手企業のやり方に追随する「同質化競争」が展開される。つまり，競合他社は一番手企業のやり方に改善・改良を加えるのである。その結果，市場のパイが拡大する一方，企業間の競争力は平準化に向かう。フェーズ3は，競合他社が再び独自の新製品，新市場の探索を行う「差別化競争」が繰り広げられ，「一番手企業2」のやり方が成功を収める。そして，フェーズ4では，再び「同質化競争」が行なわれる。フェーズ3で成功した「一番手企業2」のやり方を競合他社が模倣行動を通じてキャッチアップするのである。

6-5　業界競争を巡るプレイヤー

　業界競争を繰り広げる主なプレイヤーは，通常，業界の「リーダー」「チャレンジャー」「フォロワー」「ニッチャー」である。ところが，近年になると，これら業界内プレイヤーに加え，業界外プレイヤーの参入と攻撃が顕著になってきた。早稲田大学の山田英夫は，1995年，著書『逆転の競争戦略』のなかで，「リーダー」の地位を脅かすライバルには，同じ業界内で「リーダー」に対抗する「チャレンジャー」だけでなく，業界の外から攻撃してくる侵入者（Invader），業界そのものを破壊する業界破壊者（Buster）の存在をあげている（図表6-10）。

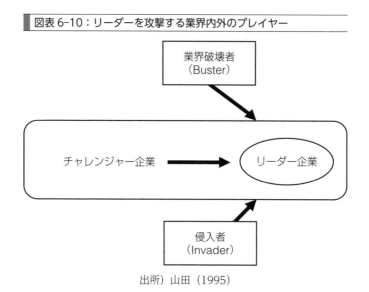

図表6-10：リーダーを攻撃する業界内外のプレイヤー

業界破壊者
（Buster）

チャレンジャー企業　　　　　　リーダー企業

侵入者
（Invader）

出所）山田（1995）

　「業界破壊者」「侵入者」「挑戦者」に該当する各プレイヤーの攻撃戦略とその主な特徴をまとめたのが図表6-11である。

　最初に，「リーダー」とは同一業界の秩序やルールを作り上げた企業である。つまり，業界の「創造者」「支配者」そして業界のルール策定者（Rule Makers）である。このような「リーダー」の地位を脅かす強力なライバルは，業界の内と外にそれぞれ存在する。まず，業界内から「リーダー」に正面から競争を挑む代表格は，「チャレンジャー」である。「チャレンジャー」は，「リーダー」のやり方に対し差別化で対抗し，市場占有率の逆転や市場地位からの転落を目論む企業である。ところが，「チャレンジャー」は，長年「リーダー」が創造した秩序やルールのなかで生きてきた。このため，実際には「リーダー」を転覆させるだけのパワーを持ち合わせて

図表6-11：他部門・他市場ライバルのリーダー攻撃

	業界破壊者 （Buster）	侵入者 （Invader）	挑戦者 （Challenger）
攻撃者の本籍	異質な他業界	隣接業界	同一業界
攻撃の武器	機能の同一性	異質な経営資源	差別化
攻撃初期の リーダーの対応	自社の敵とは 認知できない	侵入者の戦略を静観	動揺
転落の兆候	売上高の減少	シェアの減少	シェアの減少
転落の指標	業界の消滅	首位からの転落	首位からの転落

出所）山田（1995）

いないか，たとえ持っていたとしても限定的な成功で終わるケースがほとんどである。

　一方，業界の外から当該業界や「リーダー」を攻撃するプレイヤーは，「リーダー」や当該業界にとって大きな脅威である。というのも，外部から攻撃する企業の中には，伝統的な業界の秩序やルールに縛られず，全く新たな発想やノウハウを武器に，業界の転覆を狙う企業が存在するからである。こうした業界の外から攻撃するプレイヤーは，隣接業界から参入を果たす「侵入者」と異質な他業界から攻撃を図る「破壊者」に大別される。

　侵入者（Invader）は，隣接業界から当該業界の破壊を目論むような企業である。侵入者は，異質な経営資源を武器に静かな攻撃を企てる。このため，当該業界の「リーダー」は，当初，侵入者の攻撃に気づかずこれを静観してしまう場合が多い。その隙に市場占有率を奪い取り，「リーダー」の転覆を図るのである。

　破壊者（Buster）は，別名，「ルール・ブレイカー」「ルール・チェンジャー」そして「ゲーム・チェンジャー」等とも呼ばれ，異質な業界から当該業界そのものの破壊を目論む企業である。破壊者の恐ろしい点は，過去の先例にこだわらず，業界の秩序やルールそのものを壊そうと試みる造反企業なことである。具体的には，「リーダー」が自社の得意とするハードにこだわっている間に，まったく別のハードやソフト，サービスによって業界の壊滅を企てるような企業である。たとえば，コンビエンスストアのセブン・イレブンは，後発参入の立場にもかかわらず，伝統的な金融（銀行）業界へ全く新しいやり方で成功を収めている。そのやり方とは，自身が運営するコンビニエンスストア内に「セブン銀行」と呼ばれるATMを開設し，その手数料で収益化を図るというものである。これまでの伝統的な銀行の儲け方とは，低金利で預金者からお金を預かり，高金利で資金希望者へ貸し付け，その

差額で儲けるやり方であった。これに対し,「セブン銀行」は,市中銀行のキャッシュカードを持つ人が店内に設置された ATM を利用するたびに,市中銀行から「セブン銀行」へ一定の手数料が支払われるという新たなしくみを編み出したのである[48]。

6-6　異業種格闘技の幕開け

早稲田大学の内田和成は,2009 年,著書『異業種競争戦略』のなかで,異なる事業構造を持つ企業が異なるルールで同じ顧客や市場を奪い合う様を「異業種格闘技」と呼び,これからも業界の垣根を超えた競争がより一層激しさを増すと主張している (図表 6-12)。

たとえば,銀行業を見ると,メガバンク,地銀,信金などこれまでのプレイヤー同士の戦いの場にエレクトロニクスのソニー (ソニー銀行) や小売業のセブン・イレブン (セブン銀行) が従来とは異なるルールとやり方で戦いを挑み,「異業種格闘技」を繰り広げている。また,これまで電力大手に支配されてきた電力業界では,電力自由化に伴い,ガス,石油,通信,住宅,家電量販店等の新規参入者が従来とは異なる新しいサービスを武器に押し寄せてきている等,「異業種格闘技」は,今後益々活発化することが予測される。

異業種間競争が激化する主な理由として,ひとつは経済の成熟化があげられる。

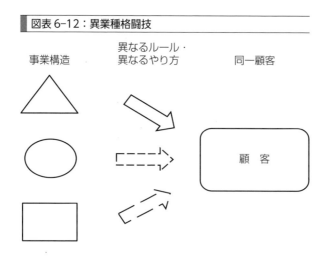

図表 6-12：異業種格闘技

事業構造　　異なるルール・異なるやり方　　同一顧客

顧　客

---

[48] インターネット通販大手のアマゾンもまた,近年,PB によるアパレル事業へ参入を果たした「業界破壊」を目論む企業である。

経済が成熟化すると，あらゆる企業は，新たに成長や利益が見込まれる事業や市場へ相次いで参入を試みる。すると，もとから存在する既存のプレイヤーと異なる事業構造から新たに進出したプレイヤーが，それぞれ特異なやり方で同じ顧客の奪い合う三つ巴の戦いが拡大するのである。もう一つの理由は，ICT（Information, Comunication and Technology）の飛躍的な発達である。すでに繰り返し触れたとおり，インターネットやPC・スマートフォン等の情報端末の進化から，これを駆使したユニークなビジネスモデルが次々に生まれる一方で，これまで知識・ノウハウや資金力の面で脆弱なスタートアップ企業が，従来とは異なる発想とアイデアそして新たなルールを通じて戦いを挑んでくるようになったからである。

　「異業種格闘技」では，従来までの競争のルールが通用しなくなる。「同業種格闘技」の場合は，相手の考え方や出方がある程度想定でき，対処が可能だった。ところが，「異業種格闘技」では，事業構造も戦い方も異なる各プレイヤーが想像し得ない競争を挑んでくるため，これまでのルールは全く通用せず，激しいガチンコ勝負が繰り広げられるのである。また，成功した企業ほど失敗する可能性が大きいのも「異業種格闘技」の特徴である。現在の市場で成功している企業は，「同業種格闘技」から「異業種格闘技」へ戦い方が変化してしまったにもかかわらず，過去の成功の慣性が強く作用するせいで，これまでと同じやり方を展開し，没落する危険性が高いからである。

　内田は，「異業種格闘技」のからくりを知るひとつの有効なツールとして「事業連鎖」というユニークなフレームワークを提唱している。図表6-13は，カメラ業界の事業連鎖である。

　最初の「フィルムカメラ」は，カメラで撮影した記録媒体としてフィルムが必要であると共に，現像や焼き付け処理もまた必要であった。次に登場した「使い捨てカメラ」は，フィルムとカメラが一体化したため，記録媒体のフィルムの購入が不要になった。そして，現像・焼き付け処理の領域で「ミニラボ」と呼ばれる自動化マシンが登場し，この結果，現像所が大幅に減少した。さらに，革新的なイノベーションが起こった。それは「デジタルカメラ」の登場である。これにより，光学機器としてのカメラは，エレクトロニクス機器としてのカメラへ変貌した。「デジタルカメラ」は，次のような点で従来のやり方を根本から覆す破壊的イノベーションであった。まず，フィルムがメモリーカードに置き換わった。現像・焼き付けを行う現像所や取次店もまた，カラープリンターに置き換えられた。さらに，保存・鑑賞は，アルバムからパソコンへシフトした。そして，今現在，「デジタルカメラ」は「携帯電話やスマートフォン」に取って代わられようとしている。すると，直接情報端末のメモリに記録できるようになり，メモリーカードは不要となる。また，

図表 6-13：カメラ業界の事業連鎖

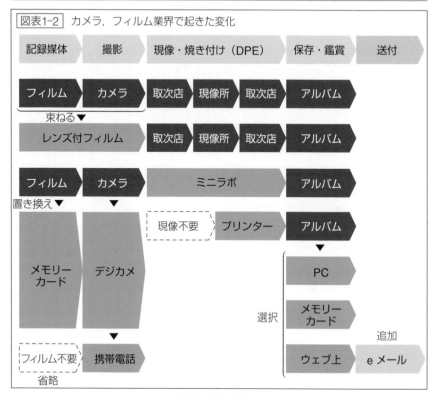

出所）内田（2009）

情報端末がインターネットに接続されているため，画像を LINE へアップすることや e メールで送ることが容易となった。

このようなカメラの事業連鎖において起こった変化は，主に 5 つあげられる。第 1 は，ある要素が別の要素に変化する「置き換え」である。第 2 は，ある要素が不要になる「省略」である。第 3 は，2 つ以上の機能がひとつに集約される「束ね」である。第 4 は，これまでの機能に対し選択肢ができる「選択肢の広がり」である。そして，第 5 は，新たな機能が加わる「追加」である。

6-7　生物に学ぶ弱者戦略の論理

本章の結びとして，企業間競争の世界を少し離れ，生物たちの生き残りをかけた競争の実態を取り上げてみたい。今後の競争戦略のあり方を知るうえで何か参考となる知見が発見できるかもしれないからである。

　あらゆる世界には，「強者」と「弱者」が存在する。そして，これらがまともに競争すると，「強者」が勝ち「弱者」が負けるのが世の常である。たとえば，体力や能力の格差が著しい「大企業」と「中小企業」がまともに戦ったとしたら，まず「中小企業」は「大企業」に勝つことが難しいだろう。ところが，自然界を見ると，必ずしも「強者」だけが生き残り，「弱者」だけが淘汰されるとは限らない。逆に，「強者」だから淘汰され，「弱者」でもしぶとく生き残る事例が数多く確認されている。自然界では，「強者」が勝つのではなく変化できる者が本当の「強者」であり，そうすると，「弱者」でも変わることができれば，生き残ることは可能なのである。

　静岡大学の稲垣栄洋は，2014年，著書『弱者の戦略』のなかで，「強者」に対する「弱者」の戦い方の論理を明らかにしている。

　それによると，自然界における弱い生物のサバイバル戦略は，大きく4つのタイプに分けられる。第1は，「群れる」戦略である。まず，「弱者」が群れることで，天敵に対する警戒能力が高まる。また，群れることで自分が食べられるリスクが低下する。さらに，群れることで仲間と協力して餌を探し出すことができる。

　第2は，「逃げる」戦略である。「強者」に襲われた時に「弱者」は当然逃げるが，この際，「強者」は直線的に追いかけるのに対し，「弱者」はジグザグに走ることで，相手のスピードを打ち消す逃避行動に出る。つまり，「強者」は単純な戦い方をするのに対し，「弱者」は複雑に戦うことで生き残れるのである。また，「弱者」は早く逃避行動に出るため，逃げるのにふさわしい感覚能力を発達させている。たとえば，「強者」の眼は顔の正面にあるのが普通だが，「弱者」の眼は顔の横についており，これは天敵をいち早く発見して逃げるためだと言われている。

　第3は，「隠れる」戦略である。まず，巨大化した「強者」に対し，「弱者」はあえて小型化して隠れやすく見つかりにくい方向を選択したとされている。また，特に昆虫がそうだが，周りの環境（葉っぱや草むら等）の色や形に姿を似せる「擬態」を発達させ，大型化した「強者」から身を守る戦略を展開している。

　第4は，「ずらす」戦略である。「強者」がいる場所や時間を避けるやり方である。たとえば，夜行性の動物や開花する時期をずらす植物がその典型である。

　このような生き残り戦略を実行する「弱者」の特徴には，主に2つあげられる。ひとつは，先述した通り，「強者」は単純な戦略を好み「弱者」は複雑さを好む。もうひとつは，「強者」は変化を好まず「弱者」は変化を好むのである。つまり，環境が安定しているほど「強者」に有利に働き，環境が厳しく不安定なほど「弱者」に有利となるのである。

　ここで得られた生物たちの生き残り戦略に関する貴重な知見は，ビジネスの世界にも応用可能なものが多く，学ぶべき点は少なくないと考えられよう。

事例　「ライフテクト ヤマグチ」による弱者の競争戦略

〈商圏内企業間競争の激化〉

　「ライフテクト ヤマグチ（以下，ヤマグチで統一して表示）」は，東京都町田市で事業を営むパナソニック系列の電気店である。この一介の町の電気店の戦略行動が，他のライバル店のみならず，名立たる大企業からも注目を集めている。それは，同社が「高売り」「御用聞き」「生涯顧客化」と呼んでいる独自のやり方でおかれた厳しい競争環境の荒波にも負けず，安定的に成功しているからである。そこで，ここでは，同社の弱者戦略について触れ，その神髄を浮き彫りにしてみたい。

　図表 6-14 は，「ヤマグチ」と同一商圏内で競合する実際のライバルたちである。「ヤマダ電機」「ヨドバシカメラ」「ノジマ」など，数多くの有名な家電量販店がひしめき合い，「ヤマグチ」は，そのなかにすっかり包囲されていることがよく分かる。しかし，「ヤマグチ」を脅かす恐怖とは，家電量販店のような実店舗だけに止まらない。近年，アマゾンや楽天等の「ネット通販」が台頭し，電気店や量販店のようなリアル店舗のやり方を急速に破壊しつつある。

図表 6-14：「ヤマグチ」を取り巻くライバル

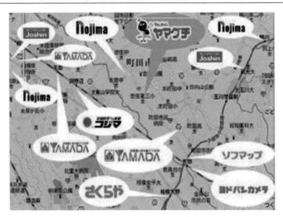

出所）http://brogs.itmedia.co.jp/brand_ing/2010/08/post-04b7.html

　一方では大型の家電量販店に取り囲まれ，もう一方ではインターネット通販の脅威に晒されるなか，「ヤマグチ」が生き残れる道は，ほとんど見当たらない。ところが，同社は，町の電気店の強みを掘り下げる戦略行動を通じて，大手量販店の粗利益率が普通 20～25 ％と言われるなか，「ヤマグチ」は，驚くべきことに粗利率 44.2 ％（2022 年 9 月）の高水準を達成する快挙を成し遂げている。一体，「ヤマグチ」には，いかなる秘密が隠されているのだろうか。

〈量販店 vs ネット通販 vs 電気店〉

　本題に入る前に「量販店」「ネット通販」そして「電気店」の長所と短所につい
て整理してみよう。図表 6-15 は，3 タイプの販売のしかたの特徴を浮き彫りにし
た図表である。

| | 図表 6-15：「量販店」「ネット通販」「電気店」の長所と短所 | | |

	量販店	ネット通販	電気店
長所	品揃えの豊富さ 低価格政策 販売促進 購買行動 需要予測	品揃えと利便性の高さ 低価格政策 販売促進 購買行動 需要予測	きめ細かなサービス対応 素早い問題解決力
短所	きめ細かなサービス対応 素早い問題解決力 ショールーミング問題	きめ細かなサービス対応 素早い問題解決力 ウエブルーミング問題	品揃えの脆弱さ 高価格政策 ショールーミング問題

　まず，家電「量販店」の長所は，「品揃えの豊富さ」「低価格」「販売促進」そし
て「データ分析」である。「量販店」は，店舗施設の規模が大きく，あらゆるメー
カーの多種多様な商品を手掛けている。このため，大量一括仕入れを通じて全体の
仕入れコストを削減し，その分，販売価格を安くすることが可能である。また，巨
大な資金力を武器にポイントカード[49] の発行による販売促進の画策，1 人ひとりの
購買履歴を調べ上げ，そのデータから顧客の購買行動の探索，中長期的な需要予測
等が長所に数えられる。これに対し「量販店」の最大の弱点とは，顧客 1 人ひと
りに対する「きめ細かなサービス対応」「素早い問題解決力」の不足があげられる。
「量販店」は，最近のインバウンドを含む不特定多数の顧客を相手にするため，顧
客 1 人ひとりに対して丁寧なサービス対応には自ずと限界がある。たとえば，詳
しい商品説明，配送の手続き，アフターサービス補償等に関する手続きや問い合わ
せ等は取り扱うことができても，よりきめ細かな対応，たとえば，実機を購入者の
家に取り付けるセットアップ・サービス，複雑な操作方法を顧客が理解できるまで
粘り強く指導するプロフェッショナル・サービスまで基本的に手が回らない。また，
「量販店」の弱点として，近年，ショールーミング（Show-Rooming）と呼ばれる問

---

[49] 貯めたポイントは「1 ポイント＝1 円」として利用できる。

題が浮上してきている[50]。これは，「量販店」に出向き，直接，商品に手を触れて確認したり，店内のスタッフから詳しい商品説明と質問に対する回答を聞き出すものの，実際の購入は，ネット通販を利用する顧客が次第に拡大している現象である。

　次に，「ネット通販」の強みとは，実店舗にはない「利便性の高さ」「価格の安さ」「販売促進」そして「データ分析力」に尽きる。まず，「利便性の高さ」について，「ネット通販」は，国内外にネットワークを張り巡らす物流会社と協力することで，自宅にいながらショッピングを楽しめる快適さ，商品が玄関先まで届く便利さ，商品の配送料の無料，商品価格の割引キャンペーンを顧客に提供できる。また，巨大な在庫置き場を保有するため，品揃えの豊富さと大量仕入れに伴う価格の割引もまた魅力である。さらに，オンラインを使った販促や情報収集そしてデータ分析も「ネット通販」の優れた強みである。これに対し，「ネット通販」の弱みは，ネット店舗という顔の見えない取引である性格上，顧客に密着した「きめ細かなサービス対応」や「素早い問題解決力」の不足は否めない。また，ネット店舗という性格上，顧客は自分のほしい商品等を実際に手に取って確認し，納得してから購入することはできない。このため，最近，ウェブルーミング（Web-Rooming）と呼ばれる「ネット通販」の弱点問題が浮上してきている[51]。これは，顧客がネット店舗のサイトにアクセスしてある程度品定めを行った後，最終的な購入は，実店舗に出向き行うやり方であり，「ネット通販」がショールーム（商品の展示室）ならぬウエブルーム（ウェブ上の商品展示室）と化してしまう現象である。

　これに対し，町の「電気店」の長所と短所とは何か。まず「電気店」が持つ最大の長所とは，ズバリ，商圏内の顧客に対する「きめ細かなサービス対応」と「素早い問題解決力」に尽きるだろう。たとえば，顧客が納得するまでトコトン接客したり，最後までお付き合いできるのは，町の電気店ならではの強みである。また，顧客から電話一本入ると，すぐに飛んで行って素早く問題を解決する対応力もまた見逃せない。一方，「電気店」の弱みとは，残念ながら，「品揃えの少なさ」とそれに伴う「高価格」があげられる。「電気店」は，基本的に資金力に乏しく「量販店」のように大量仕入れと豊富な品揃えには限界がある。また，実際には，特定メーカーの系列店としてある場合が多く，品揃えや数量の点で制約がある場合がほとんどである。こうしたことから，「電気店」は，仕入れコストが高くしかも系列店という制約から，高価格政策を採用せざるを得ない。さらに，「量販店」ほどではないものの，ショールーミング問題の可能性も少なからず存在する。

---

[50] 第11章「ネットとリアルの統合モデル」を参照。
[51] 第11章「ネットとリアルの統合モデル」を参照。

〈町の電気店に勝ち目はあるのか？〉

　今日，我が国を取り巻く環境は，複雑性に満ちている。たとえば，少子高齢化の進展，物価が下落するデフレ経済の長期化，可処分所得の伸び悩み，市場の成熟化，世代間格差の拡大，インターネットやソーシャル・ネットワーク等の発達等，取り上げれば切りがない。そして，こうした複雑化した環境下で顧客（消費者）は，大別すると，「何でも安く買い物をしたいと望む層」と「高くても価値ある買い物をしたいと望む層」のように二極化してきている。

　まず，「何でも安く買い物をしたいと望む層」の最大の関心事は，なるべく良い品物やサービスをどこよりも安く買えることである。このため，インターネットの「カカク・ドットコム」のような情報サイトや口コミから最低価格を割り出し，チラシ広告の収集や各店舗を歩き回り，価格の比較・検証作業から最適なショッピングを行う。そして，こうした手間と時間をかける購買者は，主に所得の少ない「学生層」や子育て世代を含む「サラリーマン層」であり，これら購買意欲の高い「学生層」や可処分所得を有する「サラリーマン層」を対象にするのが「量販店」や「ネット通販」である。実際に，両者は厳しい業態競争を繰り広げている。

　次に「高くても価値ある買い物をしたいと望む層」の関心は，本当に必要で価値ある品物やサービスを買えることである。この層に該当する「富裕層」や「シニア層」は，総じて無駄遣いを嫌う一方で，すでに豊富な財産を形成しているため，新しい物やサービスに対する購買意欲はさほど高くない（もちろん，すべての富裕層やシニア層が該当するとはいえないが）。この層は，本当に価値のある必要な買い物ならば，高価格はあまり障害とはならない。このような「富裕層」や「シニア層」こそ町の「電気店」がメインの顧客として唯一取り込める客層であり，ここに生き残るチャンスが隠されている。

〈高齢者の声に耳を傾ける〉

　業界内において「電気店」の地位は低く，しかも脆弱である。にもかかわらず，家電販売を巡る厳しい戦いの中で「ヤマグチ」が生き残り，しかも，ここ数年，年商10億円前後，40％前後の高粗利率をコンスタントに記録している最大の理由とは何か。その答えは，これまでにない大胆な発想と挑戦を繰り返してきたからではなく，むしろ，町の電気店の強みである「きめ細かなサービス対応」と「素早い問題解決力」に資源やエネルギーを集中し，それに絶えまぬ努力と磨きをかけてきた結果，顧客との間に真の信頼関係を構築できたからである。具体的に言うと，同一地域内に住む「富裕層」や年金生活者を含む60歳以上と言われる「シニア世代」を対象に，家電製品というモノを単に販売するのではなく，サービスというコトも

また一緒に提供することで，顧客満足度の最大化を達成し，業績をあげているのである。

　つまり，高齢世代の多くが抱える課題や悩みとは，学生層やサラリーマン層とは，全く別の次元の問題を抱えている。それは，高齢世帯の増加や単身高齢者数が拡大の一途を辿るなか，耐久消費財を購入するために必要な資金不足よりも，「買い物難民」や「買い物弱者」と呼ばれる高齢者特有の衣食住の問題，ケガや病気に対するお世話，万が一の時のサポート援助等，円滑な日常生活を送るうえで必要な支援活動等である。日常生活を下支えるサービスや支援を求める高齢者の声に耳を傾け，その期待に応えられる問題解決能力が町の電気店の強みであり，これこそが「ヤマグチ」の真骨頂なのである。

〈「ヤマグチ」の弱者戦略〉

　こうした高齢者に対する「ヤマグチ」の生き残り戦略は，「高売り」「御用聞きサービス」「生涯顧客化」という主に3つのポイントに集約できる。第1は，「高売り」である。図表6-14の通り，「ヤマグチ」は，大手家電量販店群が激しい低価格競争を繰り広げる真っただ中に存在する。しかし，安売り合戦で町の電気店が大手量販店と対抗することは，至難の業である。価格を下げることは，お店の利益を削って販売することを意味するからである。そして，こうした消耗戦に有利なのは，経営規模や資金力が豊富な大手量販店であることは明らかであり，その点で町の電気店には勝ち目はない。

　安売り競争が渦巻く商圏地域の中で「ヤマグチ」は，驚くべきことに高売り戦略を採用し成功を持続している。どのくらい高売りかと言うと，ある家電製品の販売価格が家電量販店では約21万円するところを，「ヤマグチ」では約33万円の高値で販売している。これは，量販店の価格より12万円も高い価格設定であり，今日のように物価が下がるデフレ経済下を考慮しても，時代と逆行する驚くべきやり方である。

　同社では，長年にわたり会社の尺度を売上高ではなく粗利益によって管理している。たとえば，社員一人ひとりの成績やノルマは，すべて粗利益で査定し評価しているという。また，価格の決め方として，メーカーからの仕入れ価格に0.60をかけて加えた数値を販売価格としている。そうすれば，家電製品を売上げるたびに約40％の粗利率（粗利÷売上高×100）の確保が可能だからである。こうした粗利率重視の経営を通じて「ヤマグチ」は，ヤマダ電機のような家電量販店の粗利率が約21％と言われるなか，約40％という高い粗利率を可能にしているのである。

　第2は，「御用聞きサービス」である。「ヤマグチ」は，町の電気店という特徴

を活かして「きめ細かなサービス対応」と「素早い問題解決力」を武器に量販店の
やり方と明確に差別化している。「御用聞きサービス」は，「裏サービス」とも呼ば
れ，家電製品を購入してくれた顧客に対し，「ヤマグチ」の社員が無料で家事代行
サービスを実施する行為を指す。そして，このような家事代行サービスの内容は，
実に多彩である。一例をあげると，家の留守番，花の水やり，病院の付き添い，買
い物の送迎，ペットの世話，庭の草木の手入れ等など，ビジネスとは全く関係のな
いサービスまで会社の社員が担っている。また，「ヤマグチ」の社員が家電購入者
のお宅を定期的に訪問し，製品の取り扱いや操作のしかた，電球切れや冷蔵庫の不
具合等の調整まで，その場で修理・交換する無料サービスもまた実施している。さ
らに，定期的な巡回活動を通じて，各家庭の家族構成の把握，所有する電化製品の
種類やタイプをその場で読み取り，顧客管理データベースへ反映させる取り組み，
製品寿命をはるかにこえて古くなった電化製品を見つけ出し，買い替えの提案を促
進する行動など，「御用聞きサービス」とは，実に多くの意義や価値を兼ね備えて
いる。こうした日々の地道な努力が実を結び，「ヤマグチ」の社員は，家電購入者
だけでなく，地域社会にとって欠くことのできない重要な存在としての地位を確立
している。たとえば，「遠くの親戚より，近くのヤマグチ」という言葉が物語ると
おり，「ヤマグチ」には，地元に沢山のファンがいる。そして，会社（社員）と顧
客は，商売という枠を超えて固い絆と強い信頼関係で結ばれている[52]。

　さて，無料で行う御用聞きサービスの有効性については，ある程度確認すること
ができたが，こうした地道な人的活動に伴う人件費や交通費といったコスト負担に
ついて「ヤマグチ」では，どのように対処しているのだろうか。実は，無償で行う
サービス代は，家電製品を購入する際に顧客が支払う価格によって回収するしくみ
となっている。つまり，顧客は，量販店よりも高い価格を支払い「ヤマグチ」から
家電製品を購入する代わりに，顧客を取り巻く諸問題の解決やサポートを「ヤマグ
チ」から無料で提供を受けられることを期待しているのである。

　第3の生き残り戦略は「生涯顧客化」である。「ヤマグチ」のビジネスモデルは，
横行する安売り競争に対し，高売り戦略で差別化すること，そして，量販店などライ
バルの弱点である「御用聞きサービス」によって顧客と長期的な強い絆と信頼関
係を形成することである。しかし，このような独自のやり方を成立させるには，も
うひとつ重要な取り組みが必要だ。それが優良顧客の探索と育成である。同社では，
すべての顧客の中から優良顧客を発見するため，図表6-16のようなフレームワー

---

[52] 自分が死んだ後の財産相続の対象者を実の子供ではなく，長い間，お世話になった「ヤマ
グチ」の社員へ送りたいというエピソードも語られている。

クを開発している。これは，過去，「5年間の累計購入額」と「直近の購入時期」
のクロスから，顧客を9つのランクにセグメントする分析ツールである。

図表6-16：顧客分類のフレームワーク

過去5年間の累計購入額	100万円以上	A-1	A-2	A-3
	30万円以上〜100万円未満	B-1	B-2	B-3
	1万円以上〜30万円未満	C-1	C-2	C-3
		1年未満	1〜3年未満	3〜5年以内

直近の購入時期

出所）日刊『技術営業』編集部（2008）

　図表6-16において，「ヤマグチ」が最上級の顧客として位置付けるのは，1年
未満に購入実績があり，累計購入額が100万円以上の「A-1」と1年未満に購入
実績があり累計購入額が30万円以上100万円未満の「B-1」である。同社による
と，顧客全体に占める「A-1」の割合は約20％，「B-1」は約12％だと言われて
いる。そして，このランクに該当する優良顧客に対しては，DMの配布や月一回
の訪問活動を展開し，手厚いサービスと強固な信頼関係の構築に努める。一方，最
も望ましくない顧客は，3〜5年以内に購入し，累計購入額は1万円から30万円
未満の「C-3」である。ここにセグメントされた顧客は，将来的にもヘビーユー
ザーに進化する可能性がなく，同社にとって最も不都合な顧客なため，残念ながら，
切り捨てる。

　そして，こうした顧客分類の中から，将来的にも重要な顧客と不要な顧客を選別
し，たとえどんなに昔馴染みであってもグレードが低いと判断された顧客は，顧客
リストから除外する。具体的に言うと，約3万世帯もの顧客管理数を半分以下の1
万3,000世帯まで一気に外したそうだ。その結果，「ヤマグチ」は，顧客を3分の
1まで削減した分，営業戦略における優先順位が立てやすくなり，残りの顧客へ3
倍のサービスが提供できるようになった。

第7章 | 資源ベースの戦略論

7-1 企業競争力の源泉

　1990年代になると，競争戦略とは異なるアプローチに注目が集まり始めた。それは，企業の経営資源や組織能力をテコに競争を繰り広げる戦略論であり，一般的には，資源ベースの戦略観（Resource Based View：RBV）の名で親しまれている。

　1980年代に登場した競争優位の戦略論は，別名，ポジショニング戦略観（Positioning View）とも呼ばれ，主に企業の外部環境を重視する戦略論であった。つまり，業界構造を詳しく分析し，業界内で最適なポジションを獲得する位置取り競争に焦点が当てられた[53]。これに対し，資源ベースの戦略観は，企業の内部環境に焦点をあてた戦略論である。それは，他社やライバルが容易にまねできない固有の資源や価値ある能力こそが企業競争力の真の源泉である一方，組織内部に存在するこれらの資源や能力を梃子にライバルと競争を繰り広げる視点に強い関心が寄せられたのである。このような組織内部の固有の資源や能力に関する戦略的重要性を提唱し，資源ベースの戦略観を一躍ひのき舞台に押し上げた功労者は，後述するゲイリー・ハメルとC.K.プラハラッドであり，彼らの発表したコア・コンピタンスという概念は，その当時，世の中に計り知れないインパクトを与えた。

7-2 経営資源論

　資源ベースの戦略観の話をする前に，経営資源論について触れる必要があるだろう。よく企業は，「ヒト」「モノ」「カネ」「情報」など諸資源の集合体と言われている。そして，これらの諸資源は，通常，経営資源（Management Resources）と表現されている。図表7-1は，経営資源を分解したモデルである。

　経営資源は，「可変的資源」と「固定的資源」に分けられる。「可変的資源」とは，必要に応じて市場から調達できる資源を意味し，たとえば，パート・アルバイト，派遣社員など最近の労働市場で拡大している非正規雇用者は「可変的資源」の代表格である。これに対し，「固定的資源」は，保有量を増減するのに時間がかかる資源である。加えて，その調整には相当のコストが必要な資源，企業の個性が反映さ

---

[53] ハーバード大学ビジネス・スクールのMontgomery（2008）は，戦略とは，外部環境において企業のポジショニングを決めることではなく，企業のあるべき姿（Identity）を描くこと，そして，価値を創造することであると批判している。

図表 7-1：経営資源の分解図

経営資源 ┤┌ 可変的資源

　　　　 └ 固定的資源 ┤┌ 人的資源

　　　　　　　　　　 ├ 物的資源

　　　　　　　　　　 ├ 資金的資源 ┤┌ 環境情報

　　　　　　　　　　 └ 情報的資源 ├ 企業情報

　　　　　　　　　　　　　　　　 └ 情報処理特性

出所）石井・奥村・加護野・野中（1985）

れる資源のように定義され，これに該当するのは，正社員と呼ばれる正規雇用者があげられる。

　次に，「固定的資源」は，さらに「人的資源」「物的資源」「資金的資源」「情報的資源」の4つの資源に分けられる。「人的資源」は，人的資本（Human Capital）とも呼ばれ，たとえば，優れた研究者やエンジニア，職人や熟練工等を指している。「物的資源」は，物的資本（Physical Capital）のことであり，ビル，工場，生産設備等を指すものである。「資金的資源」は，財務資本（Financial Capital）のことであり，自己資金，負債能力，含み資産（簿価と時価）等を意味するものである。最後に「情報的資源」は，見えざる資本（Invisible Capital）とも呼ばれ，たとえば，のれん，スキル，知識やノウハウ等を指している。

　さて，これら4つの資源のなかでもっとも重要な資源とは「情報的資源」である。なぜなら，企業間競争において競争優位や競争劣位を決定するのは，「見えざる資源」や「見えざる資産」の有無またはその質の高さだからである。そして，このような「情報的資源」とは，企業と環境（顧客，ライバル，サプライヤー等）との間における情報のやり取りと企業内部における情報の流れから生み出される一方で，それは具体的には「環境情報」「企業情報」「情報処理特性」に分けられる。

　まず「環境情報」は，環境に関する情報の企業蓄積であり，たとえば，技術・生産ノウハウ，顧客情報，技術導入のルート，市場情報の獲得ルート等である。次に「企業情報」は，企業に関する情報（良い情報）を環境（顧客やサプライヤーなど）が蓄積することであり，たとえば，ブランド，企業信用，サプライヤーへの影響力があげられる。そして「情報処理特性」は，企業内部の人材の情報処理パターンの蓄積であり，具体的には，「組織風土」「現場のモラル」「忠誠心」「帰属意識」といった組織構成員に共有されたものの見方・考え方を指すものである。

　最後に「情報的資源」は，次のような特性を内包している。第1は，実行，経験，学習から自然に蓄積されていく「自然蓄積性」である。第2は，ある分野の資源がその他の分野にも重複して利用できる「多重利用性」である。第3は，資源を意図的に捨てることが困難である「消去困難性」である。第4は，M&A，戦略提携では容易に移転することはできない「移転困難性」である。

7-3　資源ベースの戦略観の変遷

7-3-1　起源

　資源ベースの戦略観の起源は，1990年代以前遡るまでことができる。経済学者のエディス・ペンローズ（Edith Penrose）は，1959年，著書『The Theory of the Growth of the Firm』のなかで，企業は組織化された生産資源（Productive Resources）の集合体であり，日常の経営活動を通じて未利用な資源が蓄積され，蓄積された未利用資源を有効利用することで企業成長は可能であると論じている。

　マサチューセッツ工科大学スローン・スクールのバーガー・ワーナーフェルト（Birger Wernerfelt）は，「資源ベースの戦略観」というアプローチを初めて提唱した人物として有名である。ワーナーフェルトは，1984年に執筆した論文「A resource-based view of the firm」のなかで，「資源」と「製品」は，いわば「コインの表と裏」のような存在としている。すなわち，「製品」は，幾つかの資源によって構成され，一方「資源」は，幾つかの製品として利用される依存関係にある。したがって，競争優位な経営資源を持つことが優れた製品を生み出す源泉となるのであり，優れた「資源」の開発と保有こそ，後から「資源」を持とうとするライバルに対する資源ポジショニング障壁（Resource Positioning Barriers）の構築につながると主張している。

7-3-2　オーバー・エクステンション

　一橋大学の伊丹敬之は，1984年，著書『新・経営戦略の論理』において，オーバー・エクステンション（Over Extension）と命名した示唆に富む戦略ロジックを提唱している。それによると，組織が安定した状態とは，戦略にとって実は不都合な状態である。なぜなら，組織とは，その習性として「安定」「保守的」「現状維持」の方向へ向かいやすく，その結果，刺激や緊張感が次第に失われ，最後には休眠状態に陥ってしまうからである。そして，こうして休眠した組織状態の中では，新しい戦略の機軸を打ち立てることは，もはや不可能である。そこで，戦略にとって好ましい状況とは，休眠状態に入り，たるみがちな組織に対し，「度を超えた」「アンバランス」「ギリギリ」という緊張感を意図的に吹き込み，これを揺さぶることが

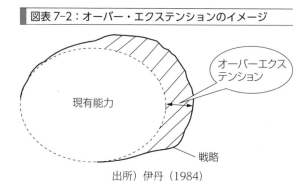

図表 7-2：オーバー・エクステンションのイメージ

オーバーエクステンション

現有能力

戦略

出所）伊丹（1984）

何よりも重要である。そうすることで組織には，創造的緊張が生まれ，これが飛躍する強いバネとして作用するのである。

　伊丹は，こう指摘したうえで現有する資源の水準以上に背伸びをし，あえて無理な戦略を採用するオーバー・エクステンションの概念を提唱している（図表 7-2）。オーバー・エクステンション（Over Extension）は，過度な拡張戦略をあえて実施することで，企業は現有能力以上のパワーを引き出せるだけでなく，組織学習の促進もまた期待できるとする考え方であり，当時から優れた知見として話題を呼んだ[54]。

　一方，伊丹が指摘したオーバー・エクステンションの考え方に触発され，類似する概念を提唱したのが，ロンドン大学ビジネス・スクールのゲイリーハメル（Gary Hamel）とミシガン大学の C. K. プラハラッド（C. K. Prahalad）である。1993 年，共著「Strategy as Stretch and Leverage」と題する論文のなかで，現有の経営資源を上回る野心的な戦略目標を設定する重要性を強調している。それによると，資源との間に意図的に「不適合」（Misfit）を作り出すストレッチ戦略を採用すると，企業内部に意図的な不均衡が生まれ，そこで生じたギャップを埋めようとする努力を引き出すことができると主張している。

　ここで取り上げた現有資源と戦略，資源と戦略的意図（Strategic Intent）を意図的に拡張する戦略は，一見すると，企業の潜在的能力を引き出すのに効果的なやり方のように映る。ところが，あまりにも過剰に拡張し過ぎるのは禁物である。というのも，拡張しすぎると失敗する可能性が高まるだけでなく，仮に失敗が連続した場合，負け慣れが生じて原因分析や反省が不十分となり，同じ過ちを再び繰り返す

---

[54] 伊丹（2012）はまた，ヒト，モノ，カネといった企業の見える資産（Tangible Assets）に比べ，技術ノウハウ，ブランド力，顧客情報など見えざる資産（Invisible Assets）の重要性を強調している。

可能性が有り得るからである。このような「過剰性の罠」も頭に入れながら，過小な拡張と過剰な拡張は避け，適度なバランスのとれた拡張を目指すことが肝要であることを忘れてはならない。

7-3-3 VRIO フレームワーク

ユタ大学のジェイ・バーニー (Jay Barney) は，1995 年，「Looking Inside for Competitive Advantage」と題する論文のなかで，経営資源の価値評価の枠組みである「VRIO フレームワーク」を提唱している。これは，自社の競争優位の源泉を経営資源として捉えながら，「価値」「希少性」「模倣困難性」「組織」という 4 つの項目から評価することを通じて，当該企業の競争優位性を明らかにする分析ツールである（図表 7-3）。

図表 7-3：VRIO フレームワーク分析

価値？	希少性？	模倣困難性？	組織？	競争優位
No				競争劣位
Yes	No			競争均衡
Yes	Yes	No		一時的な競争優位
Yes	Yes	Yes	No	未開発な競争優位
Yes	Yes	Yes	Yes	持続的な競争優位

出所) Barney (1995)

VRIO フレームワークによると，当該企業の経営資源の価値 (Value) が低い場合，競争優位は，相対的に競争劣位 (Competitive Disadvantage) と評価される。もし，企業の経営資源の価値は高いが，希少性 (Rare) が低い場合，競争優位は，ライバルと同等を意味する競争均衡 (Competitive Parity) と評価される。そして，もし自社の経営資源の価値と希少性が高く，模倣困難性 (Imitability)[55] が低い場合，競争優位は，一時的な競争優位 (Temporary Competitive Advantage) のように評価される。さらに，自社の経営資源に関する価値と希少性そして模倣困難性が高く，それを活かす組織 (Organization) が不在である場合，競争優位は，未開発な競争優位 (Unexploited Competitive Advantage) という評価が下される。最後に，自社の経営資源の価値と希少性そして模倣困難性が高く，しかもそれを活かす組織も存在

---

[55] 模倣困難性を高める要因には，「ユニークな歴史的経緯 (Unique Historical Conditions)」「因果関係の曖昧性 (Causal Ambiguity)」「社会的複雑性 (Social Complexity)」「特許 (Patent)」があげられる。

する場合，競争優位は，持続的な競争優位（Sustained Competitive Advantage）の
ように評価される。

7-3-4　コア・コンピタンス

　先にも登場したゲイリー・ハメルと C.K. プラハラッドは，1994 年，共著
『Competing for the future』のなかで，他社には真似できない中核的な力を意味
するコア・コンピタンス（Core Competence）の戦略的重要性について提唱した。
それによると，コア・コンピタンスとは，次のような特徴を持つ。①見えざる資源，
複数の技術の流れを統合していくための組織内における集団的学習である。②使え
ば消えてしまうものではなく，活用・共有されるごとに強化される。③製品単位の
ものではなく，組織全体を貫く力を意味する。④会社の成長と競争を決定する。⑤
全社をあげて直接，支援・作り上げるものである。⑥一事業部単位の問題ではない。
⑦コア・コンピタンスの育成が企業存続のカギを握る。

　図表 7-4 は，コア・コンピタンスから最終製品へ生み出されるまでの過程を樹
木の構造を使って，対比的に説明した概念図である。それによると，大地に深く
張った根っこの部分がコア・コンピタンスにあたる。なぜなら，見えざる資源とい
う性格を持つコア・コンピタンスは，ちょうど地上から確認できない根っこの部分
に相当するからである。次に，コア・コンピタンスをテコに生み出されたコア製品
とは，樹木で例えると，ちょうど根っこから伸びた幹の部分に当たる。つまり，コ
ア製品とは，見えざる資源を見える資源に変換したものであり，それはちょうど

■ 図表 7-4：樹木の構造とコア・コンピタンス

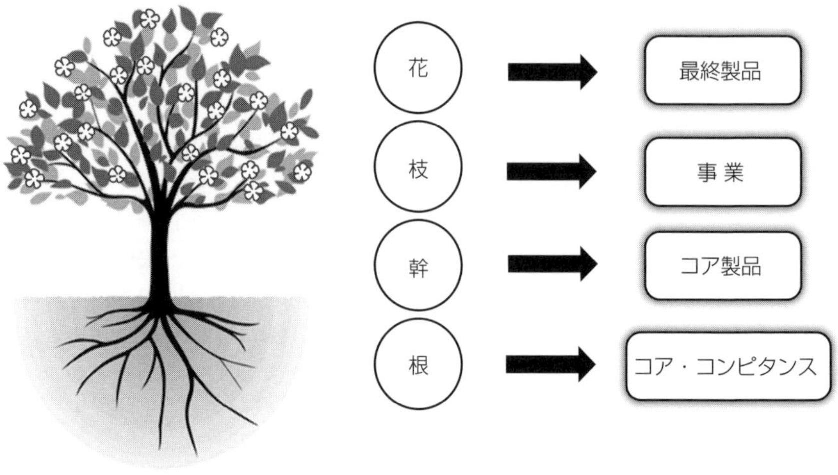

根っこから地上へ這い出した幹を指すのである。そして，コア製品を中心に広がった各種の事業（ビジネス）群は，木の構造に置き換えると，太い幹から生み出された沢山の枝の部分と同じである。最後に，各事業が創造した最終製品は，ちょうど沢山の枝に咲く花や果実のように例えられる[56]。

　それでは，実際の企業をコア・コンピタンスの概念に当てはめて説明してみよう。富士フイルム・ホールディングスは，過去，写真フィルムで世界的企業の地位の上り詰めたにもかかわらず，デジタルカメラ等の出現で写真フィルムの需要が大幅に激減し，壊滅的打撃を受けた。そこで，同社では，写真フィルムの開発で培った「超微細粒子技術」「酸化制御技術」をテコに新たな製品開発と事業化を試みた（コア・コンピタンス，コア製品）。その結果，スキンケア化粧品の分野が有望だと判断し進出した（事業）。というのも，写真フィルムの主原料と肌の主成分は，共に「コラーゲン」のため，フィルムで蓄積した酸化を制御する技術が化粧品開発に活かせたからである。そして，今日，同社のスキンケア化粧品「アスタリフト」は，高価格であるにもかかわらず大ヒットを記録し，新市場の開拓に成功できた（最終製品）。

　一方，カゴメは，創業してから今日まで，トマトをベースとする様々な商品を開発してきた。同社の強みは，長年取り組んだトマトの赤い色素「リコピン」が持つ抗酸化作用（活性酸素を消去する働き）に関する技術蓄積である（コア・コンピタンス）。そこで，同社ではトマトを濃縮したトマトピューレやトマトソースなどを作り出しながら，これらの食材をベースにして飲料，食品，ギフト，業務用，通販などの各事業を立ち上げた（コア製品，事業）。そして，各事業からは，トマトジュース，トマトケチャップ，サプリメント，生鮮トマト野菜のような健康食品が生み出され，今日，我々の食卓を飾っている（最終製品）。

　図表7-4から得られる知見をここで整理してみよう。それは，企業の最終製品とは，すべてコア・コンピタンスから生み出されており，優れた最終製品を創造するには，コア・コンピタンスのグレードアップが何よりも重要なことである。つまり，良い花や果実を実らせるには，樹木の根っこの部分にたっぷりと水や肥やしを与え成長を促すことが肝要なのである。

　最後に，コア・コンピタンスの長所とは，持続的な競争優位の構築とライバルによる模倣を難しくすることである。逆に，その短所としては，強力なコア・コンピタンスが存在すると，それ以外のことが何もできなくなってしまう危険性を内包する点であり，通常，これは「コア硬直性」「コア・コンピタンス依存症」とも呼ば

---

[56] Teece., Pisano and Shuen (1997) は，急激に変化している環境に対応するため，内部および外部のコンピタンスを統合・構築・再編成する組織の能力をダイナミック・ケイパビリティ（Dynamic Capabilities）と定義した。

れている[57]。次項では，コア・コンピタンスの重要性を強調する議論だけでなく，その課題や問題点を指摘する批判的な意見について取り上げてみよう。

7-3-5　コア・リジディティ

　ハーバード大学ビジネス・スクールのレオナルド・バートン (D. Leonard-Barton) は，1992 年，「Core Capabilities and Core Rigidities」と題する論文のなかで，時間の経過と伴に，コア・ケイパビリティ (コア・コンピタンス) は，コア・リジディティ (Core Rigidities) へ変化してしまう危険性を指摘した。つまり，企業固有の中核能力は，時間が経つと硬直化してしまい，失敗につながるというものである。このため，コア・ケイパビリティとコア・リジディティは，いわば表裏の関係にあり，企業の強みとは逆に弱みでもあると指摘している。

　レオナルド・バートンは，主なコア・リジディティ (知識を硬直化させる原因) として，次のような４つの点をあげている。第１は「新しい知識のとりこぼし」である。これは，コア・ケイパビリティの存在が新たな外部知識の導入を抑制し，排除につながる (外部の動きに無関心となる)。第２は「イノベーション能力を欠いた新しいツールと方法論」である。これは，現在のやり方が既存のコア・ケイパビリティを通じてうまく業績を上げている場合，より優れたやり方やプロセスに投資する妨げとなる (組織内部が固定化する)。第３は「限定された実験」である。これは，現行のコア・ケイパビリティでうまくいっているとき，新たな実験に挑戦できなくなる。第４は「限定された問題解決」である。これは，現在のコア・ケイパビリティを通じて，すべての問題解決を図ろうとする (問題解決が限定的となる)。

　したがって，企業の強みであるコア・ケイパビリティは，時間の経過や環境の変化に伴い，コア・リジディティへ変質していく以上，いつまでもコア・ケイパビリティを拠り所としてはならず，ある段階で放棄するのが得策である。知識を放棄する重要性について触れた一橋大学の一條和生は，2004 年，著書『企業変革のプロフェッショナル』のなかで，知識を管理する枠組みとして，次のような手順サイクルを提示している。それは，「知識創造 (Knowledge Creation)」→「知識共有と活用 (Knowledge Sharing and Utilization)」→「知識保護 (Knowledge Protection)」→「知識棄却 (Knowledge Killing)」という循環サイクルである。すなわち，知識を生み出し，組織全体で共有または活用する。その後，特許などを通じて知識を保護したのち，最終的には，自ら知識を放棄するという一連の流れを作り出すことが重要

---

[57] 圧倒的な成功体験から再び同じ思想とやり方を繰り返し，その結果，失敗してしまう行為は，積極的な慣性 (Active Inertia) と呼ばれている。

なのである。

7-3-6　知識の蓄積とは何か

　見えざる資源（資産）やコア・コンピタンス等に関する議論には，もうひとつ大きなテーマがある。それは，これらの知識の蓄積がもたらす危険性である。最初に，スタンフォード大学のロバート・サットン（Robert Sutton）とジェフリー・フェファー（Jeffrey Pfeffer）は，2000 年，共著『The Knowing Doing Gap』のなかで，「知ること」と「実行すること」の間には，ギャップが存在すると主張している。それによると，見えざる資源（資産）やコア・コンピタンスに注目が集まるにつれ，新しい知識の「創造」「獲得」そして「蓄積」の重要性についてマネジャーの関心が高まる一方で，逆に実際の「行動」「活用」に対する注目が疎かになってしまっているという。知識とは，実行を通じて初めて価値が生じるものであり，只々，やみくもに知識を蓄積すればよいというものではない[58]。

　もうひとつの危険性として，本当の知識は見たり聞いたりすることだけでは獲得が難しいという指適である。ハーバード大学ビジネス・スクールのスティーブン・スピア（Steven Spear）とケント・ボーエン（Kent Bowen）は，1999 年，「Decoding the DNA of the Toyota production system」と題する論文のなかで，トヨタ自動車の根底に存在する DNA の重要性を取り上げて説明している。それによると，トヨタ自動車の競争力の源泉とは，周知のとおり，カンバン方式や QC サークルなどトヨタ生産方式（Toyota Production System：TPS）である。にもかかわらず，トヨタの対応は，驚くほどオープンであり，そのノウハウを隠さずに公開している。ところが，不思議なことにライバルのなかで知識の吸収と再現に成功し，トヨタに匹敵するほど成功できた企業は今だ存在しない。それはなぜだろうか。その答えは，トヨタへ工場見学にやってきた数千という企業から数十万人ものマネジャーがそこで見たツールや手法こそが TPS の真実だと勘違いしたからである。TPS とは，過去 50 年にわたる情熱と努力から，自然発生的に育まれてきた賜物である。それゆえ一度として社内で文書化されたことはなく，トヨタの従業員ですら理路整然に説明できる人はあまりいない。つまり，TPS の本質とは，目に見えるツールや手法といった「形式知」ではなく，現場に共有された「精神」「哲学」そして「思考方法」など，目には見えない「暗黙知」であり，これこそが TPS の模倣や学習を困難にさせる真の理由である。

---

[58] Bossidy and Charan（2002）は，著書『Execution』のなかで，①実行は体系的なプロセスであり戦略に不可欠である。②リーダーの最大の仕事である。③企業文化の中核にあるべきと指摘している。

解説　脱成熟化で成否を分けた「イーストマン・コダック」対「富士フイルム」
〈写真フイルムの 2 強〉

　ここでは，世界の写真フイルムの 2 強として君臨したアメリカのイーストマン・コダック（Eastman Kodak）と日本の富士フイルム（現富士フイルム・ホールディングス）がフイルム事業の限界を迎えた時，対照的な行動をとり，異なる結果を招いた事例を紹介する。具体的に言うと，イーストマン・コダックは，環境がダイナミックに変化しているにもかかわらず，現状維持の姿勢を取り続けて失敗し，倒産という最悪な結果を招いてしまった。これに対し，富士フイルムは，環境変化を予測・順応し，M&A や多角化を用いて新事業の開発に成功するだけでなく，新しい時代に適応できるよう企業組織そのもののダイナミックな転換を成し遂げてしまった。果たして両社の命運を分けた理由とは何なのか。詳しく探ってみよう。

〈イーストマン・コダックの設立から倒産まで〉

　世界の「写真フイルムの巨人」として一世を風靡したアメリカのイーストマン・コダック（以下，コダック）は，1880 年に設立した。その後，コダックは，数々の世界的イノベーションを発表して高い名声を手にする。1935 年，35 ミリカラーフイルム「コダクローム」を発売した[59]。1975 年，世界初のデジタルカメラの開発に成功した[60]。その結果，1976 年には，地元の米国市場でカメラのシェア 85 ％，フイルムのシェア 90 ％を記録し，当該市場をほぼ独占するまでになった。しかし，2000 年，カラーフイルムの世界需要がピークを迎える一方で，デジタルカメラの本格的な販売をキッカケにコダックの業績は急速に下降を辿り，2009 年から2011 年までの 3 年間，連続して最終赤字に転落した[61]。そして，2012 年，約130 年もの歴史を刻んだコダックは，「連邦破産法 11 条」の適用を裁判所へ申請し，倒産してしまった。

---

[59] 2009 年に生産を終了した。

[60] 商用化には至らなかった。

[61] 具体的に言うと，2000 年の売上高は，約 1 兆 700 億円であったのに対し，2010 年には3,600 億円まで落ち込んでしまった。

〈富士フイルムの設立からさらなる成長まで〉

　コダックと並ぶ「写真フイルムの雄」の富士フイルムは，1934年に設立した。その後，写真フイルムの国産化に成功すると共に，国内販売網の確立も果たした。1962年，イギリスのランク・ゼロックスと出資比率50：50で合弁会社「富士ゼロックス」を設立し，複写機事業へ本格的に参入した。1988年，世界初のデジタルカメラの商用化に成功し，発売を開始した。2000年，本業であるカラーフイルムの世界需要がピークを打つと，同社は積極的にM&Aと関連多角化を図り，新たな事業として，医薬品，液晶用材料，化粧品等へ進出し，脱本業（脱写真フイルム）に成功した。2000年時点における富士フイルムの売上高は，約1兆4,400億円[62]であったものが，2010年には2兆1,953億円[63]とおよそ倍近い金額を叩きだすことに成功したのである。

〈デジタル化の進展に伴う破壊と創造〉

　次に，デジタル化の進展に伴い，写真フイルム事業がどのような結果を招いたのかについて触れてみよう。図表7-5は，カラーフイルムの世界総需要の推移を示

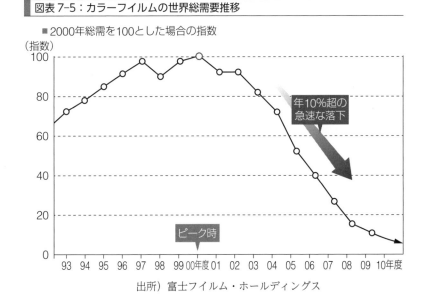

図表7-5：カラーフイルムの世界総需要推移

■2000年総需要を100とした場合の指数

年10%超の急速な落下

ピーク時

出所）富士フイルム・ホールディングス

---

[62] この段階で写真フイルムが売上6割，利益3分の2を占める稼ぎ頭であったが，5年後は赤字事業に転落した。

[63] 写真フイルムの売上は全体の15％まで下がってしまった。

したものである。2000 年度を頭に年 10 ％超という猛烈な勢いで需要が下落した
ことが分かる。そして，10 年後の 2010 年度には，需要が 10 分の 1 まで落ち込
んだ。

　なぜ，カラーフイルムの需要は，大幅に落ち込んてしまったのか。それは，デジ
タルカメラの登場による影響が大きいと言われている。図表 7-6 は，デジタルカ
メラの世界出荷台数の推移である。1999 年から 2008 年までデジタルカメラの出
荷台数は，猛烈な勢いで急拡大している。特に，1999 年と 2008 年を比較すると，
約 24 倍も増加している。

図表 7-6：デジタルカメラの世界出荷台数の推移

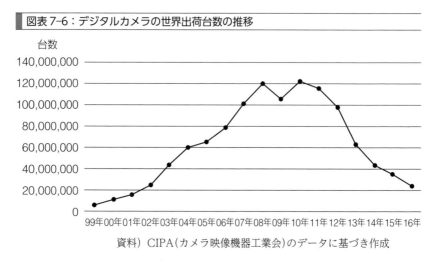

資料）CIPA（カメラ映像機器工業会）のデータに基づき作成

　ところが，順調に拡大したデジタルカメラの出荷台数もまた，2010 年頃を境に
急速に減少している。これは，新規需要がひと段落した影響に加え，デジタルカメ
ラに取って代わるハードウエアが新たに登場したからである。つまり，カメラ機能
を搭載したスマートフォンの本格的な普及である。今日，デジタルカメラは，ス
マートフォンに駆逐される危険性が徐々に強まっている。というのも，この時期に
おけるデジタルカメラの低下とスマートフォンの拡大は，見事に符合するからであ
る。

　図表 7-7 は，スマートフォンの世界出荷台数の推移を示したものだが，2011 年
以降，2018 年まで出荷台数は急増している。これは，撮影した写真を SNS のよ
うな交流サイトやブログへ投稿する人口が世界的に急増しているからである。

　このように写真フイルムの低下は，デジタルカメラの台頭によって引き起こされ，
デジタルカメラの減少は，スマートフォンの普及と拡大が主要な原因と考えられる
のである。

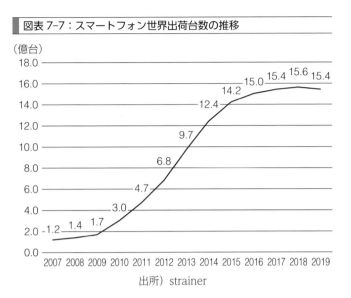

図表 7-7：スマートフォン世界出荷台数の推移

（億台）

出所）strainer

〈コダックの失敗と富士フイルムの成功〉

　コダックと富士フイルムは，世界的な写真フイルムのガリバーとして成功し，多額の資金力，高度な技術力，優れた資源力を保有していた。また，デジタル化のうねりに対する高い危機意識から，早い時期より「イメージング」「ソリューション」「コミュニケーション」「メディカル」といった新しい事業領域に関心を寄せていた。

　ところが，コダックは，後日，努力の末，手に入れた新事業群をいとも簡単に売却して本業である写真フイルム事業に回帰する行動を取り，失敗どころか倒産を招く一方で，富士フイルムは，強い危機感から M&A や多角化という手段を用いて積極的に新事業の獲得に乗り出し，事業構造のダイナミックな転換を実現できたその大きな違いは何だろうか。

　第1に，コダックは「リーダー企業」，富士フイルムは「チャレンジャー企業」であった影響があげられる。つまり，往々にしてリーダー企業は現状維持を好み，チャレンジャー企業は現状打開に挑む。コダックは，デジタル化という大きな波が押し寄せているにもかかわらず，中国等の新興国市場で写真フイルムの需要がまだ残されていると甘い予測を立てたことに加え，リスクを冒して新事業へ挑戦するよりも，20％もの高い利益率を安定して稼げる写真フイルム事業へ特化する方が得策である判断した。一方，富士フイルムは，デジタル化により，参入障壁が低くなり寡占状態が崩壊し，その結果，価格競争が激化して利益が下がることを早い段階から予測すると共に，チャレンジャー企業として，常に次なる技術開発への投資を

行い，構造改革の手を緩めなかった。そして，「写真フイルムメーカー」から「精密化学メーカー」へ脱皮することに躊躇しなかった。つまり，コダックは，リーダー企業の特性である「成功の慣性」「コア事業への強い拘り」「現状維持を好む」など，覇者の驕りが強く作用したのに比べ，富士フイルムは，「強い危機感」「構造改革」「第 2 創業の構築」「次なる技術開発への投資」といった挑戦者特有の緊張感がうまく機能したと考えられる[64]。

第 2 に，デジタル技術への対応である。先述した通り，コダックは，世界初のデジタルカメラの開発に成功した。にもかかわらず，商用化に失敗し，その上デジタルカメラの売上が急成長している時期にも OEM で調達した結果，収益の機会を逃がしてしまった。これに対し，富士フイルムは，世界初のデジタルカメラの商用化に成功するだけでなく，デジタルミニラボ[65]まで自前で開発し市場へ販売した結果，高い利益を稼ぎ出すことができた。コダックがデジタルカメラを OEM 調達した理由は，本業の写真フイルムとの共喰い（Cannibalization）を避けるためであったのに対し，富士フイルムは，共喰いを恐れずに果敢にデジタルに挑戦したのである。

第 3 に，株主価値への対応である。コダックは，優れた業績と豊富な資金力を背景に株主価値の最大化に注力した。本業である写真フイルムの業績が悪化しているにもかかわらず，自社株の購入など行き過ぎた株価対策を行い，その結果，内部留保の不足を招き，M&A，再編に必要な資金を捻出できなかった。一方，富士フイルムは，富士ゼロックスの連結子会社化，富山化学工業の買収，グループ再編等，潤沢な内部留保を M&A や多角化そしてグループ連結経営の分野へ積極的に投資した。その結果，医療機器・医薬事業を中心に合わせて 40 件もの買収を行い，その規模は計 7,000 億円にも及んだ。

最後に，コア・コンピタンスの多重利用である。コダックは，卓越した技術力と資金力に恵まれていたにもかかわらず，写真フイルムの周辺領域への参入が中途半端となってしまった。短期的な利益の追求を優先した結果，せっかく投資した新事業も道の途中で売却する行動を取ったからである。一方，富士フイルムは，長年，写真フイルムで培った技術やノウハウを多重利用できる分野を発掘し，積極的に関連多角化を図った。たとえば，液晶パネルに欠かせない「偏光板保護フイルム」を開発し，世界シェアの 7 割以上を独占する事業へ育てあげた。また，写真フイル

---

[64] 古森（2013）は，強い危機感を表す比喩として，クルマが売れなくなったら自動車メーカーはどうなるか。鉄が売れなくなったら鉄鋼メーカーはどうなるか。そうした事態に富士フイルムは立たされていると表現している。

[65] 写真店に設置された小型プリンター・プロセッサーのことである。

ムを乾燥や酸化から守るコラーゲンの技術蓄積を応用した化粧品の開発に乗り出し，トータルエイジングケアブランド「アスタリフト」を大ヒットさせることに成功した。

8-1 ゲーム理論とは何か

2000 年代に入ると，「ゲーム理論」に注目が集まり，戦略論の世界にも次第に応用化されるようになった。「ゲーム理論」とは，ハンガリー出身の天才数学者であるジョン・フォン・ノイマン（John Von Neumann）が生みの親だと言われている。ジョン・フォン・ノイマンは，チェスやポーカーなどゲームの数学的構造の解明に取り組んだ。そして，これまでの研究成果を経済学者のオスカー・モルゲンシュテルン（Oskar Morgenstern）と共に 1944 年，『Theory of Games and Economic Behavior』と題する本として取りまとめた。そして，この本は当時のアメリカ数学会から高く評価され，「20 世紀前半における主要な科学的業績のひとつ」として称賛された。

ゲーム理論（Game Theory）とは，一体どんな考え方なのだろうか。カリフォルニア大学のジョン・マクミラン（John McMillan）は，1992 年，著書『Games, Strategies, and Managers』のなかで，次のように説明している。まず，ゲーム理論とは，相互依存性のある状況下での合理的な行動に関する研究であると定義される。相互依存性とは，ゲームのいかなるプレイヤーも他のプレイヤーたちの行動（アクション）から影響を受けることを意味する。合理的な行動とは，プレイヤーたちが自分自身の立場から見て，最善を尽くそうと努力する行為を指すものである。

8-2 囚人のジレンマ

ゲーム理論の有名なフレームワークの中に「囚人のジレンマ」がある。「囚人のジレンマ（Prisoner's Dilemma）」は，1950 年，アメリカ合衆国のシンクタンクであるランド研究所（RAND Corporation）のメリル・フラッド（Merrill. Flood）とメルビン・ドレッシャー（Melvin Dresher）という 2 人の科学者が考案し，同顧問であるアルバート・タッカー（Albert Tucker）が完成させた枠組であると理解されている。その後，「囚人のジレンマ」は，経済学，経営学そして政治学に限らず，防衛や安全保障など広く社会科学全般に影響を与える概念として発展した。とりわけ，経済学の分野では，1980 年代から産業組織論や情報経済学の領域において応用化が進んだ。

ここで「囚人のジレンマ」のロジックについて，有名な事例を使って説明しよう。

　今，2 人の容疑者が警察の取り調べを受けている。2 人の容疑者は，警察の取り調べ室に別々に呼ばれ「黙秘するか」「自白するか」の選択を迫られる。2 人の容疑者に対して警察は，次のように説明する。まず，2 人とも黙秘を貫けば，双方とも懲役 1 年の刑に処す。逆に 2 人とも素直に自白すれば，双方とも懲役 5 年の刑を与える。そして，どちらか一方が自白して相手がしなかった場合，自白した側は無罪釈放とするが，黙秘を続けた側は 10 年の刑を与える。図表 8-1 は，上記のような話を整理したものである。縦軸は容疑者 A，横軸は容疑者 B を表し，それぞれが採用し得る対応戦略として，黙秘（協力）と自白（裏切り）を取り上げている。

図表 8-1：囚人のジレンマのロジック

プレイヤー　：囚人 A，囚人 B
戦　略　　　：黙秘（協力），自白（裏切り）
利　得　　　：刑期の長さ

A ＼ B	黙秘 （協力）	自白 （裏切り）
黙秘 （協力）	1，1	10，0
自白 （裏切り）	0，10	5，5

資料）船木（2014）をもとに作成

　さて，こうした状況下において 2 人の容疑者は，大きなジレンマ（葛藤）に陥る。それは，2 人とも相手が自分を裏切って自白するかもしれないと不安を抱くことである。というのも，たとえ自分が黙秘（協力）を貫いても，相手が自白（裏切り）すれば，自分は 10 年の重刑となってしまうからである。結果として，2 人の容疑者は，自白を選択することとなり，それぞれ懲役 5 年の刑が下ってしまった。ところが，もし 2 人の容疑者が相手を裏切らず，黙秘を貫けたとしたら，共に 1 年の刑で済んだのである。

　このような「囚人のジレンマ」から得られる知見とは，個人が勝手な行動をとると，全体の利益にならないことである。個人が自分の利益を最大にしようと行動に出た場合，もっとも望ましくない結果が待っている。しかしながら，相手を信じて互いに協力できた場合，もっとも望ましい結果が得られるのである。

8-3　ナッシュ均衡とパレート効率性

　ゲーム理論に関するもうひとつの重要なロジックとして，「ナッシュ均衡」があ

げられる。「ナッシュ均衡」とは，数学者であるジョン・ナッシュ（John Nash）が考えた概念である。ジョン・ナッシュは，1994年，同じくゲーム理論学者であるジョン・ハーサニ（John Harsanyi），ラインハルト・ゼンデン（Reinhard Selten）と共にノーベル経済学賞を授与されると共に，2001年，彼の人生を描いた映画『A Beautiful Mind』が製作され，アカデミー賞に輝いたことでも有名である。

　「ナッシュ均衡（Nash equilibrium）」とは，2人の容疑者が相手の戦略のもとで自分の利益を最大化するように行動しているときに成立する均衡状態であると定義され，参加者が互いに争う非協力ゲームにおける解概念として，あまりにも有名である。

　図表8-1をもう一度見てみよう。容疑者Aの黙秘（協力）に対する容疑者Bの最適な対応は，自白（裏切り）である。また，容疑者Aの自白（裏切り）に対する容疑者Bの最適な対応は，やはり自白（裏切り）である。一方，容疑者Bの黙秘（協力）に対するAの最適な対応は，自白（裏切り）である。また，容疑者Bの自白（裏切り）に対する容疑者Aの最適な対応は，やはり自白（裏切り）である。このように自白（裏切り）という最適な対応が2つ重なっているのは右下のボックスであり，この部分を「ナッシュ均衡」と呼んでいる。つまり，「ナッシュ均衡」とは，2人の容疑者が協力することなしに，自分の利得を最大化しようと行動する状態と定義される。「ナッシュ均衡」は，相手に対して最適な戦略をとっている状態だが，全体の利益の最大化を指すものではない。一方，全体の利益の最大化とは，プレイヤーである2人の容疑者（囚人）たちが協力して黙秘している左上のボックス部分であり，これは，「パレート効率性（Pareto Effeciency）」とも呼ばれている[66]。

8-4　コーペティション

　ネットワーク・ソフトウエア会社のノベル（Novell）の設立者であるレイ・ノーダ（Ray Noorda）は，厳しい企業間競争に打ち勝つには，競争すると同時に協力しなければならないと主張し，"コーペティション"という新しい言葉を生み出した。コーペティション（Coopetition）は，競争（Competition）と協力（Cooperation）を合成した造語であり，通常そのままカタカナで表記されるが，あえて日本語に訳せば「協争」のように表わせるかもしれない[67]。とはいえ，「競争」と「協力」を統合するコーペティションに関する研究は，最近，幾つかのビジネス研究でも取り上げられ，その導入と応用化が進められている[68]。

---

[66] 「パレート効率性」を「パレート最適性（Pereto Optimality）」のように呼ぶ場合もある。
[67] 一方では競争し，他方では手を組む関係は「フレネミー」とも呼ばれている。フレネミー（Frenemy）は，友人（Friend）と敵（Enemy）を組み合わせた合成語である。

　第5章で取り上げたハーバード大学ビジネス・スクールのアダム・ブランデンバーガー（Adam Brandenburger）とエール大学マネジメント・スクールのバリー・ネイルバフ（Barry Nalebuff）は，価値相関図（Value Net）という概念を提示しながら，コーペティションについて説明している。それによると，企業は「顧客」「サプライヤー」「ライバル」「補完的生産者」など様々な構成要素と相互依存的な関係を形成している。たとえば，企業とライバルの関係は，パイ（市場）を分け合うときには激しく競争（Competition）し，パイ（市場）を作り出すときにはお互いに協力（Cooperation）するパートナーになる。企業と供給業者の関係もまた，競争（敵）と協力（味方）という2つの顔を持っている。たとえば，日本の自動車メーカーと部品メーカーとの関係を見ると，新製品，新技術の開発では強固なパートナー関係を構築し，経済性の面では，乾いた雑巾をさらに搾るほど，無茶なコストダウンの要求を迫る敵対関係のような状態となる。

　「競争」と「協力」が併存するコーペティションが繰り広げられる価値相関図の構成要素のなかで，もっとも重視すべき主体は，補完的生産者（Complementors）である。というのも，「補完的生産者」は，自社の製品価値を高めてくれる重要な対象だからであり，このため，自社の「補完的生産者」を探し出し良好な関係を構築することが競争優位のカギとなる。「補完的生産者」は，あらゆる業界で見つけ出すことができる。たとえば，インターネット通販大手のAmazonにとっての「補完的生産者」は，物流大手のヤマト運輸があげられ，スマートフォンのAppleの「補完的生産者」は，グローバルEMS（電子機器受託生産）の最大手である台湾のフォックスコン・テクノロジー・グループ（鴻海精密工業）が該当するが，ここでは，分かりやすい事例として，ファッション・アパレル大手のファースト・リテイリング（FR）と繊維大手の東レによるパートナーシップ関係を取り上げて見よう。なぜなら，FRにとって東レは，「補完的生産者」の何物でもないからである。両社の関係は，2000年まで遡ることができる。当時，FR側から東レ側へユニクロ専門組織の設置が持ち掛けられ承認された。そして，両社は，高品質で低価格な製品の

---

[68] たとえば，主なコーペティション研究を取り上げると，フィンランドとスウェーデンの計3つの産業を対象に競争企業間における協争関係の分析（Bengtsson and Kock, 2000）。マルチ・ユニット組織内における協争の社会構造として，組織内ネットワークにおける知識共有の調整メカニズムの効果に関する実証研究（Tsai, 2002）。そして，多国籍企業のユニット間におけるコーペティションを主に4つのタイプに分類しながら，競争と協力が共に高いセルを「ネットワーク・キャプテン」，競争と協力が共に低いセルを「サイレント・インプリメンター」，競争が高く協力が低いセルを「アグレッシブ・ディマンダー」，競争が低く協力が高いセルを「アーデント・コントリビューター」のように類型化した研究（Luo, 2005）等があげられる。

開発に取り組み，2003 年，年間 1 億枚も売れるヒット商品「ヒートテック」を生み出すことに成功した。2006 年，両社は新たに「戦略的パートナーシップ」を結んだ。その結果，高機能性肌着「シルキードライ」や超軽量ジャケット「ウルトラライトダウン」のような人気商品が生まれた。FR にとって東レは，自社の価値を高めてくれる貴重な「補完的生産者」であり，東レなくしてこれらの商品は生まれなかった。「補完的生産者」を探し出し，良好な関係を持続することが自社の安定した成長につながることを，この事例は物語っている。

8-5 戦略論のニューアプローチ

さて，2000 年代に入ると，ゲーム理論の戦略論以外にも新しい戦略論のアプローチが提唱されるようになった。それは，既存市場でライバルと競争する従来のやり方を脱し，新しい市場空間そのものを作り上げ，創造者利益を独占する「ブルーオーシャン戦略」，顧客と企業のパワー関係がシフトする中，従来のように顧客と競争するのではなく，顧客を巻き込み一緒になって新たな価値の創造を目指す「共創戦略」，ライバルと激しい競争を繰り広げ，競争優位の構築を目指すのではなく，企業を取り巻く内外環境をフルに活用し，儲かる仕組み（ビジネスモデル）を作り上げ，成長を達成する「収益化戦略」である。次の章からは，これら 3 つの新たな戦略論の内容について詳しく検討しよう。

9-1 2つの市場空間

　INSEAD（欧州経営大学院）のチャン・キム（Chan Kim）とレネ・モボルニュ（Renée Mauborgne）は，2005年，共著『Blue Ocean Strategy』のなかで，市場には「既存の市場空間」と「未知の市場空間」という2つの市場空間が存在し，これからは「既存の市場空間」で戦うよりも「未知なる市場空間」を創造する方が重要であると主張した。それによると，「既存の市場空間」とは，限られたパイを企業同士が激しく奪い合う市場をいう。そして「既存の市場空間」では，新規参入者（ライバル）の増加に伴い競争が激化するため，企業が得られる収益や成長は減少する。また，企業同士は互いに製品・サービスの模倣行動を繰り広げるため，競合する製品同士の機能や品質に関する差異特性が失われ，価格以外に競争する対象がなくなってしまい，企業の収益性は低下を余儀なくされる[69]。これが「既存の市場空間」が別名，赤い海（Red Ocean）と呼ばれる所以である。

　これに対し，「未知の市場空間」とは，知られざるマーケットスペースを意味する。つまり，自らの手で需要を作り出し，新しい市場を形成することである。「未知の市場空間」では，自社を脅かすライバルは存在しないため，企業は高い収益と成長が望める。そして，「未知の市場空間」を切り開くことができれば，企業は思いのまま自由にイニシアチブを発揮することができる。このような「未知の市場空間」とは，目の前に広大な青い海が広がっているイメージから青い海（Blue Ocean）と命名されている。

9-2 レッドオーシャン戦略とスタック・イン・ザ・ミドル

　次に，それぞれの市場空間を巡る戦略について考えてみよう。まず「既存の市場空間」を対象とする戦略論は，レッドオーシャン戦略（Red Ocean Strategy：ROS）と呼ばれている。ROSは，産業組織論におけるSCP（Structure-Conduct-Performance）モデルに準拠するため，「構造主義」とも呼ばれている。つまり，（産業）構造が企業行動を決定し成果もまた規定するという世界観のもと，ライバルを打ち負かすことに関心が寄せられた戦略論である。このようなROSは，低コスト

---

[69] これは，コモディティ化（Commoditization）と呼ばれている。

と価値（差別化）の両立を否定する性格を持つ。つまり，低コストと差別化のどちらか一方を二者択一して実施すべきだと主張するものである。

　こうした ROS の概念を約 25 年前に提唱した人物がいる。それは，ハーバード大学ビジネス・スクールのマイケル・ポーターである。1980 年，著書『Competitive Strategy』のなかで，低コストと差別化という互いに矛盾する戦略は同時に追求せず，個別に実行するほうが効果的であると主張している。というのも，もし低コストと差別化の両方を同時に追求する場合，どちらも中途半端となって失敗する可能性が高くなる。また，低コストと差別化は，それぞれ独自の組織構造や管理システムを必要とするため，2 つの基本戦略を両立した場合，組織上大きな混乱や障害を招く可能性もまた高い。ポーターは，低コストと差別化について「二兎追うものは一兎も得ず」と論じこれを否定しながら，差別化と低コストの両方を追い求めると，真ん中で立ち往生し動けなくなるスタック・イン・ザ・ミドル(Stuck in the Middle) に陥ると警鐘を鳴らしている。図表 9-1 は，差別化か低コストかのどちらかを二者択一すると，投資収益率は最大となるが，中途半端な態度（低コストと差別化の両立）を追求すると，逆に低い利益率に陥ってしまうため，避けるべきであることを示している。このようにチャン・キムとレネ・モボルニュが主張する ROS とマイケル・ポーターが提唱した「スタック・イン・ザ・ミドル」は，符合する点が多く，興味深いと言えるだろう。

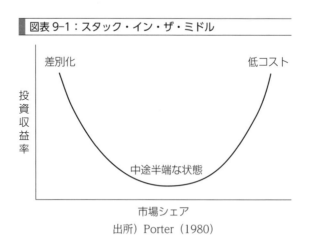

図表 9-1：スタック・イン・ザ・ミドル

差別化　　　　　　　　　　　低コスト

投資収益率

中途半端な状態

市場シェア

出所) Porter（1980）

9-3　ブルーオーシャン戦略と生産性のフロンティア

　「既存の市場空間」で戦う ROS に対し，ブルーオーシャン戦略 (Blue Ocean Strategy：BOS) は，「未知の市場空間」を作り出す戦略であり，「青い海の戦略」

とも呼ばれている。BOSは，競争のないマーケットスペースを切り開く戦略であり，競争そのものを無意味と考えるやり方である。このような BOS は，経済学における「内生的成長理論」がその原点とされている。これは，企業の戦略によって（産業）構造は変えられる（規定される）と考えるものであり，別名，「再構築主義」とも呼ばれている。したがって，BOS とは，新しい需要（市場）の創出が最大の狙いであり，その具体的なやり方とは，低コストと価値（差別化）の両立である。つまり，BOS とは，低コストと差別化の両立を同時に達成し，「未知の市場空間」を創造する戦略論である。ここで，図表 9-2 を見てみよう。左側の図は，特に BOS の特徴を明らかにするため，ROS と比較したものである。縦軸に顧客価値，横軸にコスト（差別化）を取ると，それぞれの交差から ROS と BOS の立ち位置の違いが浮き彫りとなる。

■ 図表 9-2：ブルーオーシャン戦略と生産性のフロンティア

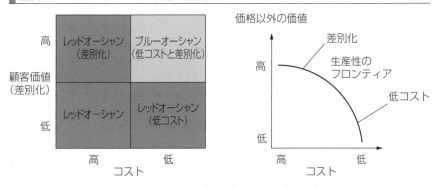

資料）Kim and Mauborgne（2005），Porter（1996）を基に作成

　こうした低コストと差別化の両立を意味する BOS についても，過去，同様な概念を提唱した人物がいる。それは，先ほど取り上げたマイケル・ポーターである。1996 年，「オペレーション効率（Operational Effectiveness）」対「戦略的ポジショニング（Strategic Positioning）」から導き出した生産性のフロンティア（Productivity Frontier）という概念をいち早く提唱した。図表 9-2 における右側の図をご覧頂きたい。横軸に相対的なコスト・ポジション，縦軸に価格以外の価値（つまり，差別化）を取ると，コストを下げながら差別化の最大化を両立する（狙う）右上の部分こそ，ベスト・プラクティスの状態（生産性のフロンティア）のように論じている。このように低コストと差別化の両立を意味する BOS とポーターが提唱する「生産性のフロンティア」が符合する点についても，正しく理解しておく必要があるだろう。

9-4 ブルーオーシャン戦略のフレームワーク

次に，低コストと価値を高める（差別化）ことの両方を追求する BOS の重要な
フレームワークである「アクション・マトリクス」と「戦略キャンバス」について
触れてみよう。

アクション・マトリクス（Action Matrix）とは，業界のスタンダードに対する個
性化を浮き彫りにする枠組みである。この枠組を通じて，自社は持つが他社は持
たないユニークネス（独自性）が浮き彫りとなり，それから価値曲線（Value
Curve）を描き出すことができる。アクション・マトリクスは，「減らす」「付け加
える」「増やす」「取り除く」という 4 つの視点から分析される。まず，減らす
（Reduce）とは，業界標準に比べ，減らすべき要素とは何かを検討するものである。
付け加える（Create）は，業界でこれまで提供されておらず，今後付け加えるべき
要素は何かを明らかにすることである。増やす（Raise）は，業界標準と比べ，増
やすべき要素は何か議論することである。最後に，取り除く（Eliminate）は，業界
常識として製品・サービスに備わっている要素のうち，取り除くべきは何かを可視
化することである。

次に，アクション・マトリクスで明らかにされた自社の「価値曲線」と業界標準
の「価値曲線」を戦略キャンバス（Strategy Canvas）に描き出すことで，既存の市
場空間の現状を把握することができる。具体的には，顧客ニーズやライバルとの違
いが浮き彫りになる一方で，自社の価値曲線がより鮮明となる。図表 9-3 は，戦
略キャンバスの概念図である。縦軸は性能や能力の高さ，横軸の A, B, C… は価格
などの競争要因を取り，項目ごとに自社と他社および業界平均の値をプロットして
これを線で結ぶと「価値曲線」を作成できる。「価値曲線」を描き出すその主なメ

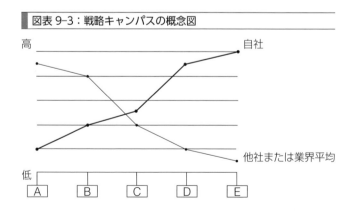

図表 9-3：戦略キャンバスの概念図

リットには，①メリハリが読み取れる，②高い独自性が読み取れる，③訴求力のあるキャッチフレーズが読み取れること等があげられる。

事例　テレビ東京によるブルーオーシャン戦略

〈テレビ東京の概要〉

　民放5局（日本テレビ放送網，テレビ朝日，TBSテレビ，テレビ東京，フジテレビジョン）のなかで，差別化と低コストを両立し，独自の競争を繰り広げている企業として，テレビ東京があげられる。

　最初に，2022年度における大手新聞社と民放キー局5社の業績と出資関係について触れてみよう。図表9-4を見ると，放送局の多くは，もともと新聞社が母体となって設立されたにもかかわらず，日本経済新聞社とテレビ東京HDのケースを除き，新聞社より放送局の業績の方が高くなっている。これは，特に若者世代を中心とする新聞離れが主な原因だと考えられる。次に，新聞社と放送局の出資関係を見ると，新聞社が放送局に出資するパターン（読売新聞G本社と日本テレビHD，日本経済新聞社とテレビ東京HD），放送局が新聞社に出資するパターン（産業経済新聞社とフジ・メディアHD），互いに株式を持ち合うパターン（朝日新聞社とテレビ朝日HD），資本関係にないパターン（毎日新聞社とTBS HD）のように，実に多様な関係性が観察される。

■図表9-4：新聞社と民放キー局5社の関係

新聞社	読売新聞 G本社	朝日新聞社	毎日新聞 G HD	産業経済 新聞社	日本経済 新聞社
売上高（億円） 営業利益（億円）	2,720 55	2,670 −4.1	1,285 0.2	786 6.7	3,584 181
出資関係	↓ 26 %	24 % ↓ ↑ 11 %		↑ 45 %	↓ 33 %
放送局	日本テレビ HD	テレビ朝日 HD	TBS HD	フジ・メ ディアHD	テレビ東京 HD
売上高（億円） 営業利益（億円）	4,139 465	3,045 145	3,681 207	5,356 314	1,509 92

資料）2024年版会社四季報　業界地図を参考に作成

　テレビ東京ホールディングスの連結売上高は，150,963百万円。このうち「テレビ東京」が担う「地上波放送事業」は，99,608百万円と全体の66％を占めている。

〈番外地としてのテレビ東京〉

　テレビ業界には，「3強1弱1番外地」という言葉がある。これは，3強が「日本テレビ」「フジテレビ」「TBS」，1弱が「テレビ朝日」，1番外地が「テレビ東京」という意味である。また，「4強1番外地」のような表現の仕方もある。いうまでもなく，1番外地は「テレビ東京」であり，それ以外は，すべて強者に分類される。

　「テレビ東京」は，長い間，業界の「強者」でも「弱者」でもなく，「番外地」として扱われてきた。「番外地」とは，土地公簿で地番のついていない土地であると定義されることから，「テレビ東京」は「例外」や「論外」のような意味となるだろう。「テレビ東京」は，他にも様々な言葉や表現方法で説明がなされている。たとえば，「金ない，人ない，時間ない」「人員は他局の半分，製作費は3分の1以下」「数千万円で番組を作る他局に対し，テレビ東京は500万円で番組を作る」等であり，いずれも「番外地」の実態を如実に表す言葉ばかりである。

　ところが，「テレビ東京」は，数々の不名誉な言葉や「後発弱小」の立場を裏切るかの如く，1964年の開局から今日に至るまで，しぶとく生き残り続けてきた。その秘密は，同社の一貫した思想哲学が企業組織の隅々まで深く浸透しているからである。すなわち，「他と違うことをやる」「逆境をバネに戦う」「カネがないならアタマを使え」「マネでは追いつけない（同じレールを走ると，追い越せない）」「できないことはやらない」「身の丈に合ったやり方」「テレビ東京らしさの追求」「他局に真似されたら，もっと面白い企画を考える」等という思想哲学が企業文化やDNAとして組織全体に広く共有されている。

〈テレビ東京のブルーオーシャン戦略〉

　テレビ業界の中で，大手民放4局が豊富な資金力を背景に激しい差別化競争を繰り広げるレッドオーシャン企業のように位置づけられるとしたら，「テレビ東京」は，これに追従せず，低コストによる差別化を武器に新しい市場を創造するブルーオーシャン企業であると表現できる。下記では，同社の低コストと差別化の両方を追い求めるブルーオーシャン戦略について詳しく見てみよう。

　まず，「テレビ東京」の低コスト戦略には，主に2つのやり方があげられる。第1は，有名タレントや著名人に頼らないことである。確かに有名タレントや著名人を活用すれば，その高い人気や知名度によって視聴率を簡単にあげられる。そのため，テレビ業界の中では，豊富な資金力を持つ大手民放4局の常套手段であった。これに対し，「テレビ東京」は，相対的な資金力や予算規模が小さく，必然的に有名タレントや著名人に頼ることができない。そこで，採用したのが素人の有効活用である。素人ならば，ギャラは安くて済むし視聴者にも親しみやすい。こうした単

純な発想から，「TV チャンピオン」「開運なんでも鑑定団」「田舎に泊まろう」「You は何しに日本へ」「出没アド街ック天国」のようなヒット番組が生まれた。また，新人タレントの積極的な起用や主演経験がない脇役の抜擢も意図的になされた。その狙いとは，単にギャラの安さという理由からではなく，知名度の低い無名タレントや名もなき脇役を育てながら，「テレビ東京」もまた一緒になって成長したい理由からである。

　第 2 は，徹底して「ない」の追求である。つまり，何事にもお金をかけないを尊重することである。たとえば，番組の後ろで必ず流す「BGM はかけない」。また，「TV チャンピオン」が代表的だが，予算が限られているため「ゲストがいない」。さらに，海外へ出向く予算がないため，「You は何しに日本へ」のような海外渡航費が要らない番組を企画する。同じく，スタジオセットを作ると費用が発生するため，「いい旅・夢気分」「ローカル路線バス乗り継ぎの旅」のようなスタジオセットを作る費用が発生しない番組を作るなどがあげられる。

　一方，価値（差別化）戦略には，次のようなやり方があげられる。第 1 は，「テレビ東京」らしさを実現できる「旅，グルメ，演歌，アニメ」への特化である。というのも，これらの番組とは，民放 4 局が手を出さず，逆に，テレビ東京が培った企画力やアイデア力を十二分に活かせるジャンルだからである。

　第 2 は，戦略の一貫性である。「テレビ東京」は，開局以来，他局と同じことはしないというオリジナリティを重視する企業文化が脈々と息づいている。たとえば，民放 4 局が豊富な資金力を武器に選挙速報や臨時特別番組を一律編成するのに対し，「テレビ東京」は，他局に追従せず，番組表を変更しない。たとえば，安倍首相の内閣改造が発表された時，他局はこぞって内閣改造の番組を流したが，テレビ東京だけは，同じ時間帯に番組表の通り，「アニメ」を流し続けた。また，歴史を飾った湾岸戦争が勃発した時にも，「テレビ東京」は決められた「楽しいムーミン一族」を流し続けた。さらに，オウム裁判の時にも温泉番組を流す等，どんなに重要な速報や特番でも，「テレビ東京」は，一貫して独自の価値提供戦略を取り続けた。また，「テレビ東京」の隙間を狙う戦略の一貫性は，スポーツ番組でも発揮されている。1970 年から 1990 年頃まで，民放 4 局が国民的人気のあるプロ野球のナイター中継を放送する中，「テレビ東京」は，サッカーや箱根駅伝のようなアマチュアスポーツを取り上げ続けた。また，「テレビ東京」が手掛けた「三菱ダイヤモンド・サッカー」の中で「FIFA サッカーワールドカップ」や「ドーハの悲劇」を生中継して驚異的な視聴率を記録したこともあった。さらに，その当時，マイナースポーツであった「ローラーゲーム」や「女子プロレス」を取り上げたのも「テレビ東京」であった。

〈テレビ東京の戦略キャンバス〉

　民放他局と「テレビ東京」のやり方の違いを明確化するには，戦略キャンバスを描くことが有益である。図表 9-5 は，他局と「テレビ東京」それぞれの価値曲線（Value Curve）である。それによると，他局は「資金力」「有名タレント」「速報・特番」の各項目で相対的に高く，「テレビ東京」は「低コスト」「分かり易さ」「アイデア力」において高くなっている[70]。つまり，他局各社は，お金という力でもって戦いを挑み，「テレビ東京」は，知恵という想像力を武器に競争している相違性がこれで浮き彫りとなる。

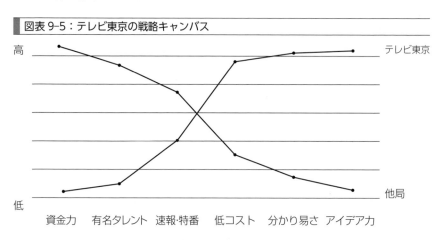

図表 9-5：テレビ東京の戦略キャンバス

（高／低　資金力　有名タレント　速報・特番　低コスト　分かり易さ　アイデア力　テレビ東京　他局）

　テレビの全盛時代，成功するビジネスモデルとは，有名タレントや著名人の高い人気にあやかり，視聴率をあげることであった。民放 4 局は，豊富な資金力を武器に多額の製作費をつぎ込み，視聴者の奪い合いを血眼になって繰り広げる一方で，資金力などリソースが不足する「テレビ東京」は，民放 4 局とは異なる独自のビジネスモデルによって細く長く生き残ってきた。ところが，今やテレビ離れが進み，ネットや SNS の時代となり，民放 4 局が採用するやり方は，時代の流れにマッチせず，視聴率が低下する事態に直面している。特に，資金力やリソースが共に豊富な「フジテレビ」では，番組と時代の不相応に加え，組織の硬直化問題も露呈するなど，業績は大きく後退してしまった。その一方で，後発弱小として細々と事業を営んできた「テレビ東京」は，近年，業績や視聴率が上昇し，その独自のやり方に大きな注目が集まっている。それは，お金やリソースが強い武器となったこれまで

---

[70] 「テレビ東京」の特徴は「分かり易さ」である。国政選挙の開票日に放送される選挙特番は，民法他局が開票速報のスピードや正確さを追い求めているのに比べ，「テレビ東京」は，「池上彰の選挙ライブ」と称して選挙の面白さ，分かり易さで勝負している。

の時代とは異なり，これからの時代は，アイデアやオリジナリティが競争力の源泉として機能することであり，その点において「テレビ東京」のブルーオーシャン戦略は，数多くの知見を我々に与えてくれる好例だろう。

第 **10** 章 | 価値共創の戦略論

10-1 企業と顧客のパワーシフト

　BOS とほぼ同時期に登場した新たな戦略論として「共創戦略」があげられる。最初に「共創戦略」が登場したその背景から説明してみよう。それまでの時代，企業と顧客との関係は，企業が顧客より優れた知識や情報を有する主体であった。特に，製品・サービスに関する知識については，企業から顧客へ一方向に流れ，その使用価値に関する情報提供等も企業側から顧客側へ流れるのが常であった。ところが，2000 年前後からその潮目が大きく変わった。それは，個人や家庭そして企業の間にインターネットが急速に普及し，Facebook や LINE など，ウエブ上で個人や企業が自由にコミュニケーション可能な社会的ネットワーク・サービス，SNS (Social Networking Service) が普及するようになったことである。これにより，顧客コミュニティが飛躍的に発達する一方で，企業側より顧客側の方が情報の収集力や分析力そして交渉力の面で相対的に優位な立場を築くようになった[71]。

　たとえば，商品や製品の価値提供では，従来，企業による TVCM や広告宣伝活動という一方的な販促情報により評価がなされてきたが，今日では，ブログや口コミ等の顧客情報がより重視されるようになってきた。具体的に言うと，コスメや美容の商品の決定では，ポータルサイト「@cosme（アットコスメ）」が提供する話題，商品情報そして口コミランキング等を通じて，顧客は購入先企業やブランドを決めるようになった。また，株式会社カカクコムが運営する「価格.com」「食べログ」等もまた，貴重な情報を提供するサービスを展開し，これらの情報を通じてもっとも最適な企業や商品またはサービスを選択する顧客が拡大の一途を辿っている。

　このように企業と顧客の関係性において，その主導権が企業側から顧客側へ移行しつつある現在，あらゆる企業は，顧客が持つパワーや情報等をもはや無視できな

---

[71] ノースウエスタン大学ビジネス・スクールのフィリップ・コトラー（Philip Kotler）と会社 CEO のヘルマワン・カルタジャヤ（Hermawan Kartajaya），シニア・コンサルタントのイワン・セティアワン（Iwan Setiawan）は，2010 年，共著『マーケティング 3.0：製品から顧客へ，人間の精神へ（Marketing 3.0：From Products to Customers to the Human Spirit）』のなかで，顧客満足ではなく顧客へ共感価値を提供できなければならないと語っている。そして，共感価値の原動力としては，Facebook，Twitter，YouTube，ブログなどのソーシャル・メディアの発達があげられ，このような新しい技術が起こった結果，価値共創が可能になったと論じている。

くなった。そこで，今日の企業は，イノベーションを生起するため必要なネットワークに顧客を組み入れ，共創を通じてユニークな価値を生み出すやり方に徐々にシフトしているのである。

　さて，図表 10-1 は，伝統的な市場概念を表した図である。それによると，市場とは，企業が顧客へ価値（製品・サービス）を提供し，そこで対価を得る価値交換の場を意味するものであった。そして，企業は価値を創造する主体，顧客は企業が作り出した価値を利用する主体である一方，企業から見ると顧客は，販売相手として常にターゲットに過ぎない対象であった。

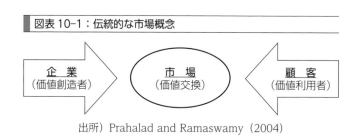

図表 10-1：伝統的な市場概念

企　業
（価値創造者）

市　場
（価値交換）

顧　客
（価値利用者）

出所）Prahalad and Ramaswamy（2004）

　これに対し，図表 10-2 は，新しい市場概念を示している。この場合，市場とは，企業と顧客が価値共創する場（フォーラムという集会所）を意味する。そして，企業は，価値共創のため顧客と協力しながら，価格や値段など経済価値（Economic Value）については顧客と競合する。逆に，顧客は，価値共創のため企業と協力しながら，同時にまた，価格や値段等の面では企業と競合するのである。

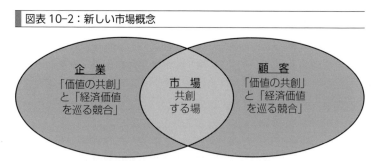

図表 10-2：新しい市場概念

企　業
「価値の共創」
と「経済価値
を巡る競合」

市　場
共創
する場

顧　客
「価値の共創」
と「経済価値
を巡る競合」

出所）Prahalad and Ramaswamy（2004）

　これまでの議論を整理すると，企業と顧客のパワー関係は，伝統的な「企業＞顧客」から「企業＜顧客」へダイナミックに変化してきている。そのなかで，顧客は企業の単なる消費者に過ぎないという時代がもはや終焉を迎えつつある。一方，顧

客とは企業にとって価値あるパートナーであるとする時代が急速に到来してきている。このため，企業から顧客へ向けた従来の一方的な投げかけでは，もはや十分な効果や成果を得ることは難しい。これからは，価値を創造するため企業と顧客が寄り添い，経済価値の獲得を巡っては互いに切磋琢磨する「共創と競争のバランス関係」が新たな基軸となる。

10-2　3つの顧客価値

　企業より顧客の方がパワーを持つ時代の到来を迎え，あらゆる企業は顧客といっしょに価値の共創を通じて，顧客価値の最大化に取り組む必要性があるが，この際，顧客価値とは，3つのタイプに分けられる（図表10-3）。

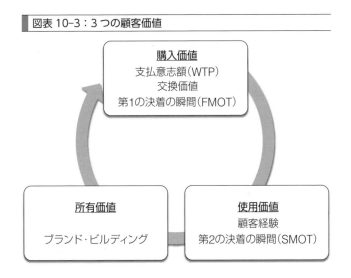

図表 10-3：3 つの顧客価値

購入価値
支払意志額（WTP）
交換価値
第1の決着の瞬間（FMOT）

所有価値
ブランド・ビルディング

使用価値
顧客経験
第2の決着の瞬間（SMOT）

　第1は，顧客が店頭や店内で製品・サービスを入手する段階の「購入価値」である。「購入価値」には，様々な表現のしかたがある。たとえば，顧客が喜んで支払ってもよいという支払意志額（Willingness To Pay：WTP），企業が生み出した製品・サービスと顧客が対価を支払う交換価値（Value in Exchange），顧客が店頭で買い物をする第1の決着の瞬間（First Moment of Truth：FMOT）などである。

　第2は，顧客が実際に手に取って利用した段階の「使用価値」である。これは，交換価値と対照的な使用価値（Value in Use），実際に家庭内で使ってみた時の価値評価を指す顧客経験（Customer Experience）および第2の決着の瞬間（Second Moment of Truth：SMOT）という表現でも言い換えられる。

　第3は，顧客が心に感じる「所有価値」である。使用価値に満足した顧客は，

購入した製品・サービスに対する愛着や信頼を持つようになる。これは，ブランド・ビルディングとも言い換えられる。こうして顧客の「所有価値」が高まれば，顧客は再び同じ企業から製品・サービスを再購入してくれる。

このように顧客価値は，「購入価値」「使用価値」「所有価値」という 3 つに分けられ，「購入価値」→「使用価値」→「所有価値」を経由して再び「購入価値」の順序のような循環運動を繰り返す。

価値共創の時代を迎え，もっとも重視されるべき価値次元とは，顧客の「購入価値」や「所有価値」よりも「使用価値」である。なぜなら，顧客は，製品・サービスを購入後，実際に消費する（使用する）という経験や体験を通じて，価値の最大化を図るからである。つまり，企業と顧客の価値共創においてもっとも重要なのは，顧客の実体験であり，それは「使用価値」なのである。

10-3 価値共創とは何か

企業と顧客による価値共創については，これまでも様々な議論がなされてきた。たとえば，ミシガン大学ビジネス・スクールの C. K プラハラッド（C. K. Prahalad）とベンカト・ラマスワミ（Venkat Ramaswamy）は，2004 年，共著『The Future of Competition』のなかで，次のように語っている。従来，顧客は企業が提供する製品・サービスの受信者に過ぎなかった。つまり，顧客とは，企業が提供する製品・サービスの「受け手」であり，企業から見ると「社外の存在」であった。このため，企業は，獲物である顧客の狩りを行うハンターのような立場であった。

このような企業中心の戦略観に対し，価値共創の戦略観では，顧客を企業と協力して製品・サービスを生み出す発信者のように位置づける。企業は，自社が形成するコンピタンス・ネットワークの一員として顧客を迎え入れ，一緒になって新しい価値やイノベーションを起こす一方で，経済価値の獲得では互いに競合する[72]。

ミシガン大学ビジネス・スクールのベンカト・ラマスワミ（Venkat Rawaswamy）と会社 CEO のフランシス・グイヤール（Francis Gouillart）は，2010 年，共著『The Power of Co-Creation』のなかで，企業と顧客による価値共創の概念を拡張し，顧客以外にも従業員，サプライヤー，パートナーなどの関係者全員を対象と

---

[72] これまでのモノ中心の世界観では，企業が価値を創造し顧客が価値を消費する一方向的なアプローチであったが，サービスが支配する世界観では，企業と顧客による相互作用によって価値が生み出される価値共創が重要なテーマとなる。この考え方は「サービス・ドミナント・ロジック（Service Dominant Logic）」と呼ばれ，伝統的なモノ中心の考え方である「グッズ・ドミナント・ロジック（Goods Dominant Logic）」からの移行を主張する考え方である。

したコ・クリエーション (Co-Creation) という概念を提唱している。それによると，コ・クリエーションは，「外から内へ型のコ・クリエーション」と「内から外へ型のコ・クリエーション」という 2 つのタイプに分けられる。

「外から内へ型のコ・クリエーション」は，関係者の実体験を起点として，そこに企業プロセスを混ぜ合わせ，これまでにない有益な体験を関係者に提供するものである。たとえば，スポーツ・メーカーのナイキでは，数年前から「NIKE+」と名付けられた事業を展開し，高い人気を集めている。顧客であるジョガーがランニング活動でつかんだ実体験をナイキが開発したプラットフォームを通じて企業が取り込むやり方である。この「NIKE+」をベースにナイキは，ジョガーとの対話を促進するのみならず，ジョガー同士が交流する機会もまた提供している。

一方，「内から外へ型のコ・クリエーション」は，企業プロセスを起点として，顧客等の関係者に企業の活動を開放し，ユニークなアイデアを混ぜ合わせることである。やはりナイキでは，「Nike By You」と呼ばれる参加型プラットフォームを立ち上げ，顧客らに開放することで自分の好む色やデザインなど自由にカスタマイズできることを可能にしている。

10-4　ビジネス・エコシステム

10-4-1　エコシステムとは何か

2000 年代に入ると，企業の成功やイノベーションについて新たな概念が提唱されるようになった。それは，ビジネス・エコシステム (Business Ecosystem) という考え方である。というのも，企業が形成するビジネス・ネットワークと自然界の生物が作り出す生態系を比較すると，どちらも相互依存性を内包し，競争と協調を繰り広げながら効率性を高めている。こうした生物が生み出す生態系と企業が形成する生態系は，本質的に類似する部分が数多く見られ，戦略論にとって何かしらの新しい知見が得られる可能性が高いと考えられたからである。

エコシステム (Ecosystem) は「生態系」と訳され，1935 年，イギリスの植物学者アーサー・タンズリー (Arthur Tansley) が初めて提唱した概念とされる。それによると，生態系とは，水や空気，海や川，森や草原等の自然環境と，そこで生きる様々な生物で構成された空間のことである。自然界に生息するすべての生物は，その他の生物と関わり合いを持ちながら生きている。つまり，多様な生物による相互作用から自然界や生物界は成り立っている。たとえば，カエルは，小さな昆虫を食べるが，逆にヘビに食べられる関係を持つ。また，良く生い茂った植物を草食動物が食べ，草食動物が死ぬとその養分でもって植物が再び成長する関係にある。自然界の生態系とは，生物を取り巻く環境と，そこで生息するすべての生物の環境を

包括する全体を指す概念である。

10-4-2　ビジネス・エコシステム

　自然界における生態系という考え方を企業競争へ持ち込んだ人物は，コンサルティング会社を経営するジェームス・ムーア（James Moore）である。1993年，「Predators and Prey（捕食者と獲物）」と題する論文のなかで，企業を単一業界の構成員ではなく，多様な業界にまたがるビジネス・エコシステム（生態系）の一部として捉えること，そして，競争の次元が企業同士から，ビジネス・エコシステム間の競争へと大きく変化する新しい考え方を提唱した。つまり，企業の成功やイノベーションの生起は，卓越した資源や能力，力強いリーダーシップ，プロジェクトの推進力を通じて企業が独力で勝ち得るものではなく，企業が所属するビジネス・エコシステムの良し悪しを通じて決定されるという考え方である。

　それでは，優れたビジネス・エコシステムとは，どんな性格のものだろうか。ひとつは，イノベーションを生起する諸要素を低コストで新製品・新サービスへ変換する能力の有無である。もうひとつは，突然の破壊的イノベーションや技術のパラダイム転換に遭遇しても，慌てずに対処できる危機対処能力の有無があげられる。

　ハーバード大学ビジネス・スクールのマルコ・イアンシティ（Marco Iansiti）とコンサルティング・ファームのマネジャーであるロイ・レビーン（Roy Levien）は，2004年，「Strategy as Ecology」と題する論文のなかで，ビジネス・エコシステムの内容や特徴について，次のように説明している。まず，ビジネス・エコシステムとは，①自社と補完的関係にあるプレイヤーとのビジネス・ネットワーク，②自社と競合するプレイヤーとのビジネス・ネットワーク，③政策当局，メディア，マスコミ等のプレイヤーとのビジネス・ネットワークに区別される一方，これら複雑で緩やかなビジネス・ネットワークにおいて，各構成要素が相互依存しながら効率性を高め，繁栄している（図表10-4）。

　ところが，ビジネス・エコシステムは，途中で非効率化したり，失敗する危険性も内包している。このため，ある段階で再構築を決断し，ボトルネック（発展の妨げとなるような諸要素）を取り除く必要がある。ダートマス大学ビジネス・スクールのロン・アドナー（Ron Adner）は，2012年，著書『The Wide Lens』のなかで，エコシステムを再構築するための5つのレバーを取り上げている。それは，①何を分離すべきか（Separate），②何を組み合わせるか（Combine），③何を再配置できるか（Relocate），④何を加えるべきか（Add），⑤何を減らすことができるか（Subtract）である。

> 図表 10-4：ビジネス・エコシステムのイメージ

出所）Iansiti and Levien（2004）

さて，このような複雑なビジネス・ネットワークには，課題もまた残される。ひとつは，ビジネス・ネットワークは，複雑なるが故，客観的に把握するのが難しい。もうひとつは，複雑なネットワークの範囲を明確に定めるのが難しいことである。

10-4-3　生物生態系とビジネス生態系の類似性

最後に，生物の生態系とビジネスの生態系の類似性について考えてみよう。先ほどのイアンシティとレビーンによると，第1に，どちらも多数の構成要素が緩やかなネットワークでつながり，相互依存性を深めることで繁栄している。第2に，緩やかなネットワークの方向性は，個々の構成要素が主体的に決めるパワーはなく，生態系全体の意思によって生み出される。その結果，構成要素の数が増減すると，ネットワークもまた動的または静的に変化する。第3は，生態系を形成するネットワークの中心またはハブの役割として，全体または部分の最適化に影響を与えるキーストーン（Keystone）種やキーストーン企業の存在があげられる。

解説　**価値ベースの戦略**

今日の戦略論は，複雑化，高度化している。こうした戦略過多（Strategic Overload）を解消するには，原点に立ち返り，より良く，より単純明快な戦略フレームワークの構築が必要である。こんな問題意識から，ハーバード・ビジネス・スクールのフェリックス・オーバーフォルツァー・ジー（Felix Oberholzer-Gee）は，

近年，独自の価値ベース戦略（Value Based Strategy）を提唱している（ここでは，理解しやすいように WTS のうち，サプライヤーの話は省略している）。

　それによると，企業が利益の最大化を達成するには，顧客には価格を上げ，従業員には賃金を下げる政策が有効とする伝統的な考え方があった。しかし，企業は「利益」を稼ぐことから「価値」を提供すると発想を転換すべきである。「価値」を提供できれば，「利益」は後からついてくるからである。そこで，新しい考え方では，企業が価値の創造を達成するには，顧客の支払意思額（Willingness to pay：WTP）を高め，従業員の売却意思額（Willingness to sell：WTS）を低くする政策が有効であると考える。つまり，顧客が自ら進んで支払おうとする最高金額を意味するWTP は，顧客から歓迎され，信頼され，熱烈に支持されることが実現できれば，顧客は自ら進んで最高金額を支払ってくれる。一方，従業員を引き付けるために必要な報酬の最低金額を意味する WTS は，良い仕事を与え，仕事の魅力度を向上させ，従業員満足度を向上されることができれば，従業員は自ら進んで報酬の最低金額を受け入れる。

　図表 10-5 は，企業はいかにして価値を創造するかを示している。企業の価値創造とは，「支払意思額（WTP）」と「売却意思額（WTS）」との差＝「創造された価値」[73] というフレームワークで表される。つまり，企業が価値を生み出すための戦略は，きわめて単純かつシンプルであり，WTP を最大化するか，それとも WTSを最小化するかしかない。

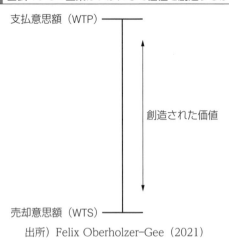

図表 10-5：企業はいかにして価値を創造するか

支払意思額（WTP）

創造された価値

売却意思額（WTS）

出所）Felix Oberholzer-Gee（2021）

---

[73] 「バリュースティック（Value Stick）」とも命名されている

　WTP は，次のようなカギとなる価値ドライバーを通じて増加させられる。①製品・サービスに関するイノベーションの生起や品質の向上から魅力的な製品・サービスを作る，②補完財を提供して顧客を魅了する，③ネットワーク効果によって実現することである。一方，WTS もまた，次のような価値ドライバーを通じて減少させることができる。それは，魅力的な仕事や職場環境を提供し，従業員満足度を刺激することである。

　このように，「価値」を生み出す戦略とは，実に単純明快な枠組みである。しかし，分かりやすいからと言ってその有効性が低いというわけではない。古今東西，優れた戦略とは，誰でも理解でき，納得がいくユニークでシンプルなものが多いことがそれを物語っている（たとえば，ポーターの「3 つの基本戦略」やキムとモボルニュによる「ブルーオーシャン戦略」など）。

第11章 | 収益化の戦略論

11-1 収益化とは何か

　最後に，2000年代に入り一躍檜舞台に登場した新しい概念として，収益化 (Monetization) を取り上げてみよう。収益化は，よく「ビジネスモデル」という言葉で言い換えられるが，それでも意味理解が十分できなければ，「儲け方」「稼ぎ方」と言うと分かりやすいかもしれない[74]。ここでは，一般に普及している「ビジネスモデル」という言葉を用いて，「収益化」とは何かについて議論してみよう。

　K.I.T（金沢工業大学）の三谷宏治 (2014) によると，「ビジネスモデル」なる言葉や記述が最初に登場したのは，1990年以前の時期まで遡ることができる[75]。但し，その当時は，名前だけ存在した程度で積極的に使用されることはなかった。1990年代になると，インターネットの普及に伴いeビジネスが台頭するにつれ，伝統的なリアル（実物）を代替するしくみ，あるいはリアルの世界にインターネットを組み入れるしくみが数多く提唱され，「ビジネスモデル」という言葉が頻繁に用いられるようになった。たとえば，PCメーカーのデル (Dell) では，インターネット技術を駆使し，直接販売と注文生産 (BTO) からなる「デル・ダイレクト・モデル」を開発し，その当時の製販システムに革命を起こした（図表11-1）。

　2000年代以降になると，「ビジネスモデル」は急速に普及を遂げた。先述の三谷によると，その原動力として持続的競争優位性の分析フレームワークとイノベーションの源泉という2つの理由をあげているが，いずれにしても，現在のビジネスシーンにおいて，「ビジネスモデル」は完全に定着する一方で，これに取って代わり得る新たな戦略論の提示については，ほとんどなされていないのが実態だ。

　さて，ビジネスモデルに関する諸研究は，ますます活発化する様相を強めている。とりわけ，非学術論文の分野で著しい拡大を強めている。IESEビジネス・スクールのクリストフ・ゾット (Christoph Zott) とロレンゾ・マーサ (Lorenzo Massa)，ペンシルベニア大学のラファエル・アミット (Raphael Amit) は，2011年，共著「The Business Model」と題する論文の中で，ビジネスやマネジメントの分野に

---

[74] それ以外にも「ビジネス・システム」「ビジネス・デザイン」「サプライ・チェーン」「価値ネットワーク」「利益モデル」という場合もある。

[75] 日本では，地場産業や伝統工芸産業において相互依存性によって結びついたネットワーク・システムが古くから観察されている。

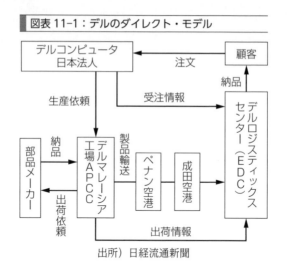

図表 11-1：デルのダイレクト・モデル

出所）日経流通新聞

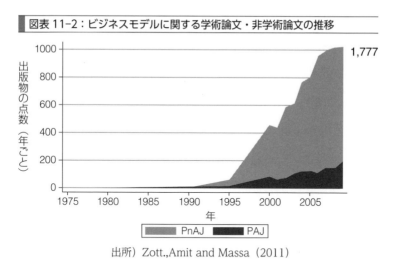

図表 11-2：ビジネスモデルに関する学術論文・非学術論文の推移

出所）Zott.,Amit and Massa（2011）

おける「ビジネスモデル」に関する文献数の推移を調査し，これを明らかにしている（図表 11-2）。それによると，1995 年以降，「ビジネスモデル」に関する学術論文（Published in Academic Journal：PAJ）は，緩やかに増加しているのに比べ，非学術論文（Published in Non Academic Journal：PnAJ）は，急激な拡大を示している。このことから「ビジネスモデル」とは，アカデミック（理論的）な世界よりも，プラクティカル（実践的）な世界において強い関心が寄せられていることが分かった。

　図表 11-2 のとおり，「ビジネスモデル」に関する研究は，特に非学術論文とい

う実践的な世界において活発化する様相を強めているが，その一方で，「ビジネスモデル」の中味に関する研究は，さほど進展していないのが実態のようだ。たとえば，ゾットらによると，驚くべきことに「ビジネスモデル」は，明確な概念の定義がないまま研究がなされてきたと指摘している。そして，ビジネスモデルに関する出版物 103 点を精査しながら，次のような現状を浮き彫りにしている。第 1 に，3 分の 1 以上（37 ％）は，その概念の定義がなされていなかった。第 2 に，半分弱（44 ％）は，ビジネスモデルの定義や概念化がなされていた。第 3 に，残り（19 ％）は，概念の定義についてその他の研究者の仕事を取り上げて言及していた。

　さらに，ゾットらは，図表 11-2 で示した「ビジネスモデル」関連に関する資料の中味について吟味したところ，「ビジネスモデル」の概念とは，次のような 3 つの現象を説明するため，用いられてきた可能性が高いことを明らかにしている。第 1 は，e ビジネスと組織における IT の活用である。第 2 は，価値創造，競争優位，企業成果などの戦略的問題である。第 3 は，イノベーションとテクノロジー・マネジメントである。

11-2　戦略とビジネスモデルの比較

　次に，伝統的な「（競争）戦略」と「ビジネスモデル」では，何か本質的に違いがあるのだろうか。果たして「ビジネスモデル」とは「戦略」に含まれるか，それとも異なるコンセプトとして考えてもよいのか。この点については，研究者の間でも意見や議論が分かれるのが実態のようだ。しかしながら，本節では，両者は似て非なる性格を持つため，区別して考えるべきだと考えている。図表 11-3 は，「（競争）戦略」と「ビジネスモデル」の違いを大雑把だが比較したものである。

　まず，「戦略」の目的は，競争優位の構築である。つまり，低コスト，差別化，集中化という基本戦略を通じてライバル企業との競争に打ち勝ち，自社が優位性を構築することである。一方，「ビジネスモデル」とは，別名「儲け方」と呼ばれる通り，企業の成長，利益の確保や追求，顧客の囲い込みがその主な狙いとしてあげられる。

　「戦略」とは，ライバルに対する「勝ち方」「戦い方」のシナリオであるのに対し，「ビジネスモデル」は，「儲け方」「しくみ」「筋書き」のシナリオを意味する。つまり，「戦略」とは戦いに勝つための方程式であるのに対し，「ビジネスモデル」は，利益を生み出すための方程式である。

　「戦略」とは，「学術的」「理論的」な学問であるのに対し，「ビジネスモデル」とは，いわば「実践的」「実務的」な学問という違いがある[76]。併せて，「戦略」とは，基本的に同一業界における同業種他社との競争を扱う学問であるのに対し，「ビジ

ネスモデル」とは，異なる業界の異業種他社との競争と共創を扱う学問であると表現できる。

　最後に，「戦略」とは，先発ブランド企業，業界リーダー企業が相対的に有利となるのに対し，「ビジネスモデル」では，必ずしもリーダーや先発者がアドバンテージを持つとは限らず，スタートアップ企業やフォロワー企業を含むあらゆる企業が優位を入手できる。「戦略」とは，現在の市場地位や資源・能力に大きく左右されるが，「ビジネスモデル」とは，たとえ資源や能力が大幅に不足したとしても，ステークホルダーに対する交渉力や関係性構築力によって弱点を補うことが可能である。

図表 11-3：戦略とビジネスモデルの比較

（競争）戦略	ビジネスモデル
競争優位（低コスト，差別化，集中化）	成長，利益，囲い込み
勝ち方，戦い方	儲け方，しくみ・筋書き
学術，理論	実践，実務
同業種他社との競争	異業種他社との競争と共創
先発ブランド，リーダー企業ほど優位	あらゆる企業が優位になれる

　このように「ビジネスモデル」とは，「戦略」に比べより包括的な概念である。つまり，対象範囲の制限や概念の厳格性が低いため，極論すると，成長や利益が達成できるならば，何でも「ビジネスモデル」と呼んでもかまわない。たとえば，北海道の旭川市にある小さな赤字の動物園が飼育員の創意工夫の結果，今日では，国内のみならず海外からも来園者が絶えない人気園に変貌したケース，郊外にある大手家電メーカーの某系列店が地域のシニア層に対して「御用聞きサービス」の提供を通じて家電量販店の 2 倍の価格でも顧客から選ばれるケース等も見方によれば，成功のための筋書きであり，したがって「ビジネスモデル」と呼べるものである。

11-3　デコンストラクション

　e ビジネスと組織における IT 活用を説明するために用いられた「ビジネスモデル」について触れてみよう。ボストン・コンサルティング・グループ（BCG）のフィリップ・エバンス（Philip Evans）とトーマス・ウースター（Thomas Wurster）は，1999 年，共著『Blown to Bits』のなかで，インターネットやパソコンの普及に

---

[76] 図表 11-2 の「ビジネスモデルに関する学術論文・非学術論文の推移」を参照のこと。

伴い，既存のバリューチェーンが破壊され，新たなバリューチェーンが再構築される現象をデコンストラクション（Deconstruction）と命名している。

　図表11-4は，伝統的な事業モデルと新しいデコンストラクション事業モデルを比較したものである。ボストン・コンサルティング・グループ（BCG）の水越豊は，2003年，著書『BCG戦略コンセプト』のなかで，すべてのバリューチェーンを自前で持つ伝統的な垂直統合型ビジネスモデルである「インテグレーター」に対し，それに取って代わるデコンストラクション事業モデルとして，4つのタイプをあげている。第1は，バリューチェーンのある特定な要素に専門特化する「レイヤーマスター」であり，PCのインテル（CPU）とマイクロソフト（OS）など，一芸に秀でた部品メーカーがこれに該当する。第2は，バラバラなバリューチェーンを取りまとめる「オーケストレーター」であり，これに該当する事例として，たとえ

図表11-4：デコンストラクション

■ **伝統的な事業モデル**

インテグレーター

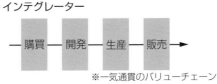

※一気通貫のバリューチェーン

■ **デコンストラクションによる新しい事業モデル**

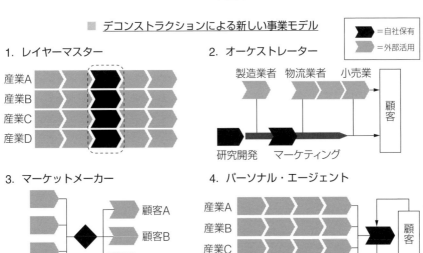

出所）水越（2003）

ば，PC メーカーの Dell によるダイレクト・モデルやアスクルによる流通モデルがあげられる。第 3 は，既存のバリューチェーンの間に介在して新たな市場を形成する「マーケットメーカー」であり，たとえば，中古車買取を行うガリバーインターナショナルの儲け方は，これに相当するものである。第 4 は，消費者側に立ってバリューチェーンを組み立てる「パーソナル・エージェント」であり，たとえば，インターネット通販のアマゾンの仕組みは，町の本屋さんをウエブ上で再現した「ビジネスモデル」の代表格である。

11-4　プラットフォーム戦略

　ビジネスブレークスルー大学の平野敦士カールとハーバード大学ビジネス・スクールのアンドレイ・ハギウ（Andrei Hagiu）は，2010 年，共著『プラットフォーム戦略』において，プラットフォーム・ビジネスとは，「複数のグループのニーズを仲介することによってグループ間の相互作用を喚起し，その市場経済圏を作る産業基盤型のビジネスモデル」であると定義している。そして，プラットフォームという「場」を運営する担い手であり，仲介役を果たす機能を「プラットフォーマー」と命名しながら，プラットフォーム・ビジネスを 2 つのタイプに類型化している（図表 11-5）。

　まず，ツーサイド・プラットフォーム（Two-Sided Platforms：TSP）は，2 つの異なる顧客グループを連結するプラットフォームである[77]。今日，この典型的な事例として，民泊ビジネスを展開するエアービーアンドビー（Airbnb）やライド・シェアリング・ビジネスを運営するウーバー（Uber）があげられる。

　Airbnb のしくみは，プラットフォーマーの Airbnb がゲスト（利用者）とホスト（提供者）をむすびつけるツーサイド・プラットフォーム・ビジネスである。その内容とは，まず，ゲストがスマホのアプリをダウンロードして必要な項目に入力する。次に，ホスト側は自宅の空き部屋情報を Airbnb へ登録する。そこでマッチングがうまくいけば，ゲストはホストに向けて予約リクエストを送信し，ゲストの情報をチェックしてホストが承諾すれば，宿泊予約が決定されるしくみである。

　Uber のしくみもまた，プラットフォーマーである Uber がゲスト（利用者）とホスト（提供者）をむすびつけるツーサイド・プラットフォーム・ビジネスである。その内容とは，まず，利用者はスマホのアプリをダウンロードしてユーザー登録す

---

[77] 異なる 2 つの顧客グループは，それぞれ異なる価値連鎖と収益構造を有している。経済学では，これを「市場の二面性（Two-Sided Markets）」「ネットワークの二面性（Two-Sided Network）」と呼んでいる。詳しくは，Eisenmann., Parker and Van Alstyne（2006）を参照のこと。

図表 11-5：プラットフォーム・ビジネスの類型化

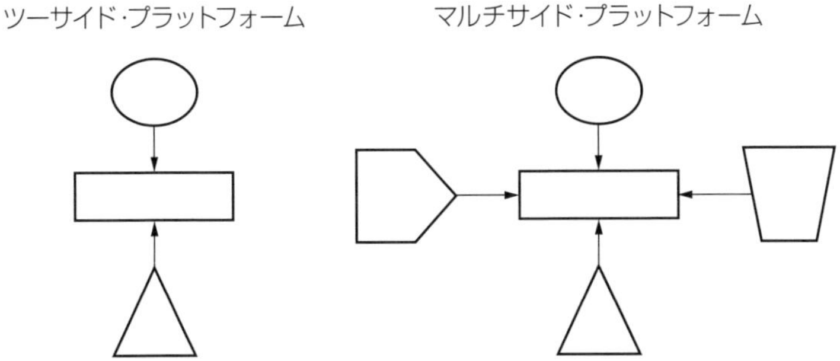

ツーサイド・プラットフォーム　　　　　マルチサイド・プラットフォーム

る。ドライバーもまた，Uber にドライバー登録する。そして，利用者が配車の依頼を行うと，近所にいるドライバーのアプリへ連絡が入り，配車が確定されるしくみである。

　一方，マルチサイド・プラットフォーム（Multi-Sided Platforms：MSP）は，多数の異なる顧客グループをつなげるプラットフォームである。MSP の代表的な事例として，楽天のインターネット・ショッピングモールがあげられる。「楽天市場」とは，楽天銀行，楽天トラベル，楽天カードなど，いくつもの店舗がインターネット上にオンライン仮想商店街を開設し，これを「楽天市場」が仲立ちとなって企業と一般消費者を結び付け，出店する店舗からの出店料や売上などに応じた手数料の徴収がその主な収益源となる B（企業）to B（楽天）to C（消費者）型（Business to Business to Consumer）の「ビジネスモデル」と言われている。

　しかしながら，このような 2 つのタイプのプラットフォーム・ビジネスを構築してうまく運営することは，なかなか容易ではない（Hagiu, 2014）。先述した平野敦士カールとアンドレイ・ハギウによると，プラットフォームで重要な点として，次のようなポイントをあげている。第 1 は，プラットフォームそのものの存在価値を高めることであり，それには，参加する顧客グループ双方にメリットがなければならない。第 2 は，参加する顧客グループが口コミや SNS を通じてプラットフォームへの参加を呼び掛ける自己増殖化機能が作動しなければならない。第 3 は，プラットフォーマーによるプラットフォームの適切な管理運営を通じて，プラットフォームの質を落とさず，常に向上させるよう気を配らなければならない。

11-5　フリーミアム

　世の中には，大多数の顧客に無料で提供して利益をあげるビジネスが存在する。フリーペーパー，フリーソフト，フリパン（フリーパンツ）など，無料を意味する

"フリー"という名がつく言葉は，世の中に広く散見される。また，直接的に"フリー"と名乗らなくても，無料で結婚式を開いてくれる「タダ婚」，インターネット電話サービスの「スカイプ」，動画共有サービスの「Youtube」インターネット通信サービスの「LINE」など，無料ビジネスは，巷にいっぱい転がっている。

　ところが，なぜ無料でもビジネスとして成り立つのか。アメリカのデューク大学で行動経済学を教えるダン・アリエリー（Dan Ariely）は，2 種類のチョコレートを用意し，その販売実験から無料の効果について，こう説明している。スイスの高級チョコレート「リンツのトリュフ」を 15 セント，普通のチョコレート「ハーシーのキスチョコ」を 1 セントの値段でそれぞれ販売したところ，お客の 73 ％は「リンツのトリュフ」，残りの 27 ％は「ハーシーのキスチョコ」を購入した。次に，値段の差は 14 セントのまま「リンツのトリュフ」を 14 セント，「ハーシーのキスチョコ」を 0 セント（つまり，無料）で販売しところ，お客の 69 ％が「ハーシーのキスチョコ」を選び，残りの 31 ％が「リンツのトリュフ」を購入する結果となった。つまり，最初と 2 回目では，14 セントの価格差は変わらないにもかかわらず，まったく正反対の購買行動が生じたのである。この結果についてアリエリーは，顧客が 0 セントという「無料」の言葉に弱いからだと指摘している。なぜなら，値段の高い安いよりも，そもそも何も失いたくない深層心理が強く作用しているからだと分析している。

　このように顧客に威力のある無料ビジネスモデルは，フリー（Free）またはフリーミアム（Freemium）と呼ばれている[78]。Wired 誌の編集長であるクリス・アンダーソン（Chris Anderson）は，2009 年，著書『Free』のなかでフリーミアムと呼ばれる「ビジネスモデル」について，4 つのタイプをあげている（図表 11-6）。第 1 のタイプは「直接的内部相互補助」である。これは，あるモノを 1 つ買うと，2 つ目はタダになるやり方である。たとえば，洋服やシャツで 1 枚買うと，2 枚目は無料となる商売の仕方がその典型である。

　第 2 のタイプは「三者間市場」である。たとえば，テレビ（メディア）の製作物を顧客にタダで提供し，第三者の広告主がお金を支払うやり方である。

　第 3 のタイプは「フリーミアム」である。これは，無料サービスで顧客を集め，その一部が有料（プレミアム）サービスを利用することで稼ぎ出すやり方である。たとえば，売り場でよく配られる販促用の無料サンプルがその典型である。また，昔マクドナルドが「コーヒー 1 杯無料」キャンペーンを実施したケースもフリーミアムに該当するだろう。これは，コーヒー 1 杯無料にし，その他製品のついで

---

[78] なお，顧客からお金を取るやり方はプレミアム（Premium）と呼ばれている。

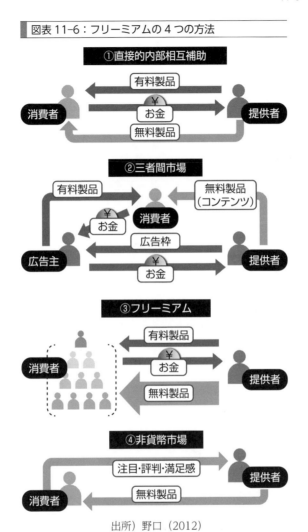

図表11-6：フリーミアムの4つの方法

①直接的内部相互補助

有料製品

消費者　　お金　　提供者

無料製品

②三者間市場

有料製品　　無料製品（コンテンツ）

お金　消費者

広告主　　広告枠　　提供者

お金

③フリーミアム

有料製品

消費者　　お金　　提供者

無料製品

④非貨幣市場

注目・評判・満足感　提供者

消費者　　無料製品

出所）野口（2012）

買いを誘うやり方であり，無料コーヒーにつられて来店した顧客が「フライドポテト」や「ビッグマック」などの定番商品を「ついで買い」してしまう儲け方である[79]。

　第4のタイプは「非貨幣市場」である。これは，注目や評判を得るため，無料商品を提供するやり方である。たとえば，オンライン百科事典「ウィキペディア」

---

[79] その他，販促用の試飲や試食もまた，「フリーミアム」の一種と考えられる。

は，その代表格としてあげられる。

11-6　ビジネスモデル・イノベーション

　会社 CEO のマーク・ジョンソン（Mark Johnson），ハーバード大学ビジネス・スクールのクレイトン・クリステンセン（Clayton Christensen），会社 CEO のヘニング・カガーマン（Henning Kagerman）は，2008 年，共著『Reinventing Your Business Model』において，ビジネスモデル・イノベーションの課題とは，その力学やプロセスの解明が十分なされていない，その開発条件や相互依存性等について企業がほとんど理解していないことであると述べながら，ビジネスモデル・イノベーションを開発するために必要な 4 つの条件とプロセスを明らかにしている（図表 11-7）。

図表 11-7：ビジネスモデルに必要な 4 つのエレメント

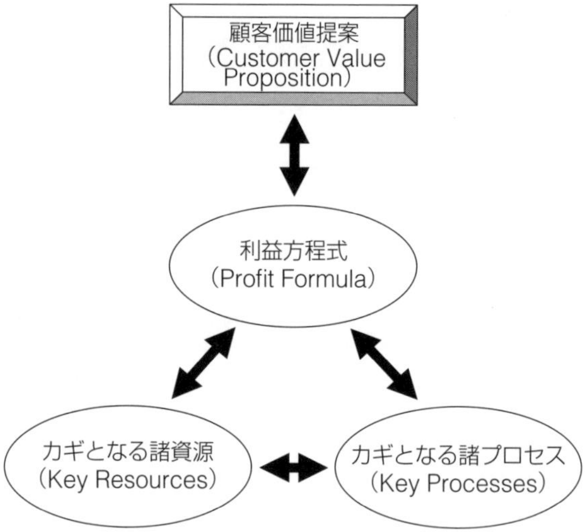

顧客価値提案
（Customer Value Proposition）

利益方程式
（Profit Formula）

カギとなる諸資源
（Key Resources）

カギとなる諸プロセス
（Key Processes）

出所）Johnson., Christensen and Kagermann（2008）

　まず，効果的なビジネスモデル・イノベーションを創造する最初の作業として「顧客価値提案」があげられる。顧客価値提案（Customer Value Proposition）とは，ターゲット顧客が抱える問題やニーズを把握しながら，これらの解決策や価値向上のしかたを探ることである。しかしながら，「顧客価値提案」が実践性に乏しい現実離れするものでは意味がない。そこで，次の段階では，実際に儲かる仕組みづくりへの変換を行う必要がある。まず，第 1 は利益方程式（Profit Formula）である。

これは,「収益モデル」「コスト構造」「利益率モデル」「資源回転率」から構成される。第2は,カギとなる諸資源(Key Resources)である。これは,「顧客価値提案」に必要な経営資源を明らかにすることである。第3は,カギとなるプロセス(Key Processes)である。これは,「顧客価値提案」に必要なプロセスまたはルール・評価基準の明確化である。最後に,ビジネスモデル・イノベーションは,4回程度見直しすることで,ようやく利益が出る。そのため,ビジネスモデル・イノベーションの成長を忍耐強く見守ることが肝心であると論じている。

11-7　ジレットモデル

　ジレットモデルは,またの名を「消耗品ビジネスモデル」と呼ばれ,P&Gグループのジレット(Gilletee)社が主力製品の「髭剃り」で始めた利益モデルである[80]。このやり方は,「髭剃り」本体を低価格で提供し市場への普及率を高めながら,替え刃(交換刃)の価格を通常以上に引き上げて利益を獲得する儲け方である。つまり,「髭剃り」本体は,あえて利益を追求せず,低価格で売ってユーザー数を増やす。その後,広く製品が市場へ浸透したところで摩耗したカミソリの刃の買い替えを求める顧客に対し,高価格な替え刃を販売することで当時の赤字分を埋めるのに十分な利益を確保するやり方である(図表11-8)。

　ジレットモデルは,多分野で応用化が進んでいる。たとえば,キヤノンやエプソンのようなPCのプリンターメーカーでは,プリンター本体は低価格で販売して利用者数を拡大し,消耗品であるインクカートリッジは,高価格で販売して利益を稼ぐ儲け方を実施している。ネスレもまた,エスプレッソマシン本体を低価格で提供しながら,コーヒーカプセルを高価格化して利益を生み出す仕組みを展開中である。ディズニーランドの周辺に立地するホテルは,事前にディズニーと提携したうえで宿泊料金を下げて顧客を集め,赤字分はテーマパークの黒字分からキャッシュバックを受け取るしくみを構築している。ラスベガスにあるホテルもまた,宿泊料金を低価格で提供し,カジノでお金を使わせて儲けるやり方を採用している[81]。

---

[80] ソニーは,継続的に収益をあげるやり方を「リカーリング(Recurring)と呼んでいる。「リカーリング」は「循環」「繰り返し」を意味する。ソニーでは,従来の「売り切り型」から継続的に循環させる「リカーリング型」のビジネスモデルへの転換を打ち出している。
[81] 出版社のデアゴスティーニでは,分冊出版(Part Work)と呼ばれるビジネスモデルを展開している。これは,シリーズ本の創刊号を特別価格で販売し,市場に普及させ,その後,顧客が途中でやめると負債となるため,買い続けてしまう効果を狙ったビジネスモデルと言われている。

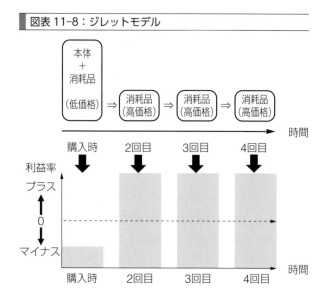

図表 11-8：ジレットモデル

11-8　沿線価値開発モデル

　今日の私鉄企業の儲け方を編み出した人物は，阪神電鉄の小林一三氏と言われている。同氏は，阪急電鉄の創業，阪急百貨店の創業，阪急ブレーブス（現オリックス）の創始，宝塚歌劇団の創始，全国高校野球大会の企画，電車内の中づり広告など，元祖ビジネスクリエーターとして，数々の企画や設立を成功させた伝説的なビジネスマンである。1910 年，小林一三氏は，鉄道を敷設するため，簿価の安い土地を買収して高級住宅地として分譲しながら，住民を対象にサービスビジネスを展開する「沿線価値開発モデル」を発案した。

　この収益化モデルのシナリオは，次の通りである（図表 11-9）。まず，強力なビジネス・プラットフォームである「鉄道事業」を作る。次に，そのプラットフォーム上に不動産，交通（バス，タクシー），リテール（百貨店，ショッピングセンター），大学，リゾート施設，文化スポーツ施設，ホテル，流通，レンタカー，旅行代理店，保育所，ゴルフ場など，多種多様なビジネスを起ち上げる。そして，各種事業を相互に連結しネットワーク化することで相乗効果を生起する。その結果，沿線価値が高まると，本業の鉄道事業の価値向上にも波及するという「ビジネスモデル」である[82]。

　「沿線価値開発モデル」のポイントとは，次のとおりである。第 1 は，開通前，路線付近の土地を安値で買収し，開通後，路線沿いに住宅・商圏を形成する。そし

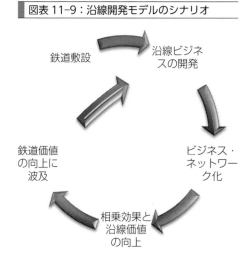

図表11-9：沿線開発モデルのシナリオ

て，地価高騰後に不動産事業で儲ける。第2は，終着駅と始着駅の付近にターミナル百貨店（買い物・食事・宿泊など多目的に利用される建物）を設ける。これにより，鉄道利用者の増加と利便性を高められる。第3は，「上り」と「下り」の乗客数の格差是正である。一般に「下り」より「上り」が混雑する。また，時間帯により乗客数は大きく変化する。たとえば，通学・通勤時間帯は「上り」が混雑し，帰宅時間帯は「下り」が混雑する。したがって，私鉄各社の乗客数に関する課題は，下り方面の稼働率をいかにあげるかであり，それには，主に3つの方策が考えられる。第1は「下り」方面に誘うプロモーション活動の実施であり，たとえば，スタンプラリーやイベント等の企画実施である。第2は「下り」方面の田舎に魅力ある施設・しくみを作る。たとえば，ゴルフ場，リゾート施設，ホテルの開発である。そして，第3は「下り」方面に大学の誘致である。これにより，学生の流れを下りへ呼び込むことができる。たとえば，東急東横線では，日吉駅に慶應義塾大学のキャンパスを誘致し，下り方面の集客戦略に成功している。歴史を紐解くと，大正末期，慶應義塾では三田の校地が手狭となり，一部移転の候補地を探していた。昭和3年，東京横浜電鉄（現東急）から沿線の日吉台の土地約7万坪を無償提供するとの申し出があった。そこで，大学は検討の末，この地に購入分・借地・無償提供分を合わせ，約13万坪を確保した。これが日吉キャンパスの始まりだと言われて

---

[82] 1987年，国鉄分割民営化の際，JR各社が参考にしたのは，私鉄企業の沿線開発モデルと言われている。鉄道事業という巨大なインフラ基盤を活かすため，流通業・小売業の分野に多角化し，エキナカなどで成功している。

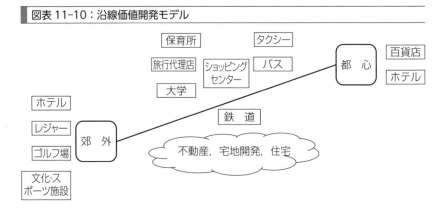

図表 11-10：沿線価値開発モデル

いる。現在，東急東横線の日吉駅は，1日の乗降客が約 12万 6千人とも言われ，人気の自由が丘駅や菊名駅の利用客の数を上回っているという（図表 11-10）。

11-9　製造業のサービス化モデル

　製造業のサービス化（Servicing by Manufacturing）は，製造業の儲け方が従来のような製造や製品で稼ぐやり方から，アフターサービスやソリューションによって稼ぐやり方へダイナミックにシフトしている現象をいう。たとえば，カナダにあるウエスタン大学ビジネス・スクールのニラジ・ダワル（Niraj Dawar）は，2013 年，著書『Tilt：Shifting Your Strategy from Products to Customers』のなかで，次のように語っている。伝統的なビジネスは，製造や製品に関する価値創造活動である川上（Upstream）において競争優位が構築された。しかし，21 世紀の競争優位の源泉は，従来のような川上ではなく，川下（Downstream）へ傾斜（Tilt）すると論じている（図表 11-11）。

　昨今，製造業の生き残り戦略について活発な議論がなされているが，そこであげられた成長戦略は，「川上の深堀」「川下への転換」「川下への進出・統合」という3つのパターンに分けられる。まず，川上分野へのさらなる深堀は，単に従来からのやり方の反復に過ぎない。また，たとえ掘り下げられたとしても，デジタル・マニュファクチャリングの時代には，圧倒的な低価格を武器に戦いを挑む新興国の破壊的イノベーションの前では，ほとんど対抗することができず，ますます窮地に陥るばかりである。次に，川上（製造業）から川下（サービス）へ転換する政策もまた，スイッチングコスト（転換費用）の負担が高いことに加え，そもそも長年培った知識やノウハウを有効に活かせるやり方とは言えず，課題が残される。最後に，川下分野へ進出し，川上活動と統合するやり方は，すでに説明したとおり，もっとも現

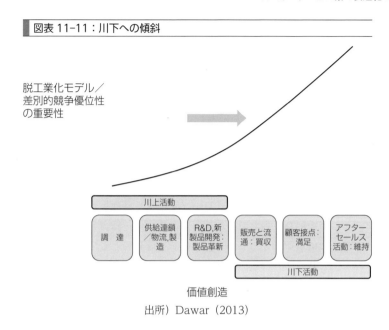

図表 11-11：川下への傾斜

脱工業化モデル／
差別的競争優位性
の重要性

川上活動

| 調達 | 供給連鎖／物流,製造 | R&D,新製品開発：製品革新 | 販売と流通：買収 | 顧客接点：満足 | アフターセールス活動：維持 |

川下活動

価値創造

出所）Dawar（2013）

実的な対策であり，実行可能性がもっとも高い取り組みとして，今日，多くの製造業が採用すべき戦略手段であると考えられる。

　今日，数多くの製造業が付加価値の源泉を川上から川下へ傾斜させ，成功を収めている。たとえば，外国では IBM のサービス・ソリューション事業，GE の航空機エンジンやヘルスケアの各事業がその代表格である。一方，日本でも KOMATSU の予防保全サービス，アシックスの足形計測サービス等，実に様々なサービスの成功事例が報告されている。

11-10　サービス業の製造化モデル

　製造業による川下活動への進出（Going Downstream）とは異なり，特に小売業や流通業などのサービス業では，川上活動への進出（Going Upstream）が活発化している。これは，「サービス業の製造化（Manufacturing by Service Provider）」と呼ばれ，具体的には，プライベート・ブランド戦略（Private Brand Strategy）を通じた川上進出や製造小売り（Speciality Store Retailer of Private Label Apparel：SPA）の台頭を指すものである。

　これまで，サービス業にとって製造業への進出は，長年の課題であった。製造業で必要な知識やノウハウ，設備やスキルワーカーなどの諸資源が余りにも不足していたからである。このため，自力で製品（付加価値）を生み出せないサービス業は，

メーカーが創造した製品をそれに代わって販売し，一定の手数料を獲得するなどして利益を得る仕組みに専念を余儀なくされてきた。そして，このようなやり方は，利幅が小さく儲け方としては，脆弱と言わざるを得なかった。

　しかし，近年，このようなサービス業の間で製造化の動きが拡大してきている。それは，PB商品の開発や製造小売りと呼ばれる業態の顕在化であり，その本質とは，外部資源の戦略的活用である。すなわち，新製品の開発にあたり，社内にモノづくりに必要な経験とノウハウが大幅に不足しているため，これを補うべく外部のモノづくり企業と連携を図ることで，これまで困難であった自社企画製品の開発が可能になった。また，たとえば，コンビニエンスストアによるPB商品の開発では，セブン・イレブンの背後には三井物産，ローソンには三菱商事がビジネスモデル・クリエイターとして重要な役割と支援を担っているなど，総合商社との有機的な協力関係がサービス業によるモノづくりを可能にする原動力として，深く機能している。サービス業は，これらの外部資源を効果的に活用することで，専門的資源の不足やその脆弱性を克服できるようになった。さらに，今日の日本では，PBを主力とする無印良品やABCマートが高い人気と成功を収めるなど，市場ニーズを満足させるユニークなPB商品が次々に生まれ，PBに対する消費者の意識がだいぶ軟化してきていることも，サービス業の製造化に追い風として作用している。

　次に，PB戦略の内容について触れてみよう。メーカーの開発した「製造業ブランド」をナショナル・ブランド（National Brand：NB）と呼ぶのに対し，流通業や小売業が自社企画してメーカーへ生産を依頼する「流通業ブランド」は，プライベート・ブランド（Private Brand：PB）と呼ばれている。

　PB戦略は，過去不景気への対応を目的とした後ろ向きの手段に過ぎなかった。ところが，最近では，顧客価値を実現する優れた戦略オプションのひとつとして，サービス業を中心に多くの企業の間で再認識されるようになった。PBに注目が集まるようになったその背景には，流通業や小売業がこれまで参入できなかった製造分野へ果敢に踏み込み，物流から販売までサプライ・チェーンの構築に成功したことがあげられる。図表11-12は，NBとPBの開発モデルをそれぞれ比較したものである。

　まず，NBモデルでは，製造業が原材料を調達し，商品を製造・開発するその担い手である。商品に関する情報は，製造・開発元である製造業から流通業や小売業を経由して消費者まで一方向で提供される。商品のPR活動を意味する広告宣伝費や商品の品質保証については，製造・開発元であるメーカー側が全面的に負担する。

　これに対し，PBモデルとは，流通業や小売業が必要な原材料を調達し，提携先のメーカー側と共同で商品の開発を行う。そして，メーカー側によって製造された

図表 11-12：NB の開発モデルと PB の開発モデル

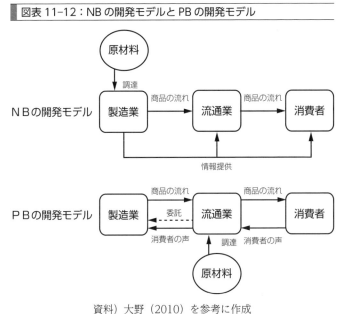

資料）大野（2010）を参考に作成

PB 商品は，基本的に流通業や小売業がすべて買い取り，その責任において消費者へ販売する。このため，商品に関する情報は，製造元であるメーカー側ではなく，委託した流通業や小売業から消費者のもとに届けられる。また，商品の PR 活動を意味する広告宣伝費は，流通業や小売業がこれを全面的に負担する一方，商品の品質保証については，製造元であるメーカー側と委託した側の流通業や小売業が契約や法律に基づき，それぞれ分担する。

11-11　ネットとリアルの統合モデル

　従来の顧客の購買行動とは，こちらからリアル店舗（実店舗）へ出向くというやり方が主流であった。ところが，電子商取引（Electronic Commerce：EC）の発達に伴い，近年では，自宅に居ながらインターネット通販でショッピングするやり方が急速に拡大している。そこで，今日の流通業や小売業では，実店舗販売とインターネット通販を統合するオムニチャネル・リテイリング（Omnichannel Retailing）を加速化させている。Omni とは「あらゆる」を意味し，channel とは「販路」と訳されるため，オムニチャネルとは，顧客接点のあらゆるチャネルを通じて販売する「ビジネスモデル」と訳され，具体的には，流通業や小売業のすべての販売チャネルを継ぎ目なく連動させ，顧客や商品を管理することで台頭するイン

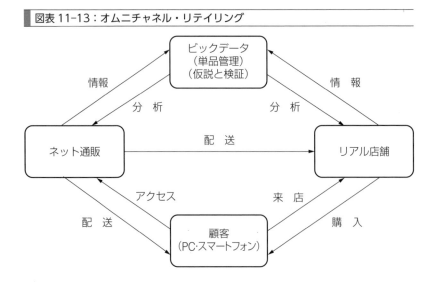

図表 11-13：オムニチャネル・リテイリング

ターネット通販に対抗しようとするものである。たとえば，日本企業のなかでオムニチャネル・リテイリングの強化に乗り出しているのは，セブン＆アイ・ホールディングスが代表的である。

　図表 11-13 は，オムニチャネル・リテイリングの概念である。今日の顧客には，購買行動に関する 2 つの選択肢がある。ひとつは，リアルな実店舗に出向いて製品・サービスを購入するやり方である。もうひとつは，所有する PC やスマートフォンなどの情報端末でインターネット通販にアクセスして購入するやり方である。そこで，流通業や小売業は，2 つの販売チャネルのどちらにも対応可能なビジネスモデルを構築するようになった。つまり，オムニチャネルの開発である。オムニチャネル・リテイリングは，単にネットとリアルの両方のチャネルを開発するだけではなく，それぞれから得られた情報をビックデータで解析し，情報共有や相互融通によってチャネル間の相乗効果を生み出すのがその狙いである。

　インターネットや PC・スマートフォンのさらなる発展と普及が予想されるなか，顧客の購買行動は，今後とも実店舗とインターネット通販を使い分けながら，最大のベネフィットを得る方向に進むことが確実視されている。そこで，インターネット通販と実店舗という 2 つの販売チャネルの組み合わせを考えてみよう。図表 11-14 は，縦軸に顧客の購買行動，横軸に顧客の情報収集のしかたを取り，それぞれのクロスから顧客のタイプの分類を試みた図である。

　左下のセルは，インターネットで情報を集め，インターネット通販で購買する「ネット完結派」である。たとえば，一休や楽天トラベルなど旅行関連業種等があ

図表11-14：オムニチャネル時代における顧客の分類

顧客の 購買行動	リアル	ネット下調べ派	リアル重視派
	ネット	ネット完結派	リアル下調べ派
		ネット	リアル

顧客の情報収集

げられ，この台頭により，実店舗中心の既存の旅行代理店は，大きなダメージを受けている。一方，右上のセルは，新聞やチラシを含む実店舗で情報を仕入れ，実店舗で購買する「リアル重視派」である。このタイプには，食品，ファッション，家電・IT等の業種が該当する。次に，左上のセルは，インターネットで情報を集め，実店舗で購買する「ネット下調べ派」である。たとえば，家電・ITなどの業種がこれに該当する。最後に，右下のセルは，新聞やチラシを含む実店舗で情報を集め，インターネットで購買する「リアル下調べ派」である。このタイプには，家電・IT等の業種があげられる。

さて，ここで浮き彫りとなった4タイプの顧客のうち，これまで大きな割合を占めたのは「リアル重視派」と「ネット完結派」であった。ところが，最近では「ネット下調べ派」と「リアル下調べ派」がこれに取って代わる存在して浮上してきている。そこで，以下では，「ネット下調べ派」と「リアル下調べ派」の動向について触れてみよう。

まず，「ネット下調べ派」は，またの名を「O2O」とも呼ばれている。O2O（Online to Offline）とは，オンラインからオフラインへを指す言葉であり，具体的には，インターネットのECサイト，SNS，オンライン・クーポン，アプリなどで集客しながら，リアルな店舗へ送客する販売促進策を指す。一方，「ネット下調べ派」の拡大は，「ウェブルーミング」と呼ばれる問題を引き起こす。ウェブルーミング（Web-rooming）とは，ネット店舗がショールームと化してしまうことを意味する。近年，オンライン（ネットの行動・情報）がオフライン（リアルの購買）に影響を及ぼす事例が活発化している。たとえば，アメリカでは「グルーポン（Groupon）」，日本ではリクルートの「ホットペッパー」や「じゃらん」など，割引クーポンによってリアル店舗へ誘引する取り組みが有名である。

　次に，「リアル下調べ派」の増加は，別名「ショールーミング」と呼ばれる深刻な影響をもたらしている。ショールーミング (Show-rooming) とは，実店舗がショールーム化してしまう現象であり，実店舗側から見ると，大変な脅威である。たとえば，実店舗で家電製品の良し悪しをチェックしたり，衣料品の実物を店舗で試着した上でインターネットの通販サイトから，より安い価格の商品を探し出して購入する顧客が生まれている。実際に，インターネット通販の巨人であるアマゾン (Amazon) が高成長しているのは，「リアル下調べ派」に該当する顧客数が飛躍的に拡大しているその表れでもあり，実店舗中心型の企業は，今後ますます窮地に立たされる可能性が高い[83]。

解説　創造性の創出プロセス

　新しいしくみやユニークなビジネスモデルを企業が生起するには，創造的な発想が要求されるが，どうやったら創造性は生み出すことができるのか。ここでは，視点を変えて，ニューロサイエンスや社会心理学の最新の知見から，創造性を生み出すためのプロセスについて触れてみよう。

　周知の通り，新しいしくみや卓越したビジネスモデルを生み出すのは容易ではない。しかし，それを可能にする大きなヒントとして創造性の創出プロセスがある。ケンブリッジ大学の大黒 (2020) は，社会心理学者のグラハム・ワラス (Graham Wallas) が提唱する「創造性が生まれる4段階」を取り上げ，詳しく解説している。それによると，創造性の創出プロセスの第1段階は，「準備期 (Preparation)」である。これは，創造性を生み出すための「下準備」をする時期であり，達成すべき目標を設定しながら，国内外から情報を収集し，論理的に解決方法を導き出す，いわば「知恵出し」の段階である。第2段階は，「あたため期 (Incubation)」である。知恵出しの段階において，すぐにアイデアが浮かばず，行き詰ってしまうことは多々ある。こうした時には，一度その問題から離れ，仮眠，入浴，散歩，ランニング，読書や趣味に打ち込むことで通じて，心をリフレッシュさせることである。第3段階は，「ひらめき期 (Illumination)」である。これは，問題について考えていない状態のとき，思いもよらぬアイデアや知見が突然，舞い降りることであり，これは「アハ体験」「神の啓示」「セレンディピティ」等とも言われている。そして，第4段階は，「検証期 (Verification)」である。これは，ひらめいたアイデアが正しいかどうかきちんと精査・確認する段階である。

---

[83] 百貨店の雄，三越伊勢丹ホールディングスの業績が伸び悩み，経営体制までも揺らいでいる様子は，まさにこれを裏付けるものだろう。

　さて，この4段階から構成された創造性の創出プロセスのなかで，最も重要な段階は，「あたため期」であると言われている。というのも，第1段階の「知恵出し」という作業は，瞬時に終わることがなく，また，苦悩の末，答えやアイデアが浮かばず挫折してしまうケースも少なくない。しかし，すぐに諦めず，頭の隅に問題を抱えながら，一度その課題から離れて答えが出るのを少し待つと，突然解決策がひらめくような経験をだれもが少なからず体験しているからである。

　この「あたため期」における重要な概念として，次のような2つの概念を覚えておきたい。「マインド・ワンダリング (Mind Wondering)」は，心が彷徨っている状態であり，目の前にある課題や問題に注視するのではなく，まったく違ったことに目を向けている状態である。「デフォルト・モード・ネットワーク (Default Mode Network)」は，脳の前頭前野のネットワークを指し，斬新なアイデアや新しい発想は，頭をフル回転させて考える状態よりも，むしろ，頭がぼーっとしている時の方が生まれやすいという現象を指すものである。このように創造性を生み出すには，一見するとマイナスに作用するとも捉えられる心の迷走やぼーっとした時間を大切にすることが，実は創造性の創出にとって重要な活動であることを理解しておこう。

第12章 | 経営戦略のゆくえ

12-1 経営戦略の発信源

　ここまで過去から現在まで経営戦略の足跡を一通り辿ってきたが，最終章では，経営戦略に関する研究のまとめと今後の展望について，筆者の意見を自由に綴ってみたい。まず，今日の経営戦略の理論や枠組みのそのほとんどは「欧米発」であり，「日本発」と呼べるものは，極めて少ない。たとえば，オープン・イノベーション，ブルーオーシャン，ビジネス・エコシステムなど，数々の概念や枠組みが指摘されてきたが，そのほとんどは「外国発」であり，明らかに「日本発」と言い切れるのは，TPS や TQC など，現場発の戦略論に限定されるのが実態だ。

　もうひとつは，経営戦略の概念や枠組みに関する企画力や構築力で優れた外国に比べ，日本は多少劣っていると言わざるを得ないが，しかしながら，外国から入ってきた新しい概念や枠組みを迅速に導入してうまく消化する適応能力において，日本は，実に優秀であると言わざるを得ない。つまり，もとは「外国発」の概念やフレームワークであるにもかかわらず，それを日本流にうまくアレンジし，あたかも「日本発」の如く使いこなしてしまう適応能力はきわめて高く，具体的な事例には事欠かない。たとえば，1970 年代，当時のイトーヨーカ堂がアメリカのサウスランド社からコンビニエンスストア・モデルを国内へ導入する取り組みを実行した際，日米における商慣習や顧客の購買行動の違いから，そのまま移植することができずに頓挫してしまった。そこで，イトーヨーカ堂は，ほとんどゼロの状態から日本市場にマッチする独自のコンビニエンスストア・モデルの開発に踏み切り，見事，「日本発」のコンビニエンスストア・モデルを生み出してしまったケースは，その代表的な事例といえる。

12-2 戦略からビジネスモデルへ

　2000 年以降，活発に取り上げられるようになった「ビジネスモデル」の台頭は，誤解を恐れずに言うと，従来まで主流を占めた「競争戦略」の終焉を意味するものかもしれない。コロンビア大学ビジネス・スクールのリタ・マグレイス (Rita McGrath) は，2013 年，著書『The End of Competitive Advantage』のなかで，ビジネス環境が大きく変化する時代の中，持続的な競争優位を求めるのは得策とは言えず，むしろ，一時的な競争優位の構築を目指すことに専念すべきと主張して

いるとおり，栄華を誇った持続的な競争優位の構築は，もはや過去のものとして過ぎ去ろうとしている。すなわち，市場の独占を目指してライバルとの戦いに勝利し，見事，持続的な競争優位を手に入れるというシナリオは，世界中の先進国が成長期から成熟期へ向い，新興国企業の急速な追い上げに直面している現在，もはや困難となりつつあるのが現状だ。

　これからの時代，異業種他社による攻撃，技術やノウハウの複雑性，さらなる顧客価値の実現に対応し，これを打開するためには，従来とは異なる新たなアプローチが必要であり，それは，ユニークな「ビジネスモデル」の創造だと考える（詳しい内容等については，第 11 章を参照）。すでに触れたとおり，「ビジネスモデル」はプラクティカルな世界において広く注目を集める一方で，アカデミックな世界では，詳細な分析などその精緻化が遅れているのもまた事実である。今後は，より一層の解明と充実が期待される分野のひとつである。

12-3　AI の進化をどのように解釈すべきか

　近年，4 度目の人工知能（AI）ブームが到来している。それは，人間からの質問や指示を受けて文章や画像，音声を作り出す生成 AI の登場であり，企業や産業界でも大きな期待と関心を寄せている。筆者は，2016 年に出版した『テクノロジー経営入門』のなかで，AI の可能性について詳しく検討したが，この新技術は，単に製品やサービスのイノベーションのブレークスルーに止まらず，経営戦略やビジネスモデルの分野にも広く応用できると確信している。たとえば，事業を対象とした競争戦略に AI を組み込む余地はあるだろうし，また，全社戦略にも AI を意思決定支援や意思決定そのものに導入することは，不可能なことではあるまい。

　また，最先端の AI やコンピュータ，ロボティクス等の担い手とは，既存の大企業ではなく，むしろ，世界中に散在するハイテクベンチャーやスタートアップ等である可能性が高い。なぜなら，これらハイテクベンチャーやスタートアップのような若い企業は，大企業組織でしばしば問題視される無数のしがらみやネガティブな先入観等を基本的に抱えておらず，むしろ，積極的でチャレンジ精神旺盛な場合がほとんどである。これからは，ハイテクベンチャーやスタートアップとの間で，強い共創関係の構築（共創戦略）や画期的なビジネスモデルの創造が成功に必要な重要な取り組みとなっていくにちがいない。

参考文献

〈邦文〉

アーネスト・ガンドリング・須賀　洋（1999）『3M：未来を拓くイノベーション』講談社

青島矢一・加藤俊彦（2003）『競争戦略論』東洋経済新報社

石井淳蔵・奥村昭博・加護野忠男・野中郁次郎（1985）『経営戦略論』有斐閣

伊丹敬之（1984）『新・経営戦略の論理：見えざる資産のダイナミズム』日本経済新聞社

伊丹敬之（2012）『経営戦略の論理　第4版：ダイナミック適合と不均衡ダイナミズム』日本経済新聞出版社

一條和生（2004）『企業変革のプロフェッショナル』ダイヤモンド社

市橋和彦（2008）『成功は洗濯機の中に』プレジデント社

稲垣栄洋（2014）『弱者の戦略』新潮社

伊藤成人（2017）『テレ東流ハンデを武器にする極意』岩波書店

入山章栄（2012）『世界の経営学者はいま何を考えているのか』英治出版

上野恭裕（2011）『戦略本社のマネジメント：多角化戦略と組織構造の再検討』白桃書房

内田和成（2009）『異業種競争戦略』日本経済新聞出版社

宇田川勝・橘川武郎・新宅純二郎（2000）『日本の企業間競争』有斐閣

大黒達也（2020）『芸術的創造は脳のどこから産まれるか？』光文社新書

小川紘一（2014）『オープン＆クローズ戦略：日本企業再興の条件』翔泳社

大野尚弘（2010）『PB戦略：その構造とダイナミクス』千倉書房

恩蔵直人（1995）『競争優位のブランド戦略』日本経済新聞社

川勝宜昭（2016）『日本電産流 V字回復経営の教科書』東洋経済新報社

川村　隆（2015）『ザ・ラストマン：日立グループを V字回復に導いた「やり抜く力」』角川書店

菊澤研宗（2008）『戦略学：立体的戦略の論理』ダイヤモンド社

楠木　建（2010）『ストーリーとしての競争戦略』東洋経済新報社

月刊「技術営業」編集部（2008）『弱者の戦い方：セブンとアトム，ヤマグチに学ぶ No. 1 企業との共存の法則』リック

小林三郎（2012）『ホンダ イノベーションの神髄』日経 BP 社

古森重隆（2013）『魂の経営』東洋経済新報社

榊原清則（1992）『企業ドメインの戦略論：構想の大きな会社とは』中公新書

佐久間宣行（2014）『できないことはやりません：テレ東的開き直り仕事術』講談社

桜井博志（2014）『逆境経営：山奥の地酒「獺祭」を世界に届ける逆転発想法』ダイヤモンド社

GE コーポレート・エグゼクティブ・オフィス（2001）『GE とともに：ウェルチ経営の 21 年』ダイヤモンド社

嶋口充輝（1984）『戦略的マーケティングの論理：需要調整・社会対応・競争対応の科学』

　　誠文堂新光社

嶋口充輝（1986）『統合マーケティング：豊饒時代の市場志向経営』日本経済新聞社.

徐　正武（2005）「孫子の戦略学」『ダイヤモンド・ハーバードビジネス』Apr, pp. 38-52.

新貝康司（2014）『JT の M ＆ A：日本企業が世界企業に飛躍する教科書』日経 BP 社

高木晴夫（2007）『トヨタはどうやってレクサスを創ったのか：日本発世界へを実現したト
　　ヨタの組織能力』ダイヤモンド社

竹内靖雄（2005）『戦争とゲーム理論の戦略思考』日本実業出版社

戸部良一・寺本義也・鎌田伸一・杉之尾孝生・村井友秀・野中郁次郎（1984）『失敗の本質：
　　日本軍の組織論的研究』ダイヤモンド社

東洋経済新報社編（2023）『会社四季報　業界地図　2024 版』東洋経済新報社

永守重信（1998）『人を動かす人になれ』三笠書房

永守重信（1999）「M ＆ A 再考」『ビジネスレビュー』 Vol. 47, No. 2, OCT, pp. 64-75.

日本経済新聞社編（2003）『日本電産　永守イズムの挑戦』日本経済新聞社

沼上　幹（2000）『わかりやすいマーケティング戦略』有斐閣アルマ

沼上　幹（2009）『経営戦略の思考法：時間展開・相互作用・ダイナミクス』日本経済新聞
　　出版社

野口智雄（2012）『マーケティング戦略』日本経済新聞出版社

野中郁次郎・清澤達夫（1987）『3M の挑戦：創造性を経営する』日本経済新聞社

長谷川洋三（2000）『ウェルチが日本を変える』講談社

濱谷晃一（2015）『テレ東的，一点突破の発想術』ワニブックス PLUS 新書

東原敏昭（2023）『日立の壁：現場力で「大企業病」に立ち向かい，世界に打って出た改革
　　の記録』東洋経済新報社

藤井　耐・松崎和久（2002）『経営学の多角的視座』創成社

日沖　健（2002）『戦略的事業撤退』NTT 出版

平野敦士・カール・アンドレイ・ハギウ（2010）『プラットフォーム戦略』東洋経済新報社

船木由喜彦（2014）『はじめて学ぶゲーム理論』新世社

松崎和久編（2006）『戦略提携』学文社

松崎和久（2013）『グループ経営論』同文舘出版

松崎和久（2014）『サービス製造業の時代』税務経理協会

松崎和久（2016）『テクノロジー経営入門』同友館

三谷宏治（2014）「ビジネスモデル全史：イノベーションと持続的競争優位のための戦略コ
　　ンセプト」『Diamond ハーバードビジネス』Apr, pp. 34-50.

水越　豊（2003）『BCG 戦略コンセプト』ダイヤモンド社

山田英夫（1993）『競争優位の「規格」戦略：エレクトロニクス分野における規格の興亡』
　　ダイヤモンド社

山田英夫（1995）『逆転の競争戦略：リーダー企業の「強み」を「弱み」に変える』生産性
　　出版

吉川良三（2013）「グローバルセンス　日本メーカーのものづくりを再考するためのサムスン競争力の研究：第6回リバース・エンジニアリング-日本製品の設計思想を解析し「別の製品」として市場を奪う」『日経ものづくり』September, pp. 76-79.

吉原英樹・佐久間昭光・伊丹敬之・加護野忠男（1981）『日本企業の多角化戦略：経営資源アプローチ』日本経済新聞社.

〈欧文〉

Aaker, D（1984）*Strategic Market Management*, Wiley & Sons.（野中郁次郎・石井淳蔵・北洞忠宏・嶋口充輝訳『戦略市場経営：戦略をどう開発し評価し実行するか』，ダイヤモンド社，1986年）

Abell, D. and J. S. Hammond（1979）*Strategic Market Planning: Problems and Analytical Approaches,* Prentice-Hall.（片岡一郎・古川公成・滝沢　茂・嶋口充輝・和田充夫訳『戦略市場計画』，ダイヤモンド社，1982年）

Abell, D（1980）*Defining the Business: The Starting Point of Strategic Planning*, Prentice Hall.（石井淳蔵訳『事業の定義：戦略的プランニングの出発点』，千倉書房，1984年）

Abernathy, W（1978）*The Productivity Dilemma*, The Johns Hopkins University Press.

Adner, R（2012）*The Wide Lens: A New Strategy for Innovation*, Portfolio.（清水勝彦訳『ワイドレンズ：イノベーションを成功に導くエコシステム戦略』，東洋経済新報社，2013年）

Allen, T（1977）*Managing the Flow of Technology: Technology Transfer and the Dissemination of Technological Information within the R&D Organization.* MIT Press（中村信夫訳『技術の流れ　管理法』，開発社，1984年）

Anderson, C（2009）*Free: The Future of a Radical Price,* Hyperion.（高橋則明訳『フリー：〈無料〉からお金を生みだす新戦略』，NHK出版，2009年）

Andrews, K（1971）*The Concept of Corporate Strategy.* Dow Jones-Irwin.（山田一郎訳『経営戦略論』，産業能率短期大学出版部，1976年）

Ansoff, I（1965）*Corporate Strategy*, McGraw-Hill.（広田寿亮訳『企業戦略論』，産業能率短大出版部，1988年）

Ariely, D（2008）*Predictably Irrational, Revised: The Hidden Forces That Shape Our Decisions,* Harpercollins.（熊谷淳子訳『予想どおりに不合理：行動経済学が明かす「あなたがそれを選ぶわけ」』早川書房，2008年）

Barney, J（1995）Looking Inside for Competitive Advantage, *Academy of Management Executive*, 9(4), pp. 49-61.

Barney, J（2001）*Gaining and Sustaining Competitive Advantage*（2nd Edition），Prentice Hall.（岡田正大訳『企業戦略論【上】基本編　競争優位の構築と持続』，ダイヤモ

ンド社, 2003 年)

Barney, J and W. Hesterly (2005) *Strategic Management And Competitive Advantage: Concepts*, Prentice Hall.

Bengtsson, S and S. Kock (2000) Coopetition in Business Networks: To Cooperate and Compete Simultaneously, *Industrial Marketing Management*, Vol. 29, pp. 411–426

Birkinshaw, J. and K. Brewis (2016) Lessons from the world's best-known fast-follower: Samsung, https://www.london.edu/faculty-and-research/lbsr/diie-innovation-icons-samsung#.WhbPMeRrz4g.

Blaxill, M and R. Eckardt (2009) *The Invisible Edge: Taking Your Strategy to the Next Level Using Intellectual Property*, Portfolio. (村井章子訳『インビジブル・エッジ』, 文藝春秋, 2010 年)

Boldrin, M and D. K. Levine (2008) *Against Intellectual Monopoly*, Cambridge University Press. (山形浩生・守岡桜訳『〈反〉知的独占：特許と著作権の経済学』, NTT 出版, 2010 年)

Bossidy, L and R. Charan (2002) *Execution: The Discipline of Getting Things Done*, Crown Business. (高遠裕子訳『経営は「実行」：明日から結果を出すための鉄則』, 日本経済新聞社, 2003 年)

Brandenburger, A. M and B. J. Nalebuff (1996) *Co-Opetition*, Doubleday Business. (嶋津祐一・東田啓作訳『コーペティション経営：ゲーム論がビジネスを変える』, 日本経済新聞社, 1997 年)

Buzzell, R. D and B. T. Gale (1975) Market Share: a Key to Profitability, *Harvard Business Review*, Jan, 53(1), pp. 97–106.

Carson, R (1956) *Sence of Wonder*, (上遠恵子訳『センス・オブ・ワンダー』新潮社 1996 年)

Chandler, A. D (1962) *Strategy and Structure: Chapters in the History of the American Industrial Enterprise*, MIT Press. (三菱経済研究所訳『経営戦略と組織：米国企業の事業部制成立史』, 実業之日本社, 1967 年)

Chesbrough, F (2003) *Open Innovation: The New Imperative for Creating and Profiting from Technology*, Harvard Business School Press. (大前恵一朗訳『OPEN INNOVATION：ハーバード流イノベーション戦略のすべて』, 産能大出版部, 2004 年)

Chesbrough, F (2006) *Open Business Models: How To Thrive In The New Innovation Landscape*, Harvard Business School Press. (栗原　潔訳『オープンビジネスモデル：知財競争時代のイノベーション』, 翔泳社, 2007 年)

Christensen, C. M (1997) *The Innovator's Dilemma : When new technologies cause great firms to fail*, Harvard Business School Press. (伊豆原弓訳『イノベーションのジレンマ：技術革新が巨大企業を滅ぼすとき』, 翔泳社, 2001 年)

Christensen, C. M., T. Hall, K. Dillon and D. S. Duncan (2016) *Competing Against Luck: The Story of Innovation and Customer Choice,* Harper Business. (依田光江訳『ジョブ理論：イノベーションを予測可能にする消費のメカニズム』ハーパーコリンズ・ジャパン，2017 年)

Collis, D. J and C. A. Montgomery (2004) *Corporate Strategy: A Resource-Based Approach* (2nd Edition), McGraw-Hill. (根来龍之・蛭田　啓訳『資源ベースの経営戦略論』東洋経済新報社，2005 年)

Davenport, T and J. Harris (2007) *Competing on Analytics: The New Science of Winning,* Harvard Business School Press. (村井章子訳『分析力を武器とする企業』日経 BP 社，2008 年)

Dawar, N (2013) *Tilt: Shifting Your Strategy from Products to Customers,* Harvard Business Review Press.

Dean, J (1950) Pricing Policies for New Products, *Harvard Business Review*, Vol. 28, No. 6, November, pp. 45–53.

Doz, Y. L. and G. Hamel (1998) *Alliance advantage: The Art of Creating Value through Partnering,* Harvard Business School Press. (和田正春訳『競争優位のアライアンス戦略：スピードと価値創造のパートナーシップ』，ダイヤモンド社，2001 年)

Eisenmann, T. R., G. G. Parker and Van Alstyne (2006) Strategies for Two-Sided Markets, *Harvard business review*, 84 Oct, pp. 92–101

Evans, P and T. S. Wurster (1999) *Blown to Bits: How the New Economics of Information Transforms Strategy*, Harvard Business School Press.

Furrer, O (2011) *Corporate Level Strategy: Theory and Applications*, Routledge.

Graham, W (2014) The Art of Thought, *Solis Press*. (松本剛史訳『思考の技法』ちくま学芸文庫，2020 年)

Hagiu, A (2014) Strategic decisions for multisided platforms, *MIT Sloan Management Review*, Winter, pp. 71–80.

Hamel, G (1991) Competition for Competence and Inter-Partner Learning within International Strategic Alliances, *Strategic management Journal*, vol. 12, pp. 83–103.

Hamel, G and C. K. Prahalad (1993) Strategy as Stretch and Leverage, *Harvard Business Review*, Mar-Apr；71(2), pp. 75–84.

Hamel, G and C. K. Prahalad (1994) *Competing for the future,* Harvard Business School Press. (一條和生訳『コア・コンピタンス経営—大競争時代を勝ち抜く戦略』，日本経済新聞社，1995 年)

Iansiti, M and R. Levien (2004) *The Keystone Advantage: What the New Dynamics of Business Ecosystems Mean for Strategy, Innovation, and Sustainability,* Harvard Business School Press. (杉本幸太郎訳『キーストーン戦略：

イノベーションを持続させるビジネス・エコシステム』，翔泳社，2007年)

Johnson, M. W., C. M. Christensen and H. Kagerman (2008) Reinventing Your Business Model, *Harvard Business Review*, Dec, pp. 50–59.（関　美和訳「ビジネスモデル・イノベーションの原則」，『Diamond ハーバード・ビジネス』，Apr, pp. 40–56, 2009年)

Kim, W. C and R. Mauborgne (2005) *Blue Ocean Strategy: How To Create Uncontested Market Space And Make The Competition Irrelevant.*, Harvard Business School Press.（有賀裕子訳『ブルー・オーシャン戦略：競争のない世界を創造する』，ランダムハウス講談社，2005年)

Kotler, P (1980) *Marketing Management: Analysis, Planning, Implementation, and Control*, Prentice Hall.（小坂恕・疋田聰・三村優美子訳『マーケティング・マネジメント［第4版］―競争的戦略時代の発想と展開―』，プレジデント社，1983年)

Kotler, P (1999) *Marketing Management: The Millennium Edition*, Prentice Hall.（月谷真紀訳『コトラーのマーケティングマネジメント（ミレニアム版)』，ピアソン・エデュケーション，2001年)

Kotler, P., H. Kartajaya and I. Setiawan (2010) *Marketing 3.0：From Products to Customers to the Human Spirit*, Wiley.（藤井清美訳『コトラーのマーケティング3.0：ソーシャル・メディア時代の新法則』，朝日新聞出版，2010年)

Learned, E., C. Christensen, K. Andrews and W. Guth (1965) *Business Policy, Text and Cases*, Richard D. Irwin.

Leonard-Barton, D (1992) Core Capabilities and Core Rigidities: A Paradox in Managing New Product Development, *Strategic Management Journal*, Vol. 13, 1992; pp. 111–125.

Levitt, T (1960) Marketing Myopia, *Harvard Business Review*, 38(4), pp. 45–56.（編集部訳「マーケティング近視眼」『Diamond ハーバードビジネス』，Nov, pp. 52–69, 2001年)」

Levitt, T (1965) Exploit the Product Life Cycle, *Harvard Business Review*, pp, 81–94.

Levitt, T (1966) Innovative Imitation, *Harvard Business Review*, Sep-Oct, pp. 63–70.（編集部訳「マーケティング近視眼」『Diamond ハーバードビジネス』，Nov, pp. 98–107, 2001年)」

Liberman, M. B and D. B Montgomery (1988) First-Mover (Dis) Advantages: Retrospective and Link with Resource-Based View, *Strategic Management Journal*, 19, pp. 1111–1125.

Luo, Y (2005) Toward Coopetition within a Multinational Enterprise: A Perspective from Foreign Subsidiaries, *Journal of World Business*, Vol 40 No 1, pp 71–90.

Mansfield, E., M. Schwartz and S. Wagner (1981) Imitation costs and patents: empirical study, *Economic Journal*, 91, pp. 907–918.

McGrath, R (2013) *The End of Competitive Advantage: How to Keep Your Strategy Moving As Fast As Your Business*, Harvard Business School Press.（鬼澤忍訳『競争優位の終焉：市場の変化に合わせて，戦略を動かし続ける』，日本経済新聞出版社，2014 年）

McMillan, J (1992) *Games, Strategies, and Managers*, Oxford University Press.

Mintzberg, H., B. Ahlstrand and J. Lampel (1998) *Strategy Safari: A Guided Tour Through the Wilds of Strategic Management*, Free Press.（斎藤嘉則監訳『戦略サファリ：戦略マネジメント・ガイドブック』，東洋経済新報社，1999 年）

Montgomery, C. A (2008) Putting Leadership Back into Strategy, *Harvard Business Review*, 86, no. 1, pp. 54–60.

Moore, J (1991) *Crossing the Chasm: Marketing and Selling High-Tech Products to Mainstream Customers,* HarperCollins.（川又政治訳『キャズム』翔泳社，2002 年）

Moore, J. F (1993) Predators and prey: a new ecology of competition. *Harvard business review* 71 (3), pp. 75–83.

Oberholzer–Gee, F. (2021) *Better, Simpler Strategy: A Value–Based Guide to Exceptional Performance. Boston*, Harvard Business Review Press.（原田勉訳『「価値」こそすべて』東洋経済新報社，2023 年）

Oberholzer–Gee, F. (2021) "Eliminate Strategic Overload." *Harvard Business Review*, 99, no. 3, pp. 88–97.（東方雅美訳「戦略は「価値」こそがすべて」DIAMOND ハーバード・ビジネス・レビュー，Nov, 2021 年）

Penrose, P (1959) *The Theory of the Growth of the Firm*, Wiley and Sons.（末松玄六訳『会社成長の理論』，ダイヤモンド社，1962 年）

Porter, M. E (1979) How Competitive Forces Shape Strategy, *Harvard Business Review,* 57, no. 2 pp. 137–145.

Porter, M. E (1980) *Competitive Strategy: Techniques for Analyzing Industries and Competitors*, Free Press.（土岐坤・中辻萬治・服部照夫訳『競争の戦略』，ダイヤモンド社，1982 年）

Porter, M. E (1985) *Competitive Advantage: Creating and Sustaining Superior Performance,* Free Press.（土岐坤・中辻萬治・小野寺武夫訳『競争優位の戦略：いかに高業績を持続させるか』，ダイヤモンド社，1985 年）．

Porter, M. E (1996) What Is Strategy?, *Harvard Business Review*, Nov-Dec 96, Vol. 74 Issue 6, pp. 61–78.（竹内弘高訳『競争戦略論 I』，ダイヤモンド社，1999 年）

Prahalad, C. K. and G. Hamel (1990) The Core Competence of the Corporation, *Harvard Business Review*, Vol. 68, pp. 79–91.（編集部訳「コア・コンピタンス経営」『Diamond ハーバー・ビジネス』，Feb, pp. 136–155, 2007 年）

Prahalad, C. K and V. Ramaswamy (2004) *The Future of Competition: Co-Creating Unique Value With Customers,* Harvard Business School Press.（有

賀裕子訳『価値共創の未来へ：顧客と企業の Co-Creation』，武田ランダムハウスジャパン，2004 年)

Ramaswamy, V and F. J. Gouillart (2010) *The Power of Co-Creation: Build It with Them to Boost Growth, Productivity, and Profits*, Free Press.

Rivette, K. G and D. Kline (1999) *Rembrandts in the Attic: Unlocking the Hidden Value of Patents*, Harvard Business School Press. (NTT データ技術開発本部訳『ビジネスモデル特許戦略』，NTT 出版，2000 年)

Rogers, E (1962) *Diffusion of innovations*, Free Press. (青池慎一・宇野善康監訳『イノベーションの普及学』産能大学出版部，1990 年)

Rumelt, R (1974) *Strategy, Structure, and Economic Performance*, Harvard University Press. (鳥羽欽一朗他訳『多角化戦略と経済効果』，東洋経済新報社，1977 年)

Shenkar, O (2010) *Copycats: How Smart Companies Use Imitation to Gain a Strategic Edge*, Harvard Business School Press. (井上達彦・遠藤真美訳『コピーキャット：模倣者こそがイノベーションを起こす』，東洋経済新報社，2013 年)

Schnaars, S (1994) *Managing Imitation Strategies: How Later Entrants Seize Markets from Pioneers,* Free Press. (恩蔵直人・嶋村和恵・坂野友昭訳『創造的模倣戦略：先発ブランドを超えた後発者たち』，有斐閣，1996 年)

Schumpeter, J. A (1934) *The theory of economic development: an inquiry into profits, capital, credit, interest, and the business cycle, Cambridge,* Harvard University Press. (塩野谷祐一・中山伊知郎・東畑精一訳『経済発展の理論：企業者利潤・資本・信用・利子および景気の回転に関する一研究』，岩波書店，1977 年)

Spear, S. and H. K. Bowen (1999) Decoding the DNA of the Toyota production system, *Harvard Business Review*, Sep-Oct, pp. 97-106.

Sutton, R and J. Pfeffer (2000) *The Knowing-Doing Gap：How Smart Companies Turn Knowledge into Action,* Harvard Business School Press.

Sutton, R. I (2001) *Weird Ideas That Work: 11 1/2 Practices for Promoting, Managing, and Sustaining Innovation,* Free Press. (米倉誠一郎訳『なぜ，この人はいいアイデアが出せるのか：儲けを生み出す 12 のアイデア工場』三笠書房，2002 年)

Tsai, W (2002) Social Structure Of "Coopetition" Within a Multiunit Organization：Coordination, Competition, and Intraorganizational Knowledge Sharing, *Organization Science*, Vol 13 No 2, pp 179-190.

Teece, D. J., G. Pisano and A. Shuen (1997) Dynamic Capabilities and Strategic Management, *Strategic Management Journal*, Vol. 18, No. 7, pp. 509-533.

Tichy, N. M and S. Sherman (1993) *Control Your Destiny or Someone Else Will,* Doubleday Business. (小林規一訳『ジャック・ウェルチの GE 革命』東洋経済新報社，1994 年)

Toffler, A (1980) *The Third Wave*, Bantam Books. (鈴木健次・櫻井元雄訳『第三の波』，

日本放送出版協会，1980 年)

von Hippel (1986) Lead Users: A Source of Novel Product Concepts, *Management Science*, 32(7), pp. 791–805.

von Hippel (1988) *The Sources of Innovation*, Oxford University Press.（榊原清則訳『イノベーションの源泉：真のイノベーターはだれか』ダイヤモンド社，1991 年)

von Hippel (1994) Sticky Information and the Locus of Problem Solving: Implications for Innovation, *Management Science*, 40(4), pp. 429- 439.

von Neumann, J and O. Morgenstern (1944) *Theory of Games and Economic Behavior*, Princeton University Press.

Welch, J and J. A. Byrne (2001) *Jack: Straight from the Gut,* Warner Books.（宮本喜一訳『ジャック・ウェルチ　わが経営』日本経済新聞社，2001 年)

Wernerfelt, B (1984) A resource-based view of the firm. *Strategic Management Journal*, 5, pp. 171–180.

Zook, C and J. Allen (2001) *Profit From the Core: Growth Strategy in an Era of Turbulence*, Harvard Business Review Press.（須藤実和訳『本業再強化の戦略』，日経 BP 社，2002 年)

Zott C., R. Amit and L. Massa (2011) The business model: Recent developments and Future Research. *Journal of Management*, 37, pp. 1019–1042.

〈新聞・雑誌等〉

Automotive Technology「Cover Story レクサスの挑戦」2005 年　Autumn, pp. 130-149.

週刊ダイヤモンド，2017 年 4 月 22 日

週刊東洋経済　2017 年 8 月 5 日

日経 Automotive「Cover Story 変わる高級車ブランド」2017 年 6 月号，pp. 34-51.

日経ビジネス　1995 年 10 月 16 日

日経ビジネス　2007 年 10 月 22 日

日経ビジネス　2009 年 1 月 26 日

日経ビジネス　2010 年 1 月 25 日

日経ビジネス　2016 年 6 月 13 日

日経ビジネス　2016 年 10 月 24 日

日経ビジネス　2020 年 8 月 1 日

日経ものづくり　2009 年 7 月

日経流通新聞　1998 年 8 月 27 日

日本経済新聞　2017 年 3 月 18 日

日本経済新聞　2017 年 5 月 16 日

日本経済新聞　2023 年 5 月 25 日

〈報告書〉

中小企業の知的財産活動に関する基本調査報告書　2019 年　特許庁
模倣被害調査報告書　2015 年版　特許庁
特許行政年次報告書　2022 年版　特許庁
知的財産推進計画 2023　内閣府

〈ホームページ〉

一般社団法人　日本航空宇宙工業会 HP
一般社団法人　日本自動車工業界 HP
一般社団法人　日本たばこ協会 HP
日立製作所 HP
ニデック HP
日本たばこ産業 HP
レコフ HP
Strainer HP

索　引

著者紹介

松崎　和久（まつざき　かずひさ）
1963年 神奈川県生まれ

＜学歴・職歴＞
中央大学商学部会計学科卒業。住友建機株式会社，明治大学大学院経営学研究科修士課程修了，財団法人機械振興協会経済研究所を経て，高千穂商科大学商学部助教授。現在，高千穂大学経営学部教授

＜専門分野＞
経営戦略
テクノロジー経営
イノベーション論

＜主な著書＞
『サービス製造業の時代』（単著，税務経理協会，2014年）
『会社学のススメ』（編著，税務経理協会，2015年）
『テクノロジー経営入門』（単著，同友館，2016年）
『会社学の基礎知識』（単著，税務経理協会，2019年）
『デジタル時代のエコシステム経営』（単著，同文舘出版，2022年）

経営戦略の方程式〔改訂版〕

2018年5月10日　　初版第1刷発行
2024年4月1日　　改訂版第1刷発行

著　者　松崎和久

発行者　大坪克行

発行所　株式会社 税務経理協会
　　　　〒161-0033東京都新宿区下落合1丁目1番3号
　　　　http://www.zeikei.co.jp
　　　　03-6304-0505

印　刷　美研プリンティング株式会社

製　本　牧製本印刷株式会社

本書についての
ご意見・ご感想はコチラ

http://www.zeikei.co.jp/contact/

ISBN 978-4-419-06987-2　C3034